O CAMPO LITERÁRIO MOÇAMBICANO

Tradução do espaço e formas de insílio

CIÊNCIAS & ARTES

Nazir Ahmed Can

O CAMPO LITERÁRIO MOÇAMBICANO

Tradução do espaço e formas de insílio

kapulana
editora

São Paulo
2020

Copyright ©2020 Nazir Ahmed Can.
Copyright ©2020 Editora Kapulana Ltda.

Coordenação editorial: Rosana Morais Weg
Projeto gráfico e capa: Carolina da Silva Menezes

Dados Internacionais de Catalogação na Publicação (CIP)
(Câmara Brasileira do Livro, SP, Brasil)

Can, Nazir Ahmed
   O campo literário moçambicano: tradução do espaço e formas de insílio / Nazir Ahmed Can. -- São Paulo: Kapulana, 2020. -- (Ciências e Artes)

   Bibliografia
   ISBN 978-65-87231-03-7

   1. Literatura moçambicana (Português) 2. Literatura moçambicana (Português) - História e crítica I. Título II. Série.

20-38688   CDD-869.09

Índices para catálogo sistemático:
1. Literatura moçambicana em português: História e crítica   869.09

Maria Alice Ferreira - Bibliotecária - CRB-8/7964

2020

Reprodução proibida (Lei 9.610/98).
Direitos desta edição reservados à Editora Kapulana Ltda.
editora@kapulana.com.br – www.kapulana.com.br

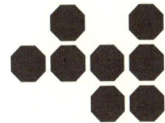

Agradecimentos

Dedicado ao universo das letras moçambicanas, este livro conclui um dos estágios previstos de uma pesquisa mais ampla, que integra também a literatura angolana. Embora os dados aqui reunidos tenham sido objeto de sistematização nestes dois últimos anos, incluem alguns elementos de uma pesquisa iniciada na década passada. São muitas as pessoas e instituições que participaram na construção deste caminho e, evidentemente, faltariam aqui páginas para lhes fazer justiça.

Não poderia deixar de mencionar, contudo, e em primeiro lugar, os professores, orientandos e alunos de graduação e pós-graduação que, neste período, com questões levantadas e sugestões valiosas, alargaram o horizonte de possibilidades deste estudo. Agradeço também aos funcionários das diversas instituições que abrigaram as várias etapas desta pesquisa. As pessoas da Universidade Autônoma de Barcelona, onde estudei e trabalhei entre 2005 e 2012, e da Universidade de Liverpool, onde realizei parte da investigação de doutorado, da Universidade de São Paulo, que sediou minha investigação de pós-doutorado entre 2012 e 2015, e do Centro de Estudos Sociais Aquino de Bragança, de Maputo, que acolheu a minha pesquisa de campo em duas ocasiões, além das da Universidade Federal do Rio de Janeiro, onde trabalho desde 2015, e da Universidade de Salamanca, que recentemente me recebeu como professor visitante, encabeçam a lista. Em todos estes contextos, tive o privilégio de contar com o apoio de órgãos de amparo à pesquisa, como a AGAUR-Catalunya, a FAPESP, a FAPERJ, o CNPq e a CAPES. Sem elas – pessoas, universidades públicas e agências de fomento à investigação científica –, este estudo não teria saído da primeira oração.

Alguns resultados parciais desta incursão pelo campo literário moçambicano tiveram origem em conferências, comunicações em eventos e publicações. Sou muito grato aos editores de livros e revistas acadêmicas e aos organizadores desses encontros: Rita Chaves, Tania Macêdo, José Luís Cabaço, Debora David, Helena Tanqueiro, Pere Comellas Casanova, Regina Saraiva Mendes, Rebeca Hernández, Livia Apa, Inara de Oliveira Rodrigues,

Margarida Calafate Ribeiro, Francisco Noa, Carmen Tindó Secco, Ana Beatriz Matte Braun, Raquel Illescas Bueno, Mirna Queiroz, Sandra Sousa, Sheila Khan, Sandra Cruz, Ana Gabriela Macedo, Elena Brugioni, Joana Passos, Priscilla Coutinho, Ana Mafalda Leite, Michel Riaudel, Maria-Benedita Bastos, Ilda Mendes dos Santos, Agnès Levécot, Roberta Guimarães Franco de Assis, Daniel Laks, Sílvio Renato Jorge, Renata Flávia da Silva, Norma Lima, Pedro Serra e Catarina Nunes de Almeida. E também aos membros do PIELAFRICA (Pactos e impactos do espaço nas literaturas africanas – Angola e Moçambique), grupo de pesquisa que Rita Chaves e eu coordenamos desde 2016.

Agradeço ainda à Editora Kapulana, e em particular à Rosana Weg, por ter acreditado neste projeto, ao CNPq e à FAPERJ, pelo apoio aos meus atuais projetos de pesquisa.

Pelas trocas e pela cumplicidade no cotidiano, mas também por ter inspirado o movimento de atenção às *geo-grafias* literárias africanas, sou muito grato à amiga e sempre professora Rita Chaves.

Finalmente, agradeço à Tes e à Iara, com quem é apaixonante viver a rua, o lar, o exílio, o insílio ou qualquer outra forma que amanhã nos caberá inventar.

Este livro foi concluído em um tempo cruel, de dor e barbárie. A corda daquele Brasil que um dia imaginamos, e até chegamos a conhecer a espaços, foi covardemente retirada de nossos pés e nós, agora, sem a força que inventa o sorriso, caímos feito um viaduto. A todos aqueles que continuam arriscando a vida para desarmar este estado de coisas dedico o esforço das linhas que se seguem. Que, por/com eles, saibamos recuperar a sensibilidade equilibrista um dia cantada por Aldir Blanc e companhia.

APOIO:

Esta obra foi publicada com o apoio da Fundação Carlos Chagas Filho de Amparo à Pesquisa do Estado do Rio de Janeiro (FAPERJ), com verba da bolsa Jovem Cientista de Nosso Estado/FAPERJ concedida a Nazir Ahmed Can – Projeto "(Im)pactos do espaço nas literaturas africanas de língua portuguesa: os casos de Angola e Moçambique", Processo E-26/203.025/2018, Programa: Edital 04/2018).

Sumário

A oficina de Nazir Ahmed Can em "campos, espaços" da escrita moçambicana
Rita Chaves 09

O CAMPO LITERÁRIO MOÇAMBICANO: TRADUÇÃO DO ESPAÇO
E FORMAS DE INSÍLIO

O espaço, um problema da literatura. A literatura, um problema do espaço.
Nota introdutória sobre o caso moçambicano
Nazir A. Can 15

    1. O insílio 31
    2. Maputo 57
    3. Um (in)certo Oriente 84
    4. O Índico declinado 105
    5. O símile-campo 133

Referências 160

O Autor 173

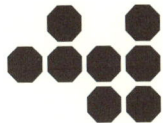

A oficina de Nazir Ahmed Can em "campos, espaços" da escrita moçambicana

Seis anos após o lançamento, em Moçambique, de *Discurso e poder nos romances de João Paulo Borges Coelho*, o primeiro trabalho exaustivo sobre o ficcionista moçambicano que acaba de ser publicado pela Kapulana, Nazir Ahmed Can entrega ao leitor brasileiro *O campo literário moçambicano: tradução do espaço e formas de insílio*. Durante esse período, a capacidade analítica de seu autor materializou-se em livros coletivos e em algumas das melhores revistas acadêmicas do Brasil e não só, revelando um leitor profundamente interessado na literatura do continente africano. Foi também esse o tempo que do território moçambicano, solo inicial de suas pesquisas, ampliou seu olhar arguto e sensível na direção de países como Angola e Cabo Verde, incorporando ainda espaços pouco palmilhados entre nós como alguns países situados no Oceano Índico. Assim, em suas análises, nomes como Ondjaki, Ruy Duarte de Carvalho, Mario Lúcio de Sousa e Ananda Devi vieram se associar a João Paulo Borges Coelho e outros moçambicanos como Luís Bernardo Honwana, Luís Carlos Patraquim, Mia Couto, Paulina Chiziane, Ungulani Ba Ka Khosa e Helder Faife, alguns dos nomes aqui visitados.

Nesse movimento, o pesquisador habituado a romper fronteiras físicas transitou por diferentes gêneros literários para investigar problemas fundamentais da produção africana, menos empenhado em encontrar respostas do que no compromisso de formular questões – marca que define uma qualidade do intelectual contemporâneo de seu tempo. Nesse volume em que volta a se concentrar em Moçambique, notamos que tal regresso ao lugar de partida articula-se a uma notável capacidade de renovar o modo de percebê-lo. A partir do(s) conceito(s) de espaço, Nazir

Ahmed Can avança no processo de análise e interpretação de textos que espelham e constroem as intrincadas relações entre ficção e realidade e convida-nos a uma viagem em que a mobilidade é, mais que um objeto, um modo de ver o mundo, o literário e aquele que catalisa a escrita das tantas páginas examinadas.

Na escolha do conceito de campo intelectual, cunhado por Pierre Bourdieu e muito utilizado no domínio das ciências sociais, marca seu apreço pela interdisciplinaridade como método, mas sabe evitar sua utilização como um recurso meramente terminológico para o exercício metalinguístico tão a gosto de algumas modulações críticas. Ao contrário, fugindo à tautologia, suas análises têm no fenômeno literário um cais de partidas e chegadas, expressando o firme propósito de captar vários movimentos para focalizar com pertinência e respeito inclusive um repertório ainda pouco divulgado como o identificado com o símile campo. Para isso concorrem o seu conhecimento do lugar, as suas vivências na realidade viva das ruas que compõem o espaço dos escritores e seus personagens. A pesquisa no terreno iniciada há mais de dez anos está na base de uma experiência capaz de facultar ao leitor brasileiro o acesso a todo um universo inexplorado, sem a trivial convocação à bênção paternalista que traduz alguns de nossos equívocos na relação com as literaturas africanas.

No corpo a corpo com a escrita dos autores visitados, reconhecendo sempre que a literatura é a arte da palavra, definição banal mas às vezes ignorada por tantos estudiosos, ele perscruta a linguagem e seus artifícios na tarefa de desvelar os projetos artísticos que constituem a literatura no país. A concepção de insílio surge como uma chave para observar alguns dos impasses vividos pelos escritores moçambicanos, e, sobretudo, compreender como os dilemas vividos no tempo e no espaço que respiram são operados na estrutura de seus textos. Um quadro assim configurado explica a presença da tradução como um procedimento que se impõe na mediação de mundos misturados e mesmo contraditórios. Sem diluir a contradição que define espaços socioculturais marcados pela diferença e pela desigualdade, ela favorece hipóteses de diálogos entre as pontas, recorda-nos o autor.

Com uma fina seleção de instrumentos de análise e a atenção posta em referências teórico-críticas, como Edward Said, Bernard Mouralis e Antonio Candido, por exemplo, ele procura também captar as redes que envolvem a literatura como instituição, identificando o seu lugar na dinâmica social e política de um estado nacional de formação recente e convulsionada. Contrapondo-se aos procedimentos meramente judicativos e aos apelos à celebração, Nazir Ahmed Can defende o direito à exigência, a que em 1994 já se referia Ruy Duarte de Carvalho. O processo de descolonização do conhecimento e do imaginário no território das chamadas "Africanas" tem em sua reflexão uma forte aliança porque nela estão inscritos os sinais da maturidade desejada por aqueles que nesse barco viajam desde há muito ou em tempos mais recentes.

Rita Chaves

Professora de Literaturas Africanas de Língua Portuguesa
do Depto. de Letras Clássicas e Vernáculas (FFLCH-USP)
e pesquisadora do CELP-FFLCH-USP (Centro de Estudos das Literaturas
e Culturas de Língua Portuguesa – FFLCH-USP)

O CAMPO LITERÁRIO MOÇAMBICANO: TRADUÇÃO DO ESPAÇO E FORMAS DE INSÍLIO

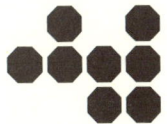

O espaço, um problema da literatura. A literatura, um problema do espaço.
Nota introdutória sobre o caso moçambicano[1]

Devido às dificuldades materiais que afetam a instituição literária na maioria dos países africanos, os autores convivem com um paradoxo fundador: escrever quase sempre sobre um espaço que lhes é próximo para um leitor distante. Para aprofundar a dificuldade, este mesmo leitor costuma ter apenas o quadro de referências distorcido da mídia, da literatura imperial, dos manuais escolares. Poderíamos afirmar, por isso, que em contextos de produção tão atravessados pela contradição, como o moçambicano, o escritor confronta-se com problemas semelhantes aos do tradutor. Apesar de seu trabalho não corresponder à tradução clássica que se materializa em outra publicação, mas sim a um processo de mediação[2] criativa executado no interior da própria obra, ele, tal como o tradutor, vê-se invariavelmente forçado a escolhas[3]. Dependendo das decisões tomadas, assume uma postura

---

[1] Esta introdução recupera alguns elementos do artigo "Espaços (d)e escrita em contextos africanos: notas sobre os campos literários de Angola e de Moçambique" (Can, 2018a), publicado em um dossiê organizado por Livia Apa e Nazir Can na revista *I-LanD Journal – Identity, Language and Diversity*, e do texto "De Trump ao cão-tinhoso: notas sobre a besta, o ser humano e outras (in)versões" (Can, 2020), publicado na newsletter do projeto *Memoirs*, dirigido por Margarida Calafate Ribeiro. Agradeço aos editores da *I-Land*, e também a Livia Apa e a Margarida Calafate Ribeiro pelos convites e pela interlocução no decorrer do processo.

[2] A noção de mediação prevê, segundo Antoine Hennion (1993), o conjunto de interações que se produzem no mundo da música: entre músicos, entre estes e seu público, ou ainda entre um músico e o seu instrumento. Todos estes contatos formam parte também, naturalmente, do universo literário.

[3] Como informam alguns estudos que examinaram a relação entre literatura e tradução. Vejam-se, por exemplo, o livro de Rebeca Hernández (2007) e a tese de Doutorado de Helena Tanqueiro (2003).

predominantemente "reivindicativa" ou, pelo contrário, "exótica". A pressão do mercado editorial condiciona a adoção desta ou daquela estratégia de tal modo que a combinação entre uma e outra via é também frequente. Qualquer destes movimentos interpela o olhar crítico, que é convidado a incluir na análise as noções de estereótipo, paradoxo e ambiguidade.

Para muitos estudiosos que se debruçaram sobre a prática (Berman, 1995; 1999; Campos, 1984), a tradução é, entre tantas outras coisas, uma forma de transcriação poética. De modo similar, a paisagem, por sua capacidade de engendrar sentido (e de por ele também ser gerada), impõe ao escritor uma disponibilidade para o trânsito de um código para o outro. Sensível à conexão entre o espaço representado no texto e o espaço produzido institucionalmente, Ruy Duarte de Carvalho, em *a câmara, a escrita e a coisa dita... fitas, textos e palestras* (2008), sintetiza o desafio que certos lugares colocam ao escritor comprometido com aquilo que lê, apalpa e escuta:

> a paisagem colocou-me questões: para lidar com ela, para entendê-la, para fazer da paisagem e da sua decifração o lugar da vida, só sabendo como a viam, liam, diziam os que a olhavam a partir de outras línguas, de outras linguagens, de outros entendimentos moldados por essas mesmas paisagens e por essas mesmas línguas............ arranjar uma maneira de dizer dessas paisagens, em português, o que noutras línguas se diria delas ou o que elas diziam noutras línguas................ como aliás não podia deixar de ser................ (Carvalho, 2008, 20).

A partir de obras de poesia e de prosa de autores como Luís Carlos Patraquim, Mia Couto, Ungulani Ba Ka Khosa, Paulina Chiziane, Suleiman Cassamo, Eduardo White, Nelson Saúte, Lilia Momplé, João Paulo Borges Coelho, Marcelo Panguana, Aldino Muianga e Hélder Faife, este estudo procura observar o modo como o campo literário moçambicano lidou nos últimos 40 anos com o complexo problema da tradução do espaço.

Adotando aqui o seu sentido mais amplo, partimos do princípio que o espaço se articula com as ideias de cultura, comunidade, sociedade, economia, instituição e estética – neste último caso, a partir fundamentalmente de estratégias intra e intertextuais, de adesão ou de diferenciação. É certo que no quadro das literaturas africanas foram privilegiadas ao longo dos últimos anos as relações entre literatura e história[4], condu-

---

[4] Algumas destas propostas oferecem dados fundamentais para entendermos a relação entre o fato literário e o contexto histórico e cultural em Moçambique. Os estudos de Fátima Mendonça (1988; 2008; 2011), Francisco Noa (2008), Ana Mafalda Leite (2003; 2008) ou Maria-Benedita Basto (2006) são apenas alguns exemplos. Todos estes

zindo as leituras a uma maior incidência na categoria "tempo". Importa frisar, no entanto, na linha do que propõe Ruy Duarte de Carvalho no fragmento citado, que a "escuta" do espaço (público ou privado, urbano, periurbano ou rural, continental ou ilhéu, nacional ou internacional, real ou imaginado, referenciado ou indiciado, sólido ou líquido, de fascinação ou de abjeção, textual ou institucional) não empurra a outra coordenada da existência para um patamar de inferioridade. Por ser sempre de natureza ideológica, ligando-se ainda aos respectivos projetos artísticos e à posição que os autores ocupam no campo intelectual nacional, a eleição e a representação de determinado espaço vinculam-se ao desejo de filiação ou de ruptura com a tradição literária e a uma visão mais ou menos iconoclasta da história. Assim, a preocupação com as dinâmicas do tempo entrelaça-se de forma natural na análise sobre os motivos que levaram os autores a escolher certos "ambientes" em detrimento de outros, desenhando-os ora como cenário ou ornamento (resultante da descrição ou da suspensão narrativa) ora como cenografia ou fundamento da história (vivida ou desejada, oficial ou alternativa).

Por ser capaz de determinar as relações entre as personagens ou pelo menos influenciar suas atitudes, oferecendo ainda pistas ou então escancarando os impasses do tempo histórico, o espaço tem sido objeto de uma evidente valorização na teoria literária nas últimas décadas. Desde o clássico de Gaston Bachelard, de 1957, centrado nas formas espaciais do imaginário, e das primeiras reflexões vindas da então União Soviética, nos anos 1970 – de Youri Lotman, sobre as funções da topografia na estrutura do romance, e de Bakhtin, acerca do *cronotopo* –, passou-se a atribuir ao espaço um papel de protagonismo nas análises sobre o texto ficcional ou poético. Esta tendência fica confirmada com o surgimento de conceitos e correntes que a partir dos anos 90 produziram um autêntico *spatial turn* (Ziethen, 2013a, 3) na teoria literária. Dentre eles, que emergem majoritariamente de tradições críticas de língua francesa, alemã, italiana e inglesa, destacam-se a "geopoética" (de Kenneth White), os "romances-geógrafos" (de Marc Brosseau), a "geografia da literatura" (de Franco Moretti), a "geocrítica" (de Bertrand Westphal), o "pensamento-paisagem" (de Michel Collot), a "narratologia do espaço" (de Katrin Dennerlein), a "escrita de viagem" (de Graham Huggan) e a "ecocrítica" (de Greg Garrard e de Graham Huggan & Helen Tiffin), como bem sintetizou Antje Ziethen (2013a). Ainda segundo a estudiosa, o giro espacial dá-se no momento em que a teoria é

---

estudiosos chamam a atenção, além disso, para a importância das revistas, associações e movimentos literários na escrita do país. Pela natureza das preocupações que mobilizam o nosso estudo, estes aspectos não serão aqui aprofundados.

unânime ao constatar que o espaço está envolvido em toda construção do saber e que, pelo fato de se impor como estratégica diegética, substância geradora, agente estruturante e vetor significante, já não pode ser analisado apenas como "cenário" ou "modo de descrição" (*ibid.*, 4). A contribuição de Pierre Bourdieu (1992), sobretudo com a noção de "campo", permite dilatar a análise do espaço à esfera institucional. No Brasil, realcem-se os textos de Antonio Candido (1993, entre outros), Antônio Dimas (1994) e, mais recentemente, de Luís Alberto Brandão (2013).

No que se refere aos estudos sobre as geografias literárias de outras latitudes, essa tendência, embora menor, e mais voltada para a crítica do que para a teoria, começa a se efetivar, como demonstram os trabalhos de Florence Paravy (1999), acerca do espaço no "romance francófono", de Ursula Baumgardt (2003; 2009), que privilegia a representação espacial nas literaturas orais do continente africano, de Rachel Bouvet (2006), que analisa as funções do Saara na literatura colonial de língua francesa, e de Antje Ziethen (2013b), que examina de modo comparativo o espaço nas literaturas da Ilha Maurício e do Senegal. Também alguns volumes coletivos, como os que foram organizados por Boutros Hallaq, Robin Ostle e Stefan Wild (2012), sobre a geografia na literatura árabe moderna, e por Sophie Dulucq e Pierre Soubias (2004), centrado na representação da África subsaariana, ratificam a importância dessa coordenada existencial na produção literária não ocidental. Quanto às literaturas africanas de língua portuguesa, assinalem-se os estudos de Tania Macêdo (2008), que analisa a Luanda reinventada pelos autores angolanos, e os textos de Laura Padilha (2007), que observam a ressignificação dos mapas na literatura angolana, bem como dos espaços e da "vida que os anima". Mais recentemente, os volumes coletivos de Margarida Calafate Ribeiro e Walter Rossa (2016), Doris Wieser e Ana Filipa Prata (2018) e Margarida Calafate Ribeiro e Francisco Noa (2019) dão a dimensão da relevância do espaço urbano nos contextos literários africanos de língua portuguesa. Finalmente, os textos de Rita Chaves (1999a, 2009; 2010; 2011; 2012; 2019) merecem particular destaque pela transversalidade dos temas tratados. O percurso de sua pesquisa nos permite reconhecer o espaço como um ator crucial para a compreensão das tradições, das contradições e dos caminhos que os campos literários angolano e moçambicano adotaram. Ainda que em outro âmbito, concretamente o da produção colonial, os ensaios de Francisco Noa (2002) também se afiguram decisivos para qualquer investimento analítico sobre o modo como o espaço africano foi confiscado pelo olhar colonial[5].

---

[5] Note-se, finalmente, que o "giro espacial" não é exclusivo dos estudos literários. Pelo contrário, estes acompanham um interesse crescente que surge, em primeiro lugar, no quadro das ciências sociais e humanas. As relações entre espaço e produção social foram

De fato, qualquer esforço de aprofundamento sobre os rumos das literaturas africanas contemporâneas pelo prisma espacial deve prever uma aproximação ao imaginário que contribuiu para a expansão ocidental e para a demarcação de fronteiras no continente. Em *Cultura e Imperialismo* (2011), Edward Said nos mostra como toda a empreitada colonial põe em jogo, em primeiro lugar, a disputa por territórios e possessões. A história humana tem raízes na terra: as pessoas projetaram possuir territórios e, para tal, necessitaram construir um retrato pouco laudatório sobre os habitantes nativos e seus lugares de sociabilidade. Neste sentido, o que esteve em jogo, em um primeiro momento, foi a geografia: se em 1880 as potências ocidentais detinham 55% do globo, a Europa passou a controlar 85% do mundo em 1914. Tal luta, ainda segundo Said, numa perspectiva similar a de Chinua Achebe (2012), envolve soldados e canhões, repressão e tortura, mas também ideais, formas, imagens e representações.

Este campo discursivo, segundo ele, foi criado por "muitos humanistas de profissão" que, não obstante, se mostraram incapazes de estabelecer a ligação entre a sórdida crueldade de práticas como a escravidão, a opressão racial e colonialista e o domínio imperial e a arte e a filosofia da sociedade que adota tais práticas. Não à toa, o protótipo do romance realista moderno é *Robinson Crusoé* (1719), que relata a história de um europeu que cria um feudo para si em uma distante ilha não europeia. O teórico palestino observa ainda que no final do século XIX o império já não é uma presença nebulosa, nem se encarna na figura indesejada do criminoso fugitivo, passando a ocupar um lugar central nas obras de autores como Conrad e Kipling, que, também por serem leituras obrigatórias na formação de qualquer estudante e presença constante nas estantes da classe média europeia, sedenta de histórias de aventuras ambientadas em outros pontos do mundo, cooperaram para a criação de uma "estrutura de sentimentos" relativamente ao "outro" não ocidental (Said, 2011). A ideia de que existe um "nós" e um "eles", clássica concepção grega sobre os bárbaros, como também é discutido no já clássico *Orientalismo* (Said, 2007), seguiu seu curso durante a época colonial e, como nos mostra uma vez mais Ruy Duarte de Carvalho, encontra nos dias de hoje insólitos desdobramentos:

---

trabalhadas, apenas para citar alguns autores, por Kevin Lynch, Edward Soja, James Duncan, Michel de Certeau, Jane Jacobs e Félix Abiola Riko, este último focalizando o continente africano. Para um aprofundamento destes e de outros posicionamentos, vejam-se, por exemplo, o primeiro capítulo do livro de Bertrand Westphal (2007) e o já referido artigo de Antje Ziethen (2013a). No contexto brasileiro, são incontornáveis os ensaios do geógrafo Milton Santos, como *Pensando o espaço do homem* (1982).

> A África, para os homens de cultura ocidental do tempo de Burton, é uma reserva de horrores e de insalubridades, um continente maldito, teatro do horror absoluto e de uma estupenda selvageria originária. Na melhor das hipóteses é uma África deliciosamente nauseabunda, objeto de fascinação repulsiva, grande reservatório de mitos, pátria romântica de fósseis vivos e de civilizações perdidas. O seu interior é um obscuro e amedrontador vazio de geografias a explorar e de história a inventar. E é a pátria do sangue poluído, amaldiçoado e negro, dos descendentes de Cam, filho de Noé (...) um pouco mais tarde iria aparecer Raymond Roussel com as suas *Impressões da África* e *Novas Impressões da África*, sem de África jamais ter passado da cidade do Cairo e ainda assim sem nunca ter saído da *roulotte* que mandou fabricar para dar dessa maneira a volta ao mundo (...) Essa onda de literatura imperialista, que depois Conrad põe na ordem – Conrad situa a estória de Kurt, no *Coração das trevas*, no centro da África central, na floresta, na selva, entre negros gentios, malditos para todas as versões bíblicas, e não entre aqueles que deveriam a uma gloriosa penetração branca, imemorial, o tamanho e até o garbo do porto que exibem e a finura dos seus traços físicos -, essa onda é a expressão de uma componente romântica que se banalizou no fim do século XIX e ainda hoje consegue prevalecer no mundo ocidental e ocidentalizado, configuradas no princípio pelas viagens filosóficas e no fim, agora, por pacotes de estadia com café da manhã incluído em lugares confortáveis com varandas viradas para a redenção do exótico (Carvalho, 2010, 159-160).

Com base em imagens de degradação ou de vazio – de história, de civilização e inclusive de humanidade –, forja-se um saber que, aliado às diversas áreas científicas dos séculos XVIII e XIX, reitera a ideia de que as características naturais (como a cor da pele) determinam a superioridade ou a inferioridade dos seres humanos. Dentre as ciências que se aliaram ao projeto expansionista, a geografia ocupa um lugar proeminente, como não poderia deixar de ser. Até o século XX, como atestam diversos estudos, era frequente um tipo de representação cartográfica extremamente deturpada sobre os espaços europeus. Em alguns mapas, a Europa surge agigantada, suplantando a América Latina, apesar de, na realidade, a América Latina duplicar a superfície do "velho continente". A Índia, por seu turno, já foi equiparada à Escandinávia e os Estados Unidos ocuparam um espaço mais amplo, neste mesmo tipo de cartografia, do que todo o continente africano (Maurer Júnior, 2017). Insurgindo-se contra este modo de congelamento do "alheio", Eduardo

Galeano é categórico: "o mapa mente. A geografia tradicional rouba o espaço como a economia imperial rouba a riqueza, a história oficial rouba a memória e a cultura formal rouba a palavra" (*idem*).

Quanto ao colonialismo no continente africano, a estratégica aliança no campo discursivo entre as noções de "geografia" e "raça" moldou a prática de dominação das nações europeias. Enquanto vasto sistema concentracionário onde o arbitrário constitui a regra (M'Bokolo, 2006), o colonialismo é, no quadro da totalidade dos imperialismos, uma experiência histórica extrema de subjugação e de expropriação material e mental (Fanon, 1979; Said, 2007) por via da falsificação de si pelo outro (Mbembe, 2000), projeto firmado num período em que se dá a transformação da identidade nacional em identidade racial, da História nacional em História racial, da unidade nacional em unidade racial (Arendt, 2012; Cabaço, 2009). Todos esses elementos, enfim, concorrem para a partilha de um olhar de dominação entre as antigas potências imperiais. Mas não apenas a ciência, o direito, o universo político e os artistas consagrados construíram um repertório que sinalizava a degeneração de pessoas, da história e de espaços outros. Também a literatura de frágil alcance estético, como a colonial, colaborou com semelhantes estratégias para a empreitada. Isso confirma que o colonialismo foi um fato social total (Cabaço, 2009), favorecendo, na esfera cultural, a improvável comunhão entre figuras consagradas como Conrad e "autores profanos" (Bourdieu, 1992) como, por exemplo, Emilio de San Bruno, funcionário colonial em Moçambique, que escreveu o romance *Zambeziana – Scenas da vida colonial* (1999), publicado pela primeira vez em 1927. Como vimos recentemente, na companhia de Rita Chaves (Can; Chaves, no prelo), se para Conrad o Congo seria o centro do mal (ou o "coração das trevas"), uma espécie de metonímia do continente abastardado, para os autores coloniais a geografia africana poderia se resumir ao "mato" (Noa, 2002) ou a qualquer outro "fundo distante onde nenhum ponto luminoso marcava a vida humana" (San Bruno, 1999, 34). Tanto uns quanto outros, quando ambientaram seus poemas ou suas narrativas em espaços que não lhes eram familiares, desenharam um universo mortificado, pré-histórico, habitado por indivíduos que se situavam na fronteira do humano. Agigantados do ponto de vista físico ("membrudo e imponente", 1999, 61) e infantilizados no plano psicológico ("velhaco moleque", "gigante criança", 1999, 73; 61), animalizados ("seu olhar era malicioso, sorrateiro, móvel como o de um bugio", 1999, 52) e coisificados ("E tem a sua machila e os seus machileiros, para girar por aí", 1999, 60), além de lidos explicitamente como preguiçosos, sujos, promíscuos e supersticiosos, os africanos constituíam, na canônica literatura de viagens ou na confrangedora literatura colonial, o necessário contraponto ao apelo civilizacional.

Personagens, tempos e espaços, isto é, as três categorias que sintetizam a existência, são alvo de um avassalador processo de estereotipagem que legitimou no plano simbólico a invasão, a violência ritualizada e a dominação territorial. Observando apenas a produção dos escritores africanos de língua portuguesa, constatamos que a resposta elaborada ainda antes das independências nacionais se apoia também, sobretudo, nestes três elementos. Nas obras que então emergem, muitas delas na clandestinidade, as populações locais deixam de ser vistas como um bloco uniforme, desfilando de modo desabrido sua diversidade. Efeito correlato, sua humanidade é configurada em um movimento que não desconsidera a contradição. Também por este motivo, passam de uma condição secundária, de mera composição do cenário, como era corriqueiro na escrita colonial, para a de protagonismo. Nesse processo, podemos ressaltar o papel desempenhado pelos animais. Por um lado, recupera-se com eles uma função decisiva que nos remete às literaturas orais, africanas e não só, baseada na ideia de que através do animal se infere o destino das pessoas. Por outro, sua presença inverte um dos principais mitos imperiais: enquanto na literatura desse contexto o ser humano é animalizado, nas literaturas africanas o animal é humanizado. O relevo que lhe é atribuído em algumas narrativas fundacionais da nacionalidade caboverdiana ("O galo cantou na baía", conto de Manuel Lopes, publicado em 1939), angolana ("A estória da galinha e do ovo", de Luandino Vieira, de 1963) e moçambicana ("Nós matámos o Cão-Tinhoso", de Luís Bernardo Honwana, de 1964) comprova, já nos títulos, a preocupação dos autores em proceder a uma espécie de contraversão da história. Após as independências, em obras que contestam novas e velhas pedagogias do poder, as trocas simbólicas e materiais entre o animal e o ser humano continuam a funcionar como motor de criação: o destino do porco Carnaval da Vitória, que se cruza tragicamente com os paradoxos da jovem nação angolana, em *Quem me dera ser onda* (1982), de Manuel Rui, a mobilidade geográfica, histórica e de sentidos que favorecem *O Cão e os Caluandas* (1985) e *Parábola do Cágado Velho* (1996), de Pepetela, ou a luta da cobra e do leão, disseminada no corpo de Leónidas Ntsato e do território moçambicano, refreando o projeto de nação, em *As duas sombras do rio* (2003), de João Paulo Borges Coelho, são apenas alguns dos muitos exemplos que restauram a união historicamente desfeita de ambas as esferas.

É certo que a figuração do animal é tão antiga quanto a literatura universal, escrita ou oral, adquirindo uma vastidão de formas e funções cuja síntese seria uma missão fadada ao fracasso. Mas podemos talvez, desde já, lançar a seguinte hipótese: pela recorrência de efeitos de inclusão, de interdependência simbólica e de verossimilhança criados, as literaturas africanas podem contribuir para uma efetiva mudança de paradigmas. De fato, dificilmente encontramos em outros campos literários uma representação tão reiterada e diversificada (estruturante, portanto) do universo animal. A singularidade desta representação tem a ver com o fato de estas literaturas (independentemente da língua de uso) não terem aceitado a separação mecânica entre o humano e o animal nem decretado morte às fontes de saber que o intertexto oral proporciona. Com base em tais opções, escritores e poetas articularam de maneira eficaz natureza, cultura e revolução. E isso se deu, insistimos, não apenas no tempo das independências.

Nesse mesmo processo de autodeterminação literária e política, a história deixa de ser lida como uma massa indiferenciada, sustentada na ideia de ausência. Ao contrário do que se defende na literatura desenvolvida por colonos ou elaborada nas antigas metrópoles com base no registro imperial, a temporalidade inscrita na literatura de diversos autores africanos integra também o período anterior à chegada dos primeiros europeus, torna-se ainda objeto de pluralização simbólica e inclusive de uma invenção, que, em certa medida, compensa a ausência ou a natureza enviesada da documentação oficial escrita sobre certas regiões e populações. Para acolher a complexidade própria de personagens e histórias, escolhem-se, finalmente, espaços ainda não visitados (os musseques angolanos ou o caniço moçambicano, por exemplo) ou redimensionam-se lugares já pisados literariamente (a cidade de cimento de Luanda ou a Ilha de Moçambique, entre tantos outros). A transformação destas três categorias – personagens, tempo e espaço – é acompanhada por um abalo no plano linguístico e por uma modificação no modo de olhar de narradores e sujeitos poéticos.

A diferença de enfoque das textualidades nacionais do continente africano relativamente à literatura colonial é, portanto, radical: enquanto a escrita colonial era filtrada pela cegueira estratégica do colono, que apenas retratava sua relação (simultaneamente de desconforto e heroicidade) com o meio, uniformizando o continente e silenciando as populações locais, as literaturas nacionais souberam, de diferentes maneiras e em distintos níveis, observar o espaço em sua relação com a diversidade humana e, ao mesmo tempo, vinculá-lo artisticamente a toda sorte de contradições impostas pela história. Assim, enquanto na literatura colonial havia uma inclinação para a construção de um espaço atemporal, apreendido por uma perspectiva monofocal, nas literaturas africanas, o espaço, de um modo geral, constrói-se em paralelo (e por vezes se confunde) com as personagens, adquire vocação histórica e situa-se, por tudo isso, no plano da metonímia, da metáfora, da fábula, da personificação e do dialogismo.

Vale frisar que adotamos aqui o termo "colonial" e "nacional" em um sentido que transcende as balizas referenciais impostas por uma apreensão meramente cronológica da história. Ao contrário do que sucedeu em outras tradições literárias, como as latino-americanas, as literaturas de Angola e de Moçambique coexistiram no tempo e no mapa com a literatura colonial. Depois de uma primeira fase em que se privilegiou a afirmação da cultura negra na história da humanidade e de uma nova visão sobre o continente africano, na qual poderia se aconchegar de algum modo os propósitos locais ou nacionais[6], e de outra que se insere em um movimento explicitamente anticolonial e nacionalista, o espaço será objeto de um processo de abertura, que se torna visível pela transgressão de fronteiras e pela mobilidade de narradores e personagens. Por outro lado, não podemos desconsiderar formulações de natureza estereotipada que regem a construção de certos espaços e personagens na contemporaneidade. Como veremos neste estudo, o estereótipo, recurso associado frequentemente à produção colonial, irrompe também como estratégia literária em diversas obras do tempo que se segue às independências africanas.

Apesar deste quadro geral comum, que nos poderia levar à conclusão de que a aventura literária africana inscrita em português foi movida por formas e conteúdos semelhantes, as diferenças tornam-se significativas se atentarmos para os lugares de predileção de cada um dos campos literários. A desconfiança que as letras e outros legados do universo urbano produziram junto aos dirigentes de Moçambique, logo após a independência, gerou dinâmicas particulares na literatura do país. De origem majoritariamente rural, o novo poder difundiu a necessidade de uma escrita ancorada na ideia de oposição explícita às forças imperiais e de apelo à construção do Homem Novo, inibindo, de certo modo, o aparecimento e a consolidação de formas artísticas que dificilmente transitam em horizonte tão restrito. A título de exemplo, observando apenas aquele que é hoje o gênero mais pujante do país, depois de *Portagem*, de Orlando

---

[6] Tanto em Angola quanto em Moçambique, especialmente a partir dos anos 1950, o espaço internacional (Brasil, Cuba, Estados Unidos, Haiti, entre outros) é incorporado com finalidades claramente ideológicas. Agostinho Neto ("Voz de Sangue"), Viriato da Cruz ("O dia da Humanidade"), Noémia de Sousa ("Deixa passar o meu povo"), Craveirinha ("África") e Virgílio de Lemos ("Cantemos com os poetas do Haiti"), por exemplo, investiram em uma proposta aberta ao diálogo com correntes ou movimentos internacionais, como o Pan-Africanismo (de língua inglesa), a Negritude (de língua francesa), o Negrismo cubano (de língua espanhola) ou o Regionalismo brasileiro. Espaços como os de Harlem, Salvador da Bahia, Havana, Porto Príncipe, entre tantos outros, mais evocados do que efetivamente figurados, atualizavam o desejo de valorização da participação do homem negro na história da humanidade e, por esta via, ressaltavam a injusta situação a que ele se encontrava votado nas colônias portuguesas.

Mendes, publicado em 1966, foram necessários mais de vinte anos para que surgisse o primeiro romance do período pós-independência, *Ualalapi* (1987), de Ungulani Ba Ka Khosa[7]. A tardia inauguração da Associação de Escritores Moçambicanos, sete anos após a independência (e sete anos depois do surgimento de sua congênere angolana), é outro sinal revelador da tensão entre os campos político e literário[8].

A surda rivalidade entre os dois universos, aliás, inspira um tipo de investimento artístico que apresenta o território moçambicano quase sempre pela lente do *insílio*, esta espécie de exílio interno, termo de língua espanhola[9] que designa o estranhamento vivido dentro da própria nação. Este sentimento é partilhado não apenas por personagens das mais diversas condições, mas também pelos autores, ainda que por razões distintas. Nos dias de hoje, de fato, se observarmos o lugar social e literário dos escritores invisíveis e dos autores consagrados de Moçambique, constatamos que, embora privilegiem gêneros literários distintos (poesia e romance, respectivamente), a que se juntam outras diferenças de natureza textual e mesmo ideológica, os dois grupos convergem em um dado: estão absolutamente atados a questões de natureza histórica e institucional. Parece-nos mesmo que, enquanto os jovens autores desconhecidos formam parte de uma franja dominante da classe dominada (escassos são aqueles que pertencem à elite econômica, ainda que, naturalmente, já possuam recursos que os distinguem da classe social mais subjugada), os escritores reconhecidos, que representam o campo literário inclusive na cena internacional, constituem uma franja dominada da classe dominante (raros são os que pertencem ou pertenceram à elite política). Esse cruzamento, já previsto por Bourdieu (1992; 2011a; 2011b) em suas análises sobre o campo literário francês, repercute de modo decisivo nas representações literárias e, como num jogo de espelhos, separa e liga os dois circuitos.

---

[7] Diga-se inclusive que, em sua primeira edição, o livro de Ungulani Ba Ka Khosa foi apresentado como uma compilação de contos.

[8] Uma interessante análise sobre este momento – em que texto e institucionalização literária se tornaram objetos de uma discussão quase diária e pública – foi realizado pelo aqui já mencionado estudo de Maria-Benedita Basto (2006).

[9] O termo ainda não foi incorporado nos dicionários de língua portuguesa, mas transita de modo fluído há já alguns anos em análises sobre os campos literário e intelectual. As relações entre exílio, desexílio e insílio na obra do escritor uruguaio Mario Benedetti, por exemplo, são examinadas por Miriam Lidia Volpe (2004). Na Espanha, Manuel Aznar Soler (2004) faz uso pela primeira vez do conceito para analisar a literatura espanhola do período que se segue à guerra civil. Agradecemos a Max Hidalgo Nácher, colega da Universidade de Barcelona, a indicação deste último texto.

A condição de "minoria dominada", comum aos escritores dos dois espaços, conduz uns e outros a um determinado tipo de representação: enquanto os escritores marginais, em sua maioria debutantes, perseguem um quadro compensatório no universo "letrado" e "cultivado" a que em geral não tiveram acesso em suas vidas, os escritores legitimados, também na contramão de suas posições sociais, centram sua atenção nas personagens e nos espaços excluídos. A diferença é que esse empreendimento, para o segundo grupo, possui sempre um alvo: os poderes instituídos. Outra característica que os distingue passa pelo próprio percurso de vida: boa parte dos autores que são hoje reconhecidamente os porta-vozes da literatura moçambicana já havia acumulado bens culturais antes da luta de libertação (ou o fez durante o processo e nos anos que se seguiram), construindo uma trajetória que se caracterizou também pelo contato e reapropriação de patrimônios literários de outras latitudes. Além disso, a participação e/ou a vivência em momentos da história recente do país possibilitou-lhes não apenas a relação afetiva com várias dimensões da realidade (utopia, sociabilidade artística, desencanto, isolamento) como também a acumulação de capital simbólico. Este capital, todavia, não foi suficiente para assumirem lugares de protagonismo na cena política[10], ao contrário do que ocorreu, por exemplo, em Angola. Não é difícil perceber que o sentimento do exílio interno, que se liga intimamente à noção de espaço, penetra por todas as divisões da casa literária moçambicana. No plano da representação, esta lógica é ainda mais visível. O mundo rural, a cidade de Maputo, a Ilha de Moçambique, o oceano Índico e os territórios internacionais do Oriente, que fazem entrecruzar desterros internos, destempos e contratempos de maneira exemplar, são apenas manifestações daquilo que efetivamente singulariza a vida literária moçambicana. Isto é, todos estes espaços se configuram como variáveis que giram ao redor do eixo do insílio.

Assim, analisaremos no primeiro capítulo a prática e a representação do insílio, responsável pela dialética do deslocamento e do confinamento que, em nosso entender, estrutura o campo literário moçambicano. Logo depois, estabelecendo a ponte com o mundo urbano, observaremos a áspera relação que autores e personagens mantêm com a capital Maputo, tardiamente inscrita no romance, fato que coloca a literatura do país, uma vez

---

[10] Encontramos uma das poucas exceções na figura de Luís Bernardo Honwana, que fez parte dos dois mundos, o literário e o político. Mas isso não se deu de maneira simultânea, pois o autor não voltou a publicar ficção depois de sua estreia, com *Nós matámos o Cão-Tinhoso*, de 1964. Apenas em 2017, Honwana volta a publicar um livro, neste caso de ensaios (*A velha casa de madeira e zinco*).

mais, em uma posição de diferença quando comparada com outros projetos literários nacionais de contextos de língua portuguesa (como o angolano) ou do oceano Índico (como o sul-africano, o malgache ou o mauriciano). Em seguida, examinaremos os pactos e os impactos gerados pelos contextos do Oriente na prosa e na poesia, chamando ainda a atenção para as formas de orientalismo tardio[11] que têm surgido nas últimas décadas. Mais adiante, no quarto capítulo, veremos como se dá a difícil integração do "outro" nacional (neste caso, a personagem de origem indiana) em um universo literário que paradoxalmente celebra a origem índica; sublinharemos também a forma como, já no século XXI, a figuração do espaço contribui para a renovação dos modos de constituição desta personagem. Finalmente, no último capítulo, que se apropria de maneira mais vincada do sentido institucional de espaço, a partir da noção de "símile-campo" (Poliak, 2006), atentaremos para o rápido crescimento de um circuito literário secundário que, a despeito de ser povoado por inúmeros concursos e outras atividades públicas, contribuem para o reforço da exclusão dos aspirantes à condição de escritor em Moçambique; ao mesmo tempo, embora se trate por excelência do espaço do insílio institucional, o símile-campo é também um lugar de possibilidade e não pode ser totalmente desacreditado pelo olhar crítico, como veremos a partir de um exemplo concreto, o de Hélder Faife, talvez o principal nome da nova geração de poetas nacionais.

Contemplado em sua relação com o tempo, com as personagens e com a instituição, o espaço deixa, pois, algumas marcas que sinalizam a especificidade do campo literário moçambicano. Mas elas não são suficientes para projetarmos uma ideia de homogeidade interna. Antes pelo contrário. A quantidade e a qualidade de lugares inscritos, de mensagens ideológicas disseminadas e de usos estéticos postos em circulação ratificam a ideia de diversidade e confirmam a natureza contraditória da instituição literária. Como afirma Jacques Dubois, a instituição apoia-se, em primeiro lugar, na manutenção de uma ortodoxia (aquela que se opõe à ortodoxia política); em segundo, ela caracteriza-se por constantes conflitos internos de diferenciação e renovação: "Novatrice, elle ne subsiste et ne se reproduit que dans la perpétuelle recherche de la différence propre aux luttes des groupes et des générations" (Dubois, 2005, 46).

Neste quadro de permanente renovação da geografia literária representada, cabe desde já antecipar que nos últimos anos, no campo da ficção, é de João Paulo Borges Coelho a proposta mais ambiciosa: as aldeias que

---

[11] Com a noção de "orientalismo", emprestada de Edward Said (2007), referimo-nos aqui aos modos de domesticação do imaginário alheio para finalidades próprias.

circundam o rio Zambeze (em *As duas sombras do rio*, de 2003), o Mucojo e a Beira (em *As visitas do Dr. Valdez*, de 2004, e *Ponta Gea*, de 2017), a costa índica de Moçambique (nos dois volumes de estórias *Índicos Indícios*, de 2005), Maputo (em *Crónica da Rua 513.2*, de 2006, e em *Rainhas da Noite*, de 2013), Inhambane (em *Hinyambaan*, de 2008), os espaços cuja referencialidade é exclusivamente ficcional (*Campo de Trânsito*, de 2007, e *Cidade dos Espelhos*, de 2011, e *Água – uma novela rural*, de 2016), Moatize (em *Rainhas da Noite*, de 2013), Lourenço Marques e alguns contextos internacionais, como Paris e Joanesburgo (em *O olho de Hertzog*, de 2010) são alguns dos ambientes que abrigam e influenciam as ações de seus personagens e narradores. O alargamento da geografia literária nacional é uma preocupação central do projeto artístico de João Paulo Borges Coelho, como bem observou Rita Chaves, que nos mostra como o autor investe "na ocupação de outras regiões, incorporando em seu imaginário espaços que o país independente ainda conhece pouco" (2008, 188). Embora a relação com o espaço se dê de maneira distinta na poesia, poderíamos também afirmar que Luís Carlos Patraquim é a voz que, neste gênero, se distingue nas últimas quatro décadas. A reflexão que inaugura sobre a respiração e a escuta dos lugares traduz uma visão de mundo orgulhosamente desencaixada dos espaços e dos tempos que lhe couberam em sorte. A ênfase na "nova geografia" (nacional e internacional, textual e intertextual) tem auxiliado estes autores a ampliarem os códigos temáticos e estéticos em Moçambique. Por inscreverem algumas paisagens (físicas e culturais) nunca antes habitadas no universo literário, João Paulo Borges Coelho e Luís Carlos Patraquim ganham, portanto, certo protagonismo neste estudo.

Na cartografia que aqui esboçamos, muito ficará também por preencher, como é evidente. O mapa literário é muito mais extenso do que as fronteiras que um estudo desta natureza pode demarcar. Considerando que a crônica mereceria um investimento analítico à parte, não abordamos neste livro os espaços recriados naquele que é um dos mais pujantes gêneros literários do país. Também por isso, os universos privilegiados por alguns de seus melhores cronistas (como Fernando Manuel, Suleiman Cassamo, entre tantos outros), não foi contemplado em nossa análise. Além disso, ao elegermos o eixo da capital, não nos centramos na cidade da Beira, outro ambiente relevante, em especial na formação de autores como Mia Couto e João Paulo Borges Coelho. Ainda na linha das ausências, a escolha das geografias do Oriente nos obrigou a desconsiderar outros territórios internacionais. Se nos cingirmos apenas ao campo da poesia, recordamo-nos de imediato do fascinante *Vila Borghesi e outros poemas de viagem* (2012), de José Craveirinha, livro publicado postumamente, e dos incontáveis versos de Campos de Oliveira, Noémia de Sousa, João Pedro Grabato Dias, Ruy Guerra, Virgílio de Lemos, Rui Knopfli, Luís Carlos Patraquim, Filimone Meigos ou Nélson Saúte, entre tantos outros nomes que nos convidam a repensar a literatura moçambicana num quadro ainda mais aberto de trocas. Finalmente, o relevo dado à figuração do indiano deriva, como referimos, do paradoxo que ela engendra: traduzida quase sempre pelo estereótipo negativo, esta personagem desafina a nota celebratória com a qual se costuma dar a conhecer a relação de Moçambique com o oceano Índico. De todos os modos, ficam por estudar inúmeras personagens das mais diversas origens (mauricianos, sul-africanos, brasileiros, cubanos, russos, portugueses, alemães, italianos, franceses, estadounidenses, etc.) e tantas outras formas de tensão (intercomunitária e intracomunitária) que, seguramente, desvelariam novas versões do insílio e surpreendentes mediações do/com o espaço.

Longe, portanto, de querermos esgotar neste livro um assunto que guarda uma infinidade de nuances e de atores, interessa-nos investigar o modo como, em Moçambique, a "escrita do espaço" (ou os modos de figurá-lo nos textos e de sugerir, através dele, diálogos intertextuais) e o "espaço da escrita" (perspectivado em suas possibilidades e dependências institucionais) se articulam estruturalmente, fundando sentidos. A análise conjunta destas dimensões do espaço deve permitir-nos identificar os gestos de homologação e de diferenciação promovidos pelos autores e observar de um ângulo menos visitado alguns dos contornos que fazem da literatura moçambicana contemporânea, hoje, um dos campos mais exigentes para o exercício crítico.

1. O insílio[1]

Em "Exil, retour et écriture" (2011), Bernard Mouralis discute a problemática do exílio nas literaturas africanas a partir de dois ângulos: o relato autobiográfico sobre a experiência de um indivíduo que vive em outro país; a representação literária de um herói que é levado a abandonar seu lugar de pertença e rumar ao exterior (Mouralis, 2011, 348- 349). Focalizando o sistema literário moçambicano e situando a reflexão no romance, poderíamos sugerir a inclusão de duas novas categorias. A primeira liga-se mais diretamente ao campo institucional: a experiência do exílio interno dos próprios autores. A segunda, de natureza marcadamente textual: a criação de heróis romanescos que, por distintos motivos, também conhecem a realidade do exílio interno. O exílio dentro de casa, ou o insílio, termo que designa o estranhamento vivido no próprio país, convida-nos a repensar as relações que se estabelecem entre produtores e representações.

Durante grande parte dos anos 80 a discussão sobre a escrita em jornais, revistas ou movimentos literários que então surgiam, como a Charrua,e o seu envolvimento na construção da jovem nação, formava parte do cotidiano da elite cultural e política da capital. Curiosamente, com o fim da era socialista, tão marcada ainda hoje pelas críticas vindas do campo cultural, dá-se uma espécie de retração – para não dizer desaparecimento – deste debate. Na altura em que já atuava como Secretário de Estado da Cultura de Moçambique, Luís Bernardo sinalizava o afasta-

---

[1] Neste capítulo, atualizamos os dados do artigo "Alter-idade em casa. O exílio interno no romance moçambicano", publicado na Revista *Mulemba* (Can, 2016a). Somos gratos aos editores, sobretudo Carmen Tindó Secco, pela organização do dossiê "Diáspora", no qual a nossa contribuição se inseriu.

mento dos escritores e intelectuais do debate público em uma entrevista a Nelson Saúte: "Neste momento, por razões que merecem análise, há uma posição de demissão, que é talvez um dos sintomas da situação de má saúde da nossa sociedade" (Saúte, 1998, 172).

A maior parte dos escritores do país, no entanto, localiza nos corredores da elite política a origem dos principais problemas. A figura do "exilado" ou do "desterrado" surge com frequência em seus discursos para definir uma irremediável situação de desconforto. Neste quadro, Luís Carlos Patraquim talvez seja o modelo que mais se aproxima ao traçado por Bernard Mouralis, já que realmente saiu do país na década de 80: "Sou tão exilado no estatuto mais amplo – não imediatamente político, nunca fui objecto de perseguição política –, como neste momento exilados em Moçambique andam uma data de escritores e de outras gentes" (Saúte, 1998, 201). Para reiterar esse sentimento, já anunciado na instigante produção poética que o consagrara nas três décadas anteriores, o autor envereda pelos caminhos da ficção, em 2010. Com *A canção de Zefanias Sforza*, que se ambienta em Maputo, Patraquim encena o exílio interno de uma das personagens mais deslocadas e melancólicas da narrativa moçambicana.

Também os autores que sempre viveram em Moçambique, como Ungulani Ba Ka Khosa, relacionam a ideia de desterro simbólico e físico ao distanciamento do pensamento ideológico dominante: "Fui, mais tarde, para a província considerada a *Sibéria moçambicana* – Niassa – então ganhei consciência em relação ao Poder. Já não me deixava induzir com certos discursos que se faziam neste país" (Saúte, 1998, 321. Os grifos são nossos). Por sua vez, Paulina Chiziane assume-se como "escritora 'exilada' metafórica e fisicamente ([vive] num bairro periférico de Maputo)" (Martins, 2009). Embora não faça uso dessa gramática em suas entrevistas, João Paulo Borges Coelho afasta-se das causas literárias que mobilizaram a ficção entre os anos 1980 e 2000 e, em uma linha similar a de Patraquim, rejeita a pressão que uma certa ideia de "moçambicanidade" pode imprimir na produção literária nacional, assim como da estratégia, correlata, de "dar voz ao outro": "Eu hoje assumo que não represento sequer o meu quarteirão, eu represento-me a mim próprio e isso é uma suprema liberdade" (Cabrita, 2005). Alguns dos protagonistas de suas narrativas, como Ntsato (*As duas sombras do rio*, de 2003), Vicente (*As visitas do Dr. Valdez*, de 2004), Jamal ("Pano encantado", de 2005), Tito (*Crónica da Rua 513.2*, de 2006), Mungau (*Campo de Trânsito*, de 2007) ou Laissone (*Cidade dos Espelhos*, de 2011), partilham certas características: são jovens, de certa forma ingênuos, silenciosos, quase nunca se rebelam de forma retórica. Assemelham-se também, neste sentido, ao "herói trágico", o indivíduo "ainda mudo, imaturo" de que fala Walter Benjamin. Por um lado, não dão voz a um coletivo oprimido, até porque eles próprios não enunciam um discurso aberto que revele sua condição ou sua reivindicação. Por outro, não podem ser vistos como modelo, pois nem sequer se definiram, estão em processo (1985, 116), quase sempre em situação de perda. Conectados a mais do que um mundo pela ambivalência, acabam sendo alvo de desconfiança, preconceito e exclusão nas sociedades dos romances em questão. O insílio forçado será o destino de cada um deles. O caso de Mia Couto é ligeiramente diferente: o autor com mais projeção internacional do país, dono de uma obra que já visitou praticamente todos os gêneros trabalhados no campo literário, tem incitado o debate público em suas intervenções públicas desde os anos 1980, sem reafirmar, pelo menos nas entrevistas, uma condição de exilado interno. No entanto, em sua obra, é evidente o movimento rumo ao insílio por parte de seus heróis. Trata-se, aliás, do autor que mais tematiza esse desejo e este destino, como veremos.

O exílio a que se referem esses autores deve ser, naturalmente, apreendido no sentido metafórico, pois nada tem a ver com a situação absoluta e excepcional dos exílios internos, físicos e psicológicos, a que os africanos foram submetidos durante o período colonial[2], e que tão bem foram representados nas crônicas dos irmãos Albasini nas primeira décadas do século XX[3], em poemas de Noémia de Sousa e Craveirinha a partir dos 1950 ("Pois é, Carol, / vou terminar esta carta enviando-a sem via / sobre a amnistia de quarenta e tal anos de exílio / do Daíco dentro de Lourenço Marques a tocar bacilos" – Craveirinha, 1982, 11) e nos contos de Luís Bernardo Honwana, publicados em 1964. Ou até mesmo em Orlando Mendes, autor do primeiro romance nacional, *Portagem*, de 1966, a despeito da hipótese algo ambiciosa que o também poeta pretendia validar: a de que o mulato, exilado interno por excelência na narrativa, se apresentava como a principal vítima desse mundo colonial dividido em dois blocos, o branco e o negro. Tampouco tem a ver com as noções clássicas de expatriação forçada ou voluntária. Diz respeito, sobretudo, à tal ideia de distanciamento. Mas também, insistimos,

---

[2] Sobre a representação literária dos laços entre trabalho forçado e exílio em contextos coloniais, remetemos o aprofundamento à tese de Doutorado de Luiz Fernando França (2018) e ao artigo de Silvio Renato Jorge (2006).

[3] Sobre José Albasini, leia-se o importante estudo de César Braga-Pinto (2015). Quanto ao mais conhecido dos irmãos, João Albasini, veja-se a fundamental compilação (assim como os textos críticos que a acompanham) organizada por César Braga-Pinto e Fátima Mendonça (2012).

de um afã de autonomia do campo literário face ao mundo político, reivindicação de todas as literaturas emergentes em momentos concretos de suas evoluções.

Em alguns poetas, que se afirmaram entre os anos 1960 e 1980, o insílio, tal como o exílio projetado pelos ensaios de Edward Said, define esse estado intermediário nem de todo integrado ao novo lugar, nem totalmente liberto do antigo (2005, 58). As vozes que celebraram a Ilha de Moçambique, e em particular Rui Knopfli, poderiam ser o paradigma desse estado. Progressistas no tempo colonial, viveram com desconfiança e desconforto a transição de poderes. Alguns deles, como o próprio autor de *A Ilha de Próspero* (1972)[4], chegaram mesmo a abandonar o país pouco depois da independência, fato que o colocou em uma espécie limbo do campo literário. Em outros casos, bem mais recentes, essa mesma condição intermédia é assumida pelo escritor perpetuamente incomodado com o presente porque se encontra, ou diz encontrar-se, a uma distância suficiente para ver as coisas não apenas como elas são, mas no que se converteram (Said, 2005, 67). Guardadas as distâncias que separam seus projetos artísticos e intelectuais, Paulina Chiziane, João Paulo Borges Coelho, Luís Carlos Patraquim, Marcelo Panguana, Ungulani Ba Ka Khosa e Mia Couto são alguns exemplos dessa segunda forma de descontentamento.

Como sugerem as definições sempre agudas de Said, os dois tipos de *desterros* são também dois tipos de *destempos*. E isto porque há no escritor do período pós-independência uma tensão crescente entre a identidade coletiva, em permanente construção, e a identidade individual, menos disponível a novos tropeços. Embora não o explique em sua totalidade, a herança desempenha um papel importante para o alargamento das fendas desse chão instável. Todos os autores que aqui trazemos para a análise viveram nos dois tempos, o colonial e o pós-colonial, lidam com uma arte (a literatura escrita) e habitam em um cenário (a cidade) que se opõem às práticas da grande maioria da população moçambicana. Seria equivocado, por isso, estabelecermos uma homologia direta entre a sociedade representada em seus romances e a sociedade moçambicana como um todo. Mas não seria impertinente pensarmos na comunicação que pode haver entre a experiência social do autor, ou a imagem que ele possui de si, e os ambientes que ele constrói em suas narrativas, independentemente do tempo, do espaço e do tipo de personagem que as mesmas inscrevem.

E esta ponte se torna mais visível se observarmos o espaço representado e o que eles podem querer significar. Neste âmbito, acreditamos que

---

[4] Que mereceu um cuidadoso estudo de Francisco Noa (1997).

o insílio, além de se configurar como a mais forte tendência da narrativa moçambicana, é possivelmente o elo que une a diversidade reinante em toda essa produção. Por via dele, torna-se possível investigar a correlação entre as práticas sociais dos escritores e as respostas que suas obras procuram oferecer, no campo das representações. Isso se dá não tanto no sentido literal, mas sim naquilo que Gabriel Malenfant define como passagem "environnementale", entendido como o laço entre o não tematizado e o tematizável, entre o estritamente afetivo e a racionalização desse afeto, entre uma revelação ética e um conhecimento epistêmico que se deseja validar (Malenfant, 2007). Se por um lado, os romancistas moçambicanos procuram, a partir dessa temática, "reconstruir e reinterpretar a ordem" do universo pós-colonial (Mbembe, 1986, 67), por outro, a obsessão no uso evidencia uma comunhão, ou um desejo de identificação, com o exílio provado por tantos intelectuais espalhados pelo mundo: o de uma ruptura dolorosa com a terra, que possibilita a articulação de um novo discurso sobre o mundo e uma certa reconciliação consigo mesmo (Kavwahirehi, 2011, 41). A diferença é que, no caso moçambicano, o exílio, por ser interno, radicaliza o descompasso com o território e com o tempo.

A relação que cada um desses projetos literários mantém com a geografia do insílio será, por tudo isso, mediada pela leitura crítica que fazem do tempo presente e pelo lugar que os autores ocupam, enquanto atores sociais, no campo de produção deste mesmo momento histórico. Todos esses autores/atores, aliás, são mais velhos do que a própria nação e a reflexão sobre a passagem do tempo que suas narrativas inauguram pode corresponder, como já foi aqui sugerido, ao embate entre o tempo da história e o tempo do indivíduo. Com argúcia e um saudável sentido de auto-ironia, o escritor e ensaísta cubano Gustavo Firmat sublinha os laços entre alteridade e idade:

> Sin embargo (y hasta con embargo), a medida que el exiliado envejece, el tiempo, antes su cómplice, se le vuelve hostil. Empezamos a perder el tiempo, por así decirlo. Empezamos a sentir una falta de sincronía entre el tiempo de nuestras vidas y el tiempo de la historia. Nuestro tiempo, en el sentido histórico, ya no coincide con nuestro tiempo, en el sentido vital. Cuando esto sucede, en vez de vivir con tiempo, a tiempo, vivimos a destiempo (Firmat, 2013).

Não é mero jogo de palavras, ainda segundo o escritor radicado nos Estados Unidos, que o exilado crônico é sempre um exilado anacrônico (Firmat, 2013). Por tudo isso, e também pelo fato de se ligar à dimensão do tempo e ao território da própria nação, o exílio não pode restringir-se à clássica oposição entre o "nacional" e o "estrangeiro". No caso moçambicano, ele deve antes ser enquadrado em uma dinâmica interna que abriga e revitaliza tensões ligadas à classe social, ao gênero, à idade e à raça, realidades vividas individual e localmente por um grupo restrito da elite cultural que se distancia da elite política, mas também da população em geral, representada em muitos dos seus textos, e ainda daquele ideal coletivo que animou a empresa anticolonial a partir dos anos 1950. Reacendendo-se na década de 1980 e atingindo um ponto eufórico no século XXI, a estética do insílio desses autores persegue um melhor entendimento da realidade, mas também uma afirmação, efabulada ou em jeito de murro na mesa, no campo de produção dessa realidade. O mais surpreendente é que, apesar da concordância que seus discursos sociais deixam antever, nada disso se concretiza em um projeto artístico coletivo, em movimentos ou redes de discussão, em manifestações de afinidades eletivas. No campo literário moçambicano os jogadores quase nunca passam a bola uns aos outros. A atmosfera intelectual dos dias de hoje confirma que, também na relação institucional, a nota dominante é o exílio dentro de casa:

> Ao contrário do que acontecia nos anos 60, 70 e 80, hoje, os melhores elementos (...) estão absolutamente isolados uns dos outros, só se encontram bianualmente por casualidade, num dentista ou num avião, sem que ninguém, na generalidade, leia os outros, ou tal comente, quanto mais exporem-se à conversa franca e aberta sobre o ofício. Cada um deles tem a sua rede virtual de contactos mas não coincidem mapa e território (Cabrita, 2011).

Para Chango Illánez (2006), na linha do que já fora anunciado por Miriam Volpe (2004), o indivíduo que opta pelo insílio é aquele que está sem estar completamente na própria pátria. Esta se lhe apresenta distante, do ponto de vista do "destino". Por isso, um dos traços do insílio é o silêncio. Ou, quando muito, um discurso traduzido, malversado, revisto ao extremo para que não se revele as pegadas de seu fundamento original. Enquanto expressão de uma identidade vulnerável, o insílio é uma memória reprimida, a cultura de uma consciência em perda (Illánez, 2006). Ensaiando uma aproximação entre literatura e sociedade e uma mediação entre produção e recepção (multilocalizada), o escritor moçambicano contemporâneo se depara com inúmeros desafios. O primeiro deles ganha corpo precisamente no quadro institucional, dado que, como recorda François Paré, todas as escritas de países periféricos se caracterizam por uma certa forma de exílio (2001, 89). Do ponto de vista da representação, por muito que os projetos literários dos autores apontem mais para a diferença do que para a comunhão, algumas questões são transversais em seus textos. A principal delas, insistimos, é a do "exílio", termo que surge em praticamente todos os romances moçambicanos para sugerir o sentimento de insílio.

*****

Nos romances de Mia Couto, desde *Terra sonâmbula* (1992), em que os protagonistas Muidinga e Tuhair se refugiam em um ônibus queimado, a personagem Farida se exila em um barco encalhado e o pequeno Junhito é encarcerado em um galinheiro, é já quase um lugar-comum a existência de uma ou mais personagens que se retiram ou são retiradas do mundo em que viviam para conhecer a experiência da clausura em outro lugar. A principal característica dos lugares de insílio de Mia Couto é a pequenez, além da identificação entre os protagonistas e os seus novos espaços de afetividade. Outro traço habitual em suas narrativas é o posicionamento ambíguo dos narradores, que ora homologam ora se afastam do imaginário veiculado por suas personagens. Provavelmente por isso, o insílio terá quase sempre um duplo significado em sua escrita.

Venenos de Deus, remédios do Diabo (2010a [2008]), gira em torno da figura ressentida de Bartolomeu Sozinho, um velho mecânico naval moçambicano, aposentado e doente terminal. De seu quarto, a personagem reavalia o tempo que lhe coube viver e anuncia uma série de desastres para a terra que, apenas por acidente, é também sua. A Sidónio Rosa, médico português que veio de Lisboa supostamente para curar o pequeno vilarejo de Bartolomeu de uma epidemia, competem o cuidado da doença e a gestão do mau humor do protagonista. Entrelaçada a outras pequenas histórias, como as de Munda, mulher de Bartolomeu, de Deolinda, filha do casal, de Suacelência, o administrador corrupto, a narrativa é ambientada em Cacimba, lugar imaginado, como tantos outros que podem ser cartografados na obra de Mia Couto. Devido às circunstâncias da epidemia e de tudo aquilo que a vida ofereceu ou deixou de oferecer a Bartolomeu, a casa converte-se em seu principal escudo: "– Só saio daqui se esta casa sair comigo (...) É como se as paredes nos vestissem a alma" (Couto, 2010a, 23). O que se relata neste romance é a necessidade, mas também o prazer do distanciamento, que se concretiza no espaço do próprio país. Associando-se ao desencanto do autor, a crença no "eu" e em sua capacidade de reinvenção é, em algumas de suas personagens, quase ilimitada: "– Eu não saio à rua, doutor, estou encarcerado neste quarto. Mas tenho ruas dentro de mim, ruas que saem de mim e me trazem notícias..." (Couto, 2010a, 125).

Além dessas primeiras características, o insílio, nos romances de Mia Couto, assume uma dupla e paradoxal função: de refúgio e de castigo. Esses destinos podem mesmo confundir-se, como se dá em *A varandado frangipani* (2010b [1996]): "Deixei o mundo quando era véspera da libertação da minha terra. Fazia a piada: meu país nascia, em roupas de bandeira, e eu descia ao chão, exilado da luz (...). Aceitei a prisão da cova, me guardei no sossego que compete aos falecidos" (Couto, 2010b, 12). Também esta narrativa se localiza no período que se segue à guerra civil (iniciada pouco depois da independência) e aos acordos de paz, de 1992. O seu principal espaço é a Fortaleza de S. Nicolau, convertida agora em asilo para os mais velhos. Durante as obras de restauração da Fortaleza, morreu o carpinteiro Ermelindo Mucanga, que, apesar da nova condição, emerge como narrador e protagonista de um desejo insólito: morrer definitivamente, apesar de as autoridades do país o quererem transformar em herói nacional. Tal como Bartolomeu, o herói de *A varanda do frangipani* avalia de modo contudente a passagem do tempo em seu país. A personagem sem carne e osso, ou então desprovida de características físicas que a singularizem, constitui um traço dominante da escrita de Mia Couto. Mas assume neste romance um lado mais intenso, na medida em que, na pele de espírito, a personagem se exila no corpo do inspetor que deverá investigar um assassinato no asilo de São Nicolau. Neste romance, o espaço do insílio será o asilo. Mas, tal como a casa de Bartolomeu, apontará para o duplo sentido de "fundação e fim" (Mouralis, 1993): "Quando cheguei ao asilo entendi que esta era minha última e definitiva residência" (Couto, 2010b, 35).

Como se pode observar pelos breves exemplos, a diversidade de exílios produz no corpo da narrativa uma sobreposição de espaços exíguos, que abrigam a complexidade, as insatisfações e as nostalgias das personagens. De fato, o espaço do insílio do representante português desta narrativa passa do asilo à varanda pessoal, numa progressão que acentua o distanciamento à questão coletiva: "Digo-lhe com tristeza: o Moçambique que amei está morrendo. Nunca mais voltará. Resta-me só este espaçozito em que me sombreio de mar. Minha nação é uma varanda" (Couto, 2010b, 50). Recorde-se que em *Venenos de Deus, remédios do Diabo* esta evolução decrescente também é anunciada: "Passara-se assim: ele deixara de sair. Primeiro, de casa. Depois, do quarto. Condenara-se a ele mesmo à prisão do quarto. A rua se foi convertendo numa nação estranha, longínqua, inatingível" (Couto, 2010a, 15). Por todos esses motivos e motivações, a criação de pequenos microcosmos, em Mia Couto, produz um efeito similar ao do "mini-world", analisado por Patrick Farges, que imprime à existência uma temporalidade particular, a temporalidade do confinamento: "It was like living in a small town, where everybody knew everybody else" (Farges, 2007).

Por outro lado, nos momentos em que o presente não parece ser capaz de oferecer um sinal de esperança, o tempo converte-se já não em destempo, mas em contratempo (Firmat, 2013). Em sua inusitada condição de exilado, o protagonista de *A varanda do frangipani* os atropelos da história e, neste caso, não tem dúvidas em especular sobre a sorte de ter morrido antes da independência: "Quem sabe foi bom, assim evitado de assistir a guerras e desgraças" (Couto, 2010b, 17). Será, com efeito, o tempo pós-colonial, atravessado por um desalento ascendente se nos ativermos à evolução temática dos romances do autor, a catalisar o movimento de muitas de suas personagens. Um dos efeitos desse tempo despedaçado passa pela construção de muros que as separam do mundo. Cingindo-nos ainda e apenas a estes dois romances, observamos os planos de Salufo, personagem de *A varanda do frangipani*: "Me expôs o seu incrível plano: ele iria voltar a minar as terras em redor da fortaleza. Enterraria as mesmas minas que, lá na estrada, estavam a ser retiradas. (...) Agora é que isto vai ser uma fortaleza de verdade!" (Couto, 2010b, 113). Ou de Bartolomeu, em *Venenos de Deus, remédios do Diabo*: "andou arrancando pedras da calçada, esburacando o pavimento, só para ninguém vir cá a casa" (Couto, 2010, 78). O mais surpreendente nestas personagens é que não existe uma alteração significativa de seus estados ao longo do relato. Pelo contrário, esses gestos, ainda que revelem uma busca, não escondem uma permanente desistência. Se, por um lado, tais movimentos são a expressão máxima de um desacordo face ao estado de coisas, por outro, não é descabido considerar, com Bauman, que qualquer alternativa identitária requer um entendimento recíproco e que este só pode decorrer de uma experiência partilhada. Ora, a partilha da experiência é inconcebível se antes não houver um horizonte de partilha do espaço (Bauman, 2006, 38), até mesmo em épocas de epidemia.

A impaciência de Bartolomeu manifesta-se em um presente melancólico, tão diferente daquele "antigamente" por ele anunciado, embora não situado em um tempo preciso, e que lhe era tão mais favorável. De resto, como esclarece Illánez, a consequência mais visível da relação tensa com o presente é a irritabilidade que o desterrado mantém com o poder que o conduziu à errância. E essa irritabilidade é quase sempre mediada por um elemento de natureza espacial (um "lugar outro") e um contraponto de natureza temporal (a nostalgia). O esfacelamento do presente costuma favorecer o destaque que se atribui a um passado pleno e regenerado, ainda segundo Illánez, que nos relembra também que o termo "nostos", em grego, significa estar "longe da pátria". A nostalgia de Bartolomeu assenta nesse tipo de memória, longa e substanciosa, mas dificilmente transmissível porque os ouvidos alheios são com ela incompatíveis (Illánez, 2006).

O mesmo ocorre em *A varanda do frangipani*. As razões para o insílio parecem relacionar-se à saudade. Neste caso, o sentimento é atribuído a uma personagem portuguesa: "Mas o perfume desta varanda me cura nostalgias dos tempos em que vivi em Moçambique. E que tempos foram esses!" (Couto, 2010b, 47-48). Em seu estudo sobre o desterro nas literaturas africanas de língua francesa, Aedín Ní Loingsigh afirma que o exílio encarna uma oposição implícita entre o espaço idealizado e o espaço hostil. Enquanto os termos "banido", "proscrito" e "emigrante" correspondem a realidades jurídicas, históricas e econômicas, a noção de "exilado" enquadra-se em uma dinâmica mais subjetiva, que pode ir do amor ao ódio abertamente explicitado. O exílio é, assim, antes de qualquer outra coisa, um sentimento (Loingsigh, 2001). Cabe acrescentar que o exílio que conhecemos, inclusive porque o conhecemos, está votado à visibilidade. Como refere Petruta Spânu, em sua análise sobre o desterro na literatura romena, "de l'exil, on ne connaît paradoxalement que le succès. L'exil tragique n'aboutit à aucune littérature" (2005, 166). Daí a tendência para a romantização da figura e do espaço do exilado em todas as literaturas.

Em Mia Couto, o espaço idealizado é, antes de mais, um tempo, situado no passado, de difícil identificação em uma época concreta. Exatamente por expressar um sentido de perda, o desejo de evasão é sempre acompanhado por uma relação problemática com o presente. O protagonista de *Venenos de Deus, remédios do Diabo*, por exemplo, radicaliza sua relação com o mundo atual quando afirma:"– Quem me dera ser escravo e ir num barco – murmurou Bartolomeu de modo a que ninguém o escutasse" (Couto, 2010a, 20). Por se tratar de uma memória "ilegítima" naquele contexto social, a de Bartolomeu não disfarça uma inadaptação, que irrompe sob a forma de ressentimento. O pacto rancoroso com o presente, que é aliás um traço do romance moçambicano, e não só, explica a ênfase que se dá à guerra. Mais do que o colonialismo e a estrutura armadilhada que o mesmo deixou como legado, a guerra surge como o principal motivo para o isolamento das personagens. A querela com o tempo estará, pois, na origem da animosidade da personagem. Aliás, não é à toa que *distemper* significa "mau humor" em inglês (Firmat, 2013).

Constate-se ainda, na obra de Mia Couto, a recorrente inscrição de outro tipo de cruzamento, ou de equivalência simbólica, entre as noções de "paz" e de "esquecimento". Uma vez mais, este tipo de articulação se forma no espaço do insílio. No final de *Venenos de Deus, remédios do Diabo*, a mensagem chega mesmo a ser explicitada: "O português confessa sentir inveja de não ter duas línguas. E poder usar uma delas para perder o passado. E outra para ludibriar o presente" (Couto, 2010a, 112). A própria relação com o mundo da escrita é, para Bartolomeu, motivo de fuga do presente. A palavra acentua uma distância cultivada, um desejo de desaparecimento (e já não de revelação): "– Não vale a pena espreitar, Doutor, que eu escrevo como o polvo, uso tinta para me tornar invisível" (Couto, 2010a, 25). A passagem transcrita confirma, portanto, a relação extremamente ambígua entre exílio e escrita (Loingsigh, 2001), reforçada em Moçambique pelo abismo que separa o mundo do escritor e os universos mais imediatos da população.

Publicado em 1999, no âmbito das comemorações dos 25 anos da Revolução dos Cravos, *Vinte zinco*, é um dos raros textos de Mia Couto que não explicita o desejo de insílio. Mas ele se manifesta, de modo implícito, de uma ponta a outra desta narrativa ambientada em Moebase e condensada em apenas alguns dias (de 19 a 30 de abril). Além de chamar a atenção para a divisão armada pelo regime colonial, entre os indivíduos da terra e o invasor, o romance focaliza a experiência de uma família portuguesa e sua difícil posição no período de transição para a independência. A tal vontade de transpor o tempo, característica da estética do insílio que o autor desenvolve em todos os gêneros literários, desde o seu primeiro livro de poesia (*Raiz de Orvalho*, de 1983) e de sua interessante estreia na ficção (*Vozes Anoitecidas*, de 1986), emerge em vários momentos da narrativa: "A portuguesa retificou. Morrer, não. Ela queria ir embora. Mas já não lhe bastava ir embora de um lugar. Ela queria ir embora da vida. E voltar depois, quando depois já não houvesse réstia daquele tempo" (Couto, 2014, 54). De resto, além de articular movimento e metamorfose, castigo e refúgio, origem e fim, o insílio possibilita, na escrita de Mia Couto, outro tipo de cruzamento: o "tempo do exilado" – marcado pela nostalgia de um passado não identificado e pela confirmação de que a utopia do presente mais não é do que um lugar nebuloso – e aquilo que Philip Atcha chama de "exílio do tempo" (Atcha, 2007).

São várias, portanto, as manifestações e possibilidades de leitura que a estética do desterro interno de Mia Couto oferece. Poderíamos ainda observar como outra temática, a da loucura, que surge sempre como resultado de uma marginalização específica, interage com a lógica do insílio. Trata-se de uma temática clássica nas literaturas africanas. O louco, aqui, não é o indivíduo que padece de distúrbios mentais, mas aquele que, por razões políticas, sociais ou históricas e/ou pelo rumor que circula nas sociedades ficcionais, se vê absolutamente arredado. Como forma de autoproteção, ou de modo a consolidar o distanciamento, algumas personagens utilizam a seu favor o preconceito social que sobre elas recai. Por exemplo, Ernestina, personagem de *A varanda do frangipani*, vai direto ao assunto: "Não me pedirão testemunho. Nem sequer sentimento. Prefiro esse alheamento. Que ninguém me preste atenção e me tomem por tonta" (Couto, 2010b, 105). Para além do louco (social), a personagem cega é usada estrategicamente para a celebração do alheamento: "Um cego semelha uma ilha: navegante à espera de viagem, um silêncio frente ao espelho. Indiferente a tudo, Tchuvisco se dava a metafísicas: – Vocês veem os vivos, eu vejo a vida" (Couto, 2014, 31). Parece evidente, se ligarmos todos esses exemplos, que uma investigação metalinguística e a tentativa de invenção de um repertório artístico próprio, fundado na inversão de imaginários, acompanha a edificação do insílio nos romances de Mia Couto.

Na obra de João Paulo Borges Coelho, se é certo que as figuras da cega alheada (em *As visitas do Dr. Valdez*), do louco (em *As duas sombras do rio* e *Crónica da Rua 513.2*) e dos fantasmas (em *As visitas do Dr. Valdez*, *Crónica da Rua 513.2* e *Rainhas da Noite*) irrompem para, cada qual a sua maneira, abalar a ilusão de pureza dos novos tempos, o exílio interno dos jovens protagonistas é fundamentalmente forçado. E por isso assume feições diferentes. Além disso, os heróis criados pelo autor tentam evadir-se desse destino, lançando-se instintivamente à procura de lugares de silêncio onde suas vidas possam recuperar a unidade perdida. Esses lugares poderiam ser vistos, pois, como uma espécie de exílio do exílio.

Em *As duas sombras do rio*, o protagonista, Leónidas Ntsato, é obrigado a fugir por não ser aceito em nenhum dos lados do rio Zambeze. Tito Nharreluga, em *Crónica da Rua 513.2*, e J. Mungau, em *Campo de Trânsito*, são apreendidos pela polícia: o primeiro, por ter sido flagrado enquanto roubava uma laranja que mataria o "bicho" que invadira seu corpo, é transportado para o campo de reeducação. O segundo, sem saber as razões, é levado para uma cela e, logo depois, para o Campo de Trânsito, espaço intermédio que se situa entre o Campo Novo e o Campo Antigo e onde a singularidade do indivíduo corre sérios riscos de ser apagada. Nesses romances, os protagonistas encontram um refúgio fugaz apenas nos lugares que não são completamente líquidos nem sólidos. Essa estratégia também é acionada, ainda que com contornos estéticos distintos, nos romances de Paulina Chiziane e Marcelo Panguana, como veremos mais adiante.

Somente no exílio do exílio, portanto, os protagonistas de João Paulo Borges Coelho passam do estado de divisão em que se encontram para um efêmero estado de complementariedade. É o caso, em primeiro lugar, de Leónidas Ntsato, encontrado na ilha de Cacessemo, espaço surpreendente, porque situado no centro de ambas as margens e paradoxalmente distante dos tiros: "Cacessemo é uma ilha afastada do tempo, protegida dos invasores, longe dos começos abortados de uma prometida nova era" (Coelho, 2003, 27). A particular situação geográfica de Cacessemo, que a coloca em uma relação de oposição ao tempo histórico descrito, o da guerra civil, condiciona o protagonista. Trata-se de um insólito testemunho, que abriga no corpo os espíritos rivais da cobra e do leão, vivendo, desse modo, uma guerra privada, mas semelhante àquela que se alastra pelo território nacional. Tal condição é sugerida logo nas primeiras linhas do romance, que trabalha com extremo rigor as relações entre espaço e destino da personagem:

> Leónidas Ntsato piscou os olhos. A fita negra da margem alongava-se na vertical: à esquerda, o céu azul brilhante; à direita, com uma cor quase idêntica, o rio fugindo para o alto. Subindo essas íngremes águas avançava penosamente uma almadia mas estava demasiado distante para que ele pudesse reconhecer o remador. Só o seu casco escuro cuja nitidez contrastava com o reflexo trémulo que fazia nas águas – tudo vertical, as duas manchas solidárias trepando para o alto (Coelho, 2003, 11).

Deitado e com a face na areia, o protagonista observa o espaço circundante. O narrador apresenta um mundo aparentemente normal, ainda que virado de pernas para o ar. De fato, nesta posição, as duas margens do rio unificam-se. Isto é, as dicotomias são superadas apenas pelo olhar "invertido" de Ntsato. No instante em que o seu corpo volta à posição normal, o mundo ganha outros contornos: "E assim era porque Leónidas Ntsato se encontrava deitado com a face pousada na areia da pequena praia fluvial. Soergueu-se e lentamente tudo pareceu voltar ao normal. As verticalidades tornaram a deitar-se, ficando na sua posição de sempre" (Coelho, 2003, 11). Desse modo, quando vê as coisas como os restantes homens (de pé), e não como um louco (com a cara na areia), o mundo também se altera. A função diegética da descrição mistura-se, no segmento, com a função expressiva (relativa ao ponto de vista da personagem) e ainda com a "função narrativa", anunciando alguns desenvolvimentos da trama: com a sua mirada de louco potencia-se a união das margens, sendo que o seu olhar funciona como primeiro mediador de elementos opostos. Em tal posição,

Ntsato parece não vislumbrar nenhuma diferença "natural" entre os dois lados, já que ambos têm o acolhimento de um céu cuja cor é "quase idêntica", formando "duas manchas solidárias" que trepam para o alto. Assim, a comunicação entre o tangível e o intangível e entre a matéria e a sombra parece ser viabilizada apenas pelo olhar do protagonista. Somente através dele as relações de reciprocidade entre o corpo individual e o corpo comunitário se tornam possíveis.

Sem encontrar ninguém que entenda o alcance político de seu problema, a personagem refugia-se nas margens do rio Zambeze, procurando um descanso que só irá encontrar na parte final, quando a ele se volta a unir, a caminho de Cacessemo ou do afogamento premeditado. Leónidas Ntsato mantém, por tudo isso, uma íntima e trágica relação com o Zambeze, lugar onde origem e fim se confundem. Exatamente por possuir capacidade de pertencer a dois mundos, sem querer nem poder se desprender de nenhum deles, Ntsato representa o paradoxo do refugiado interno. Trata-se do indivíduo mal-vindo à teologia mítica e política do lugar, a fronteira que delimita dois extremos. A fronteira, aliás, categoria recorrente em toda a obra de João Paulo Borges Coelho, constitui em *As duas sombras do rio* o espaço primeiro de interação e de mobilidade, mas também de tensão e de violência. Ao contrário de muitos autores contemporâneos, que fazem um apelo didático ao hibridismo, João Paulo Borges Coelho opta por repensar a resistência política e comunitária ao encontro. Em sua obra, as fronteiras entre a vida e a morte, entre a cobra e o leão, entre o "eu" e o "outro" ou entre o "eu" e o "eu" são "angustiantes e incessantemente ampliadas", como sintetiza Agamben em suas reflexões sobre o refugiado (2003, 208). A insólita condição de Ntsato, deslocado em sua própria terra, penetra na própria estrutura da narrativa: o protagonista, afetado pela síndrome da ambivalência, desaparece durante mais de cem páginas: "Distante dali, sentado numa pedra, também Leónidas Ntsato olha o rio" (Coelho, 2003, 192). Leónidas Ntsato, enfim, observa o Zambeze, partilhando com ele um segredo. Neste lugar de silêncio e de encontro com a própria humanidade, não existe à partida perigo que o coloque em risco.

Campo de Trânsito, de 2007, parte de uma estrutura diferente dos romances anteriores, visto que, como observa Fátima Mendonça, "se afasta da referencialidade" geográfica e temporal. De fato, João Paulo Borges Coelho furta-se neste romance da "identificação biunívoca", segundo a qual o espaço da narrativa seria o espaço de origem do escritor (Mendonça, 2007). Nesta perspectiva, a reflexão proposta pelo romance, sobre o modo como o poder invade o corpo do indivíduo comum, pode apontar para os espaços de exceção dos campos de reeducação de Moçambique, para os campos de concentração, para os campos de refugiados espalhados pelo mundo ou para todos eles conjuntamente. A narrativa centra-se na kafkiana história de J. Mungau. Tendo sido capturado sem motivo aparente no interior de sua própria casa, na cidade, a personagem faz uma viagem cujo primeiro destino é uma prisão, onde pernoita. Deste estabelecimento, Mungau é enviado para o Campo de Trânsito, espaço provisório, como o próprio nome indica. Neste "fim do mundo" (Coelho, 2007, 63), decide-se se os prisioneiros são transferidos para o Campo Novo ou para o Campo Antigo. Mungau não se apercebe imediatamente que o seu processo é semelhante ao de outros prisioneiros e que sua vida, a partir desse dia, está entregue a uma lei que se fundamenta na exceção.

Pelo fato de não se anunciar um referente geográfico concreto, mas também pela eficaz aliança entre potenciação metafórica e assimilação metonímica, característica da escrita de João Paulo Borges Coelho, os elementos que compõem o espaço ganham inúmeras possibilidades de sentido nesta narrativa. O lixo que progressivamente invade a cidade, por exemplo, sugere simultaneamente elementos vinculados a uma específica visão da História e ao destino do protagonista:

> Quanto lixo produz uma cidade! Amontoados caprichosos, uns parecendo recentes, outros estar ali há uma eternidade. Os primeiros são conjuntos de imprevisíveis elementos, restos de comida e bocados de plástico de cores garridas, panos velhos, amolgados alumínios, fragmentos de vida doméstica que se foram desprendendo. Quanto aos lixos mais antigos, o tempo atenuou neles a diversidade da forma e da matéria. Humedecidos pela noite e cozidos pelo sol dias a fio, meses, são hoje uma substância só, uma pasta mole que cresce por cima dos passeios e já se atreve pela berma das estradas, a caminho de ser cinza se lhe for dada a oportunidade de secar por completo (Coelho, 2007, 13).

Mungau observa como a sujeira traz consigo uma alteração inaugural, alimentada pela evolução do dia. Os efeitos naturais da noite ("humedecidos" pelo frio) encontram o seu contraponto nos efeitos "manuseados" do dia ("cozidos" pelo calor). Além disso, os dois blocos de valorização simbólica, quando postos lado a lado (uns/outros, recentes/há uma eternidade, os primeiros/quantos aos lixos mais antigos, humedecidos pela noite/cozidos pelo sol), têm uma função programática. Ao alcançar a berma das estradas (como indica o verbo "atrever"), onde aguarda a sua oportunidade da mutação ("ser cinza"), o lixo antigo anuncia a dimensão humana que Mungau conhecerá no Campo de Trânsito, em particular com a personagem Chefe da Aldeia: valorizando insistentemente o "antigo" (feito de "uma substância só"), Chefe da Aldeia mostrará o seu afã de secar e conquistar o poder ("se lhe for dada a oportunidade"). Como o lixo antigo, portanto, os sinais de dissidência de Chefe da Aldeia são "humedecidos" privadamente na noite e "cozidos" publicamente à luz do dia. Quanto aos "primeiros" lixos, parecem aludir ao universo material com o qual Mungau entrará em contato no Campo de Trânsito: os "restos de comida" antecipam as papas que se acostumará a comer; as "cores garridas" e os "panos velhos" indiciam o espetáculo fabricado da feira mensal; os "amolgados alumínios" e os "fragmentos de vida doméstica" sinalizam todos os bens que Director dispõe para o tráfico de influências, as dádivas que escondem uma dívida. O lixo da cidade anuncia, assim, o jogo de rivalidades do Campo de Trânsito (Director/Professor/Chefe da Aldeia), antecipando, de modo irônico, o sempre renovado debate entre a Tradição e a Modernidade que, naquele espaço, se desenrolará de forma maniqueísta. Além de favorecer a analogia entre o espaço da cidade e os fundamentos do *campo*, o lixo espelha, pois, a fragilidade de uma época que se pode comparar a um amontoado de restos em vias de degradação e em combate pela conquista do território.

Como Leónidas Ntsato, Mungau alivia a violência do cotidiano com idas e vindas ao rio: "Sempre o rio, quando não tem mais para onde ir! Sempre a grande pedra em cuja superfície espalma as mãos, para a sentir morna se lhe bate o sol, fria se ao fim da tarde. Sempre sem saber se é esta a única razão que o leva lá" (Coelho, 2007, 141). As causas dessa procura nunca são explicadas pelo narrador. Trata-se de uma necessidade que nem o próprio protagonista consegue definir. Também como sucede com o herói trágico de *As duas sombras do rio*, Mungau é conduzido a esse espaço por seu próprio corpo, sem que para isso sejam necessárias razões lógicas. Abrigando o insílio do jovem prisioneiro, a margem do rio é o lugar onde lhe é possível encontrar o equilíbrio possível face à divisão gradual que vivencia: por um lado, quer fugir do destino alienante que lhe é oferecido pelo cárcere a céu aberto; por outro, passa estranhamente a se sentir em casa no Campo de Trânsito. Ao mesmo tempo, à beira do rio, a divisão que experimenta é de outra índole, natural e corporal, conjunção que se obtém pelo contato com a pedra; esta, por sua vez, é descrita em dois blocos, cada qual identificado na descrição por elementos intermédios e de passagem (morna, fim da tarde), mais próximos, em suma, de sua frágil condição. O rio é, portanto, o seu último refúgio, espaço onde Mungau recupera a lembrança da complementariedade perdida.

Em *Crónica da Rua 513.2*, romance de 2006, que observa a forma como uma rua comum se transforma com a chegada da revolução, uma experiência similar a de Mungau já fora relatada, ainda que brevemente, a partir da personagem Tito Nharreluga. O jovem, em determinado momento, converte-se também no emblema de um confronto mais amplo que se disseminaria pelo país. Compete a Tito, tal como Leónidas Ntsato e Mungau, procurar intuitivamente o espaço onde sujeito e objeto se encontram: "Chega lá quase sempre fervendo por dentro, sem saber porquê" (Coelho, 2006, 113). Neste caso, é o espaço da praia, devido à confluência entre o sólido e o líquido, que oferece uma margem de descanso ao jovem. Ainda que desconheça os motivos, Tito apazigua nesse lugar a luta interior provocada pela distância entre aquilo que tem e aquilo que gostaria de ter: "Nharreluga impacienta-se com o afastar das metas cada vez mais para longe. E é aqui, neste lugar, que se distrai. Olhando os corvos que escorregam pelas ladeiras do vento, ouvindo os berros roucos que eles emitem nas suas disputas furiosas" (Coelho, 2006, 114). As metas individuais que separam o seu "querer" e o seu "ter", cada vez mais distanciadas, parecem apontar simbolicamente para as margens de um rio não muito distante de Maputo. Como se dá na fronteira do Zambeze, cenário de *As duas sombras do rio*, Tito Nharreluga apercebe-se da expansão progressiva de seus dois lados. Já os corvos que por ali transitam são os portadores dos agouros, os mensageiros da violência e da guerra, como sugere a escolha lexical do segmento: sua fúria vem de cima, escorregando pelas "ladeiras do vento", descendo do norte para o sul, sendo reconhecida apenas por via de sons turvos e contraditórios ("berros roucos"). De igual modo, a transformação de Tito, de pequeno a grande, de criança a homem, é marcada pela mudança de voz. A "nova voz exprimia já um pensamento intruso" (Coelho, 2006, 115), fazendo com que a personagem se desinteresse momentaneamente daquela praia. Como consequência, dá-se o alargamento da distância que vai de seu "querer" e de seu "ter", o aumento de sua frustração e, finalmente, como medida de sobrevivência, o regresso intuitivo àquele espaço: "Mas o ter e o querer continuavam dois estados inimigos, distantes um do outro. Daí que procure hoje, nesta nova praia, o segredo da antiga coexistência que, na outra, trazia paz à sua alma" (Coelho, 2006, 115). Fazendo corresponder a noção de complementariedade entre o indivíduo e o espaço a um passado não identificado, a metáfora proposta por via desta personagem é quase literal: o conflito interior ecoa uma divisão, que, embora vivida de modo privado, reenvia o leitor para o drama coletivo da guerra que se avizinha. Como em Mia Couto, portanto, ainda que por mecanismos linguísticos e estratégias literárias diferentes, a relação entre a experiência individual e a experiência coletiva na escrita de João Paulo Borges Coelho ganha forma na descrição e na reflexão sobre o hiato privado.

Como se pode observar em todos esses exemplos, o "inesperado desejo de lonjura" (Couto, 2010a, 21), de que fala o narrador de Mia Couto em um de seus romances, orienta também a vida dos heróis romanescos de João Paulo Borges Coelho. As personagens destes dois autores, os de Mia retóricos e assertivos, sinalizando a possibilidade da terceira margem do rio, os de João Paulo silenciosos e hesitantes, abandonados entre as duas sombras do rio, confirmam duas características, já aqui sugeridas, do exilado: a hostilidade ao presente e a vontade de fuga para lugares onde o ar é mais puro (Atcha, 2007). O belo final de *As duas sombras do rio* confirma esse traçado de desalento: "Devagar, também, Leónidas Ntsato mergulhou nele nessa noite, ficando nós sem saber se procurava chegar a Cacessemo para alongar a sua perplexidade nessa fronteira, se lhe bastava perder-se nas águas para ganhar a tranquilidade e a indiferença dos afogados" (Coelho, 2003, 260). Até entender sua participação na História, os protagonistas de João Paulo Borges Coelho realizam uma longa travessia de contato com as esferas de poder, pressentindo gradualmente que a justiça é uma noção ambígua. Quando se apercebem, procuram o sossego possível para suas vidas biformes no exílio do exílio, mesmo que ele os conduza ao suicídio. O insílio de Ntsato, Tito ou Mungau representa, portanto, a reivindicação silenciosa por um espaço íntimo onde possam existir sem que a História faça deles o soldado de um bando ou de outro. Nestes lugares de afetividade, podem descansar de todo o barulho do mundo.

Contudo, não seria demais voltar a indagar, desta vez com Mbembe, até que ponto a insistência nessa "memória da errância" individual rumo à solidão pode bloquear uma memória ativa, dinâmica, mais próxima daquela que serviu de mote às lutas anticoloniais (1986, 62), isto é, uma memória que, além de virar as costas ao poder instituído, o confrontava de maneira inequívoca e instituía uma real alternativa ao estado de coisas. No caso dos heróis construídos por João Paulo Borges Coelho, uma dupla dificuldade freia este movimento: o poder, segundo a visão de mundo veiculada em suas narrativas, já não ocupa apenas um centro, ele desdobra-se, é complexo, ocupa todas as esferas do cotidiano e nem sempre é plenamente identificado pelas personagens; aliado a isso, estas mesmas personagens, cujo objetivo imediato é a sobrevivência, estabelecem pactos com o poder, familiarizam-se com ele e apenas gradualmente se dão conta da teia que lhes foi montada. Quando isso acontece, já costuma ser tarde demais. A escrita de João Paulo Borges Coelho não parece pretender, pois, confrontar abertamente o poder, mas sim repensar a permanente atualização de suas dinâmicas e de seus efeitos na vida do homem comum.

São múltiplas as versões do insílio que emergem na ficção moçambicana das últimas décadas. Como é possível observar, as formas e funções que adquirem apontam essencialmente para a heterogeneidade do campo literário. As personagens de *O chão das coisas* (2010), de Marcelo Panguana, se movimentam em ambientes da aristocracia, e esta escolha favorece um novo registro do desterro e do destempo internos. Neste romance, o autor recua o olhar para o período pré-colonial, situa a narrativa na aldeia de Tonga e cria o insólito herói Xala, herdeiro do trono que renega esse estatuto quando descobre ser sexualmente impotente. Desde então, envergonhado, enceta uma fuga para lugar incerto. Como Ntsato, em *As duas sombras do rio*, esse movimento retira o protagonista de grande parte da narrativa. Muito mais adiante, no capítulo "Sentado à beira do rio" (Panguana, 2010, 131), Xala decide regressar a sua aldeia. Toma essa decisão quando, protegido pelas margens do rio, encontra alguma paz. O desterro errante, que se radicaliza na narrativa devido à própria ausência da personagem principal nas ações descritas, é confirmado em alguns momentos pelo narrador que, aqui e ali, rememora o "misterioso exílio" (Panguana, 2010, 45) de Xala, sem, contudo, oferecer pistas de sua localização: "Se Xala regressar a tempo do seu desconhecido exílio, será esse o momento exaltante" (Panguana, 2010, 45); "Sonhou vendo o seu filho Xala a regressar finalmente do seu longo exílio" (Panguana, 2010, 135). Ao contrário, porém, de Leónidas Ntsato, que responde rapidamente às questões que lhe são colocadas no momento em que retorna a sua vila, Xala apresenta-se ressentido e, por isso, opta pelo silêncio: "Porque desaparecera sem dizer nada? Em que lugar passara esses longos dias? Como sobrevivera? Xala, no entanto, não responderá, assim como se recusará a aceitar os seus gestos de ternura" (Panguana, 2010, 154). Para o protagonista, o drama individual sobrepõe-se ao drama coletivo. A Xala pouco importa que seus conterrâneos se encontrem desamparados em uma guerra fratricida contra a aldeia rival. O que o move, a vergonha na fuga e a raiva no regresso, se relaciona unicamente ao problema pessoal. A diferença mais significativa entre o herói do primeiro romance de João Paulo Borges Coelho e este, portanto, é que Leónidas Ntsato se revê no drama nacional, chegando mesmo a se considerar como o seu rosto mais emblemático. Xala, pelo contrário, reiterando o embaraço que o desacredita e, por isso, validando indiretamente a marginalização que lhe é imposta pela comunidade, apresenta-se apenas, e à medida das narrativas orais, como um ser excepcional.

Já *Balada de amor ao vento* (2005 [1990]), de Paulina Chiziane, ocupa territórios como os de Mambone e da Mafalala do tempo colonial. Repensando a condição de exílio interno motivada pela violência institucionalizada, é um dos romances mais celebrados pela crítica nacional e internacional. Na narrativa, relata-se a trágica história de amor entre Sarnau e Mwando, figuras que experimentam distintas e violentas formas de exílio. Para Sarnau, não é o sistema colonial (referenciado em escassos dois momentos da narrativa – p. 49 e p. 116) que a desloca para o exílio, mas as lógicas internas das tradições moçambicanas, que impõem, segundo ela, uma "poligamia exclusivamente masculina". Ao longo de toda a narrativa, que aposta no registro da primeira pessoa, Sarnau apresenta-se como uma figura dividida, deslocada em seus dois principais contextos: "Estou dispersa: uma parte de mim ficou no Save, outra está aqui nesta Mafalala suja e triste, outra paira no ar, aguardando surpresas que a vida me reserva" (Chiziane, 2005, 12). Depois da felicidade de ter sido a escolhida pelo rei para ser a sua primeira esposa, Sarnau repensa sua situação e, repentinamente, toma consciência de que o casamento a confinará: "Senti em mim a negra partindo para a escravatura; a prisioneira caminhando para o cadafalso (...) e estou a sofrer sozinha nos caminhos distantes" (Chiziane, 2005, 46); "Voei até aos cômoros vestidos de cardos e lírios que o anoitecer escondia, subi o socalco passo a passo, tão pesada como quem caminha para o cadafalso" (Chiziane, 2005, 55). Se o que aqui está em causa é a coisificação da mulher moçambicana, como tem sido interpretado por grande parte da crítica, poderíamos também sugerir que Sarnau se apercebe dessa tragédia apenas no degrau que antecede a cerimônia. Ora, por não ser estrangeira, por ser adulta e por ter vivido e conhecido outras mulheres que se casaram na aldeia, o discurso da personagem carece de alguma verossimilhança. Parece mesmo ter sido elaborado, ou traduzido de modo didático, com a finalidade de dar a conhecer ao leitor de outras latitudes a nuvem de violência que cobre o cotidiano mais imediato da mulher moçambicana por ela representada. Ainda mais contraditória é a maneira como a protagonista, quando situada em posição de poder, naturaliza as relações de dominação entre ricos e pobres: "O trabalho das machambas não é comigo, tenho muitas servas que se encarregam disso" (Chiziane, 2005, 79). A preocupação em privilegiar em sua reflexão a desigualdade entre homens e mulheres conduz, talvez de forma involuntária, as relações de classe e de raça a um lugar secundário na narrativa.

É certo que, ao longo do capítulo 15, o degredo em Angola de Mwando é encenado. Ainda que a autora não integre este episódio em um quadro histórico mais amplo, assinala o preconceito racial que estruturou o sistema colonial: "Iam a caminho de Angola, terra de degredo, da cana, do cacau e do café. Alguns deles eram condenados por crimes graves; outros por caprichos sem fundamento e mais outros simplesmente porque eram negros" (Chiziane, 2005, 115-116). No entanto, além de ser apresentado de modo esporádico, o fundamento político deste tempo é neutralizado. E isto porque, já em Angola, o opressor não é propriamente o homem branco, o grande arquiteto desse campo de exceção, mas sim o homem negro: "Os pretos gritavam para outros pretos como se pretos não fossem. O escravo liberto torna-se tirano. O homem alcança as alturas cavalgando nos ombros dos outros" (Chiziane, 2005, 118). Surpreende, com efeito, que o escrutínio ao poder, para lá das questões de gênero, quando ocorre, se projete contra os próprios africanos, mão-de-obra barata de uma empresa muito mais vasta e poderosa. Ao mesmo tempo, quando é valorizado positivamente, o negro torna-se mais objeto do que sujeito da história, em imagens que transportam o leitor para uma África uniformizada, reduzida a uma visão próxima da já tão contestada versão negritudinista de Léopold Sénghor: "A canção é a alma do negro. Quando sofre, canta, quando ri, canta, quando trabalha, canta. Até parece que a canção desperta no fundo do ser a força secular de todos os antepassados" (Chiziane, 2005, 125). A descrição do "fim do mundo" habitado por Mwando privilegia imagens da natureza, sem que a mesma se apresente, sequer metaforicamente, como um suporte para a reflexão sobre a história. E isto porque os responsáveis pela violência que ensombra o espaço do degredo irrompem da natureza e não do sistema que promoveu a separação entre a mesma e o sujeito. Não é paradoxal, seguindo essa lógica a-histórica, que Mwando tenha encontrado a realização pessoal precisamente no desterro: "Apesar do trabalho forçado, encontrou felicidade no degredo. Finalmente conseguira satisfazer a ambição de usar batina branca, baptizar, cristianizar" (Chiziane, 2005, 126).

No romance de Paulina Chiziane, os elementos da natureza fundem-se, sim, no corpo e no espírito da mulher, que, com esta nova roupagem, poderia combater de forma mais eficaz a opressão de que é vítima. Tais imagens, porém, em vez de a escudarem, parecem confirmar um ser em perda, incapaz de encontrar uma saída. O desejo de outro tempo e de outra terra é, por isso, evocado com alguma frequência: "o meu sangue irá fermentar as profundezas para que as algas cresçam bem nutridas. Quem me dera ser a estrela sonâmbula e vaguear no infinito sem destino em todas as noites de luar" (Chiziane, 2005, 31). Neste romance, como em outros da literatura moçambicana atual, a pausa momentânea da protagonista é feita no espaço do rio. "Arrasto o corpo emagrecido pela angústia até ao rio. Mergulho os pés nas águas frescas, ah, mas como me reanima esta água (...) navego serena nas águas verde-azuis" (Chiziane, 2005, 71-72). Como se pode observar, o problema de Sarnau, como o de Xala, diz respeito apenas a si própria. Grande parte da crítica que se tem ocupado da obra da autora afirma que o drama de suas protagonistas é transversal à situação da mulher em Moçambique. No entanto, como vimos, a própria personagem relativiza essa afirmação quando, sem hesitação e talvez involuntariamente, desvela que ao gênero se sobrepõem outras dinâmicas de diferenciação na sociedade do romance. Seu exílio contém uma carga de privilégio, que não é possível detectar, por exemplo, na vida do pescador Leónidas Ntsato. Ao mesmo tempo, e como sucede no romance de Marcelo Panguana, *Balada de amor ao vento* inscreve-se em um ambiente da aristocracia. Talvez por isso, a protagonista, além de exercitar sem pudor seu poder sobre uma série de servas, acaba por deter o monopólio da dor: "Mas porquê tanta desgraça só para mim, porquê?" (Chiziane, 2005, 114).

Em *Os sobreviventes da noite*, de Ungulani Ba Ka Khosa, a ideia de exílio volta a associar-se às experiências da solidão e da incomunicabilidade dentro das próprias fronteiras. As personagens vivem encerradas em si mesmas, ansiando unicamente regressar à casa e aos seus afazeres cotidianos. Ao optar por este tipo de figuração, o autor propõe ao leitor uma espécie de complemento que possibilite a compreensão do momento histórico representado. Predispondo-se a examinar a guerra civil moçambicana pelo ângulo dos guerrilheiros do "outro lado", o narrador-protagonista encontra na imensa floresta o lugar de seu exílio: "As vozes têm a mesma tonalidade, berram da mesma maneira, riem da mesma forma, cantam do mesmo modo. Não sinto diferença. O meu mundo é a floresta" (Khosa, 2008, 23). A guerra produz um efeito de esvaziamento no universo coletivo, aqui uniformizado. Ao contrário das narrativas anticoloniais, em que a luta individual alargava o horizonte de possibilidades dos excluídos, os "sobreviventes da noite" de Ba Ka Khosa caracterizam-se pelo embrutecimento e, em diversos momentos, pela alienação. Talvez isso explique as inúmeras histórias pessoais que ao longo da narrativa não se enlaçam harmonicamente. A estória, de fato, raramente se inscreve na História, que se apresenta bloqueada pelo vivido e pelo contado. São várias, aliás, as ocorrências que afirmam a natureza oculta da guerra. Mas não existem muitos indícios que nos conduzam para lá dessa reiterada afirmação. Isto é, desprovida de uma axiomática política, a guerra é lida no sentido mais comum da desrazão: "De momento não sabia porque o desviaram do seu trabalho de mineiro. Falam de política. Mas que política? Em trinta anos de mineiro, a preocupação foi a de trabalhar para sustentar as duas mulheres e os quatro filhos que com elas teve" (Khosa, 2008, 64). É neste contexto de incompreensão, de lutas sem causas, que o imaginário do insílio ressurge: "Queria digerir a sós o que nunca pensou deglutir nestes anos de exílio forçado, de longa ausência, do afastamento da terra que o viu nascer e crescer, dos sonhos truncados, da vida sem futuro" (Khosa, 2008, 97). Também por isso, o exílio, em Ba Kha Khosa, tal como o exílio de algumas personagens de Mia Couto, acumula dois sentidos à partida opostos: o de castigo e o de refúgio.

Do desterro em que vivem, na floresta, as personagens sonham com outro ambiente, metaforizado na narrativa pela gaiola da personagem Penete: "Uma gaiola em que os passarinhos tivessem o à-vontade dos pombos: a liberdade de entrar e sair" (Khosa, 2008, 100); "Mas a pergunta de Boca levantou o fantasma da distanciação. Durante dias e dias foi, a sós, evocando tal fenómeno até que chegou à pueril conclusão, por outra não surgir, de que a gaiola era a sua mulher, a namorada de sempre, a amante fiel". (Khosa, 2008, 114). Em causa parece estar aqui a dialética da liberdade e da opressão, do confinamento e da mobilidade. O que surpreende, todavia, é que também a liberdade se associa ao exílio e que a equação se resolva na imagem de uma gaiola, objeto habitualmente associado à prisão. Mas, neste particular, a mensagem subliminar de *Os sobreviventes da noite* não se distancia das imagens propostas por tantos outros autores moçambicanos, que desenham o território do insílio para oferecer sossego e ar puro aos seus heróis.

Deixamos para o final duas obras que oferecem visões algo distintas da noção de insílio. A primeira vem de um romance de Aldino Muianga, autor que apenas recentemente foi publicado no Brasil, mas que, em Moçambique, granjeia de prestígio entre críticos e leitores. Em *Meledina (ou a história de uma prostituta)*, publicado inicialmente pela Ndjira, em 2004, o escritor introduz três tipos de personagens já clássicos na prosa moçambicana: o português, o indiano e a prostituta. Para se ver livre de eventuais rumores sobre sua relação adúltera com Meledina, o indiano aconselha-a a tentar a sorte na capital e, consequentemente, abandonar o "desterro sem fim" (Muianga, 2010, 19) a que todos na aldeia estavam fadados. Trata-se, neste caso, de um argumento que utiliza a ideia de insílio com fins de manipulação. Meledina parte, assim, rumo à cidade à procura de melhores condições. A protagonista fica num primeiro momento sozinha, já que, ao contrário das promessas do indiano, ninguém a esperava em sua chegada. Embora abandonada e inadaptada ao novo contexto, não é vista por si mesma nem pelo narrador como uma personagem exilada. O posterior regresso de Meledina à Mafalala, apesar de movido por circunstâncias que a ultrapassavam, ligadas à pobreza e à marginalização, tampouco é marcado pelas noções de destempo ou de desterro. Pelo contrário, trata-se do reencontro com um ambiente que, embora duro, lhe é familiar.

> Não é vergonha nenhuma regressar à Mafalala. É apenas o retorno para se reencontrar com o passado. Um passado não muito distante de que conserva grandes memórias. Afinal não há tempo para tudo? Há, sim, também tempo de o tempo se reencontrar com o próprio tempo. Está na viagem de regresso ao seu verdadeiro mundo, ao mundo onde se evola a misteriosa inebriação das brigas nocturnas, do odor agridoce de excrementos a transbordar nos baldes, das urinas fermentadas nos becos e nos troncos das árvores, das noites musicadas das tabernas onde os juke-boxes não conhecem pausa, dos chamamentos angustiados de bocas de mães que não sabem do paradeiro dos filhos, das multidões gozando o espectáculo do espancamento de um ladrão, do canto ébrio solitário aos encontrões nas cercas de caniço, da agonia das mulheres abusadas e não pagas; enfim, desse universo germinado na mente dos eleitos cidadãos dos bairros de caniço e zinco. Ela é uma ovelha que se tresmalhara do rebanho, uma renegada que, fora da sombra do templo, descobrira a magia e o encantamento das práticas da sua fé (Muianga, 2010, 97-98).

A figuração da cidade de Maputo na literatura moçambicana será objeto de análise no seguinte capítulo deste livro. Mas, para o que agora se pretende, importa desde já realçar o modo como Aldino Muianga liga o destino de sua protagonista, que se exila internamente, a de tantas outras figuras relegadas. O destino de Meledina não é tanto de saída rumo à solidão, ou de deslocamento com vista ao confinamento, mas de reencontro com o coletivo desvalido. Como se o autor nos quisesse dizer que exilados internos são todas estas pessoas ensombradas pela precaridade.

Mas é em *Palestra para um morto* (2000 [1999]), de Suleiman Cassamo, que a temática do insílio adquire contornos de efetiva diferenciação. Interpelando um morto, de modo seco e irônico, o narrador desmitifica a ideia comumente aceita de exílio. Aqui, a errância rumo ao desterro é analisada como o princípio de um capital social que todo o exilado gosta de acumular. Daí o desterrado aparecer já não como vítima dos tempos e da terra, mas, pelo contrário, como contraponto da grande maioria da população, que nesse mesmo tempo e nessa mesma terra trabalha:

Mas se procuras o povoado, não percebo como é que passaste por ele. Além de cego, precisavas de ser surdo. Pois, mesmo daqui se ouve o pilão, o riso das mulheres no poço, os remos contra a água, o vozerio dos pescadores que estendem a rede com linha da ondulação fluida nos testículos, porque aqui, creio que na vossa terra há-de ser o mesmo, cada um faz pela vida (Cassamo, 2000, 20).

Conotado com o frágil poder ao longo de toda a narrativa ("Uma desavergonhada mosca esquartejou o silêncio, e foi poisar na tua magnífica dentadura. Ninguém te reclamou. Ninguém" – Cassamo, 2000, 27), mesmo que esse poder nunca seja abertamente denominado, o errante morreu em um lugar habitado pela vida de tantas outras pessoas. Além disso, ou por isso, enquanto era vivo, ele não inaugurou nenhum espaço com seu olhar. Dá-se, portanto, uma inversão na lógica do exílio, habitualmente pensado como lugar onde o desterrado funda uma nova sensibilidade e até mesmo uma nova origem. Por outro lado, essa figura não é totalmente apreensível. Um dos traços mais marcantes da narrativa é, justamente, as interrogações sobre os motivos de sua errância: "Com que então, fugitivo? E que milando estava na origem do teu exílio? Não sabias que Pháti não era ainda ali, se é que era essa a terra, mais para o avesso do Sul, que procuravas para refúgio?" (Cassamo, 2000, 28); "Como todo o direito, eu pergunto: por que não te misturaste, beber com eles do mesmo tsêco, desposar as raparigas daquela terra, partilhar o sal e o fogo, chorar os seus mortos. Ao contrário: coabitaste com feras" (Cassamo, 2000, 29). Sugerindo respostas a partir das próprias questões que levanta, mas sem nunca levantar o véu, o narrador prossegue seu ataque sarcástico ao exilado. De resto, até mesmo as razões pela aposta na elipse, que faz a narrativa caminhar em uma rota de mistério e vivacidade, são sugeridas pelo narrador e enquadradas na história do sistema de castas que o tempo colonial ergueu: "Das minhas poucas letras, guardava segredo. Sabes porquê? Para não encrencar com os brancos. Viam-me a espantar o pó dos livros, sem saber que era ladrão de leituras" (Cassamo, 2000, 82); "o pastor havia de percorrer esse túnel da tua simulada evasão e, anos depois, letrado cidadão urbano comparará o túnel cheio de pirilampos ao metropolitano de Lisboa, visto num documentário, se não estou em erro, em 1969" (Cassamo, 2000, 29). Dois dados nessas passagens confirmam a diferente acepção atribuída por Cassamo ao exílio: em primeiro lugar, ele é visto como estratégia de poder ("túnel da tua simulada evasão") e não como destino de sacrifício. Talvez por isso seja comparado ao metropolitano de Lisboa, que procurou imitar os de cidades europeias como Londres, Budapeste, Glasgow, erguidos em finais do século XIX. Pode indicar também o paradoxo do império lusitano, que associava reverberação de cosmopolitismo a um indisfarçável atraso (a construção do empreendimento se dá apenas em 1959). Em segundo lugar, em outro gesto pouco habitual no campo literário moçambicano, o narrador não esconde o lugar social do inventor dessa metáfora, alguém que nos remete à figura do próprio autor: "letrado cidadão urbano".

Desentendido do tempo e da terra, o exilado organiza uma fuga sem direção, acompanhada pelo olhar sarcástico do narrador: "De modo que as coisas estavam assim. Sem hora, nem data, nem nada. Até que, um dia, a terra trepidou. E tu, fugido de construir a linha, ou estarei enganado?, disseste é o comboio" (Cassamo, 2000, 30). Sua evasão, portanto, não é objeto de identificação nem de compaixão. O sofrimento do desterrado, ao longo de toda a narrativa, é unicamente motivo de ironia: "Em vida, também foste fugitivo, e sabes como doem as distâncias da desterrância" (Cassamo, 2000, 38). Longe de ser vítima, o exilado é apresentado como um indivíduo inerte, cúmplice da autoridade, medroso: "Medo da responsabilidade da liberdade? Pena de abandonar tão suado buraco? Escolha de ser acuado que fugitivo? Ou hábito de toupeira? Ou nem medo, nem hábito, nem nada?" (Cassamo, 2000, 30). Independentemente de ter havido ou não um alvo real a inspirar a construção literária deste "morto", o certo é que o exílio é lido aqui como um capital apto a ser instrumentalizado para fins de mediação e distinção social. Eis alguns exemplos: "já era valor ser perseguido: gozo, não digo preocupar, ocupar as autoridades" (Cassamo, 2000, 30); "Ou seja, passado o tempo que havia passado, não só não era doente como precisava daquela doença para ser ele próprio (...) a morte já não é para ti defeito mas estacionária qualidade, virtude" (Cassamo, 2000, 54).

O exílio interno pensado pelo autor de *O regresso do morto* é feito de uma massa algo diferente do que se foi cristalizando no campo literário nacional. Muitas das narrativas aqui apresentadas, por sua tendência à inscrição de travessias e, paradoxalmente, pela escassez de alternativas políticas que oferecem, poderiam mesmo ser reavaliadas pela portentosa metáfora do elevador, e de seu "movimento represado", que emprestamos de Suleiman Cassamo para finalizar esta trilha pelos lugares de insílio do romance moçambicano:

> Assim vi, qual e tal, e assim conto. Mas ainda falta aqui uma coisa: o sufocado movimento do elevador ou da girafa ou da inédita geringonça ou de eticetra e eticetra. O movimento represado. O elevador a dizer eu que subo, eu que desço; sem, no entanto, subir ou descer, embora claro e tangível esse imóvel movimento. Vai ou não vai, vai ou não vai. Um sufoco. Até parece que era comigo, do meu coração, e não da coisa, a represa (Cassamo, 2000, 80).

2. Maputo[1]

Palco de tensões, frustrações e desejos, mas também do poder econômico que os remexe, a cidade assume-se como capital da instituição literária em praticamente todas as nações. Nos espaços de formação colonial tal primazia se deve também à chegada menos tardia da imprensa ao espaço urbano. Como se sabe, a maior metrópole africana dos países de língua portuguesa é Luanda. Das mais antigas do mundo, a capital de Angola foi simultaneamente morada e objeto de um específico abalo literário e político, iniciado por um grupo de artistas que rompeu as rígidas demarcações impostas pelo colonialismo. Escutando, imitando ou mesmo inventando a voz dos musseques, estes artistas souberam erguer, através de múltiplos procedimentos e a partir de inusitados lugares de exceção, uma possibilidade que anos mais tarde vingaria: a libertação nacional. Inserido nesta mesma vaga, e inclusive acentuando seu impacto, o romance angolano conferiu um sentido de humanidade, resistência e historicidade às margens da antiga capital da colônia, como foi analisado por Tania Macêdo (2008) e Rita Chaves (1999a), apenas para citar alguns dos estudos mais significativos. Luanda, segundo estas estudiosas, é uma força ativa, que imprime sua marca sobre os textos e por eles se deixa impregnar. Uma das principais marcas da reapropriação simbólica de Luanda ainda

---

[1] Agradeço a Margarida Calafate Ribeiro e Francisco Noa, organizadores do livro *Memória, cidade e literatura: De S. Paulo de Assunção de Luanda a Luuanda, de Lourenço Marques a Maputo* (Porto, Afrontamento, 2019), pelo convite que me fizeram para refletir sobre a representação da cidade na literatura moçambicana. Este capítulo é uma versão ampliada de "De penúria em penumbras. Figurações de Maputo no Romance Moçambicano", que se integrou naquele volume (Can, 2019).

antes da independência, processo que, por razões históricas e estéticas, singulariza o romance angolano no quadro das literaturas africanas de língua portuguesa, é o "envolvimento largo e direto do narrador com o objeto de sua escrita" (Chaves, 1999a, 169).

Em Moçambique, os papéis invertem-se. É certo que, na poesia, José Craveirinha[2] e Noémia de Sousa redimensionaram a virtualidade poética e política do mundo suburbano de Lourenço Marques, assim como Luís Carlos Patraquim e, mais recentemente, Hélder Faife descobriram novos ângulos da capital no período pós-independência. Também no conto e, sobretudo, na crônica as investidas à capital têm sido frequentes desde então[3]. Mas no romance, gênero urbano por excelência, a cidade de Maputo – tão profundamente a(du)lterada pela história, a despeito de sua juventude – é ainda um livro com muitas páginas em branco. De resto, quando o romance angolano começava a viajar para fora da cidade, e inclusive do país, especialmente com a produção de Ruy Duarte de Carvalho[4], o moçambicano fazia o percurso contrário, integrando Maputo apenas em finais do século XX.

Devido à complexidade da questão que aqui se coloca – a representação de Maputo no romance nacional –, torna-se necessária, portanto, uma especial atenção ao fator tempo. Para Mia Couto, as cidades moçambicanas são muito recentes e, até 1975, foram mantidas e geridas por uma lógica que lhes era exterior. Eram cidades em Moçambique, e não de Moçambique, prossegue. Com as primeiras gerações de moçambicanos nascidos na capital, complementa o escritor, "criou-se um espírito urbano em contraposição a uma ruralidade que continua a disputar o espaço da cidade. Esse processo de apropriação urbana da própria cidade está ainda em curso. E irá demorar várias gerações" (2012, 70). Em permanente transição, que se manifesta em seu nome, mas não só, a capital de Moçambique será lida e reinventada por romancistas que nasce-

---

[2] Vários são os ensaios que analisam a Mafalala de Craveirinha, muitos dos quais podem ser encontrados nos volumes coletivos organizados por Annick Moreau, Fátima Mendonça e Michel Laban (2001) e Margarida Calafate Ribeiro e Walter Rossa (2016). Veja-se ainda o artigo de Rita Chaves (1999b).

[3] Sem contar a excepcional contribuição dos irmãos Albasini nas primeiras décadas do século XX. Como já foi aqui referido, muitos destes textos foram recentemente recompilados e analisados por César Braga-Pinto e Fátima Mendonça (2012) e Braga-Pinto (2015). Sobre a representação ou as dinâmicas que Maputo e Luanda foram instituindo em seus respectivos contextos literários, remetemos aos estudos Rita Chaves (2012) e Margarida Calafate Ribeiro (2016).

[4] A este propósito, veja-se Rita Chaves (2010).

ram nos anos 50[5]. Como vimos mais atrás, estes autores, mais velhos do que a própria nação, viveram os mundos colonial e pós-colonial, lidam com uma arte escrita, formam parte da elite cultural nacional e moram na cidade[6]. Todos estes elementos os colocam na contramão das práticas vitais da maioria da população[7]. Tal como acontece com os espaços examinados no capítulo anterior, a relação que cada um desses projetos literários mantém com a cidade de Maputo será mediada, e de maneira ainda mais explícita, pela visão que têm do tempo presente. A combinação entre desterros, destempos e contratempos também está, portanto, na base da cidade que o romance moçambicano arquiteta. Como se em Maputo, capital do desencanto, todas as possibilidades – já remotas – se desfizessem com sua tardia inscrição.

Partimos, assim, da seguinte hipótese de trabalho: independentemente da qualidade e das estratégias literárias, que são obviamente múltiplas, a postura do narrador (irritabilidade, distanciamento) é o resultado de uma insatisfação face ao tempo histórico (destempo), que conduz o herói a um isolamento irremediável (desterro). Conjugados, e dizendo algo também da relação do autor com seu país, estes dois elementos acionam o – ou são acionados pelo – imaginário da cidade infernal (contratempo). Vimos, no anterior capítulo, que o exílio dentro de casa, ou o insílio, além de estruturar temática e formalmente o romance moçambicano, pode ajudar-nos a compreender as relações que se estabelecem entre produtores e representações. Depois de termos privilegiado a representação da geografia situada fora da cidade, para onde debandam as personagens à procura de uma alternativa ao estado de coisas, examinaremos agora como dinâmicas semelhantes se processam na capital (do país ou da colônia). O objetivo deste capítulo, em suma, é refletir sobre o modo como a cidade de Maputo é recriada no romance nacional, sondar os usos estéticos e ideológicos mobilizados e sugerir alguns impasses que derivam da relação entre o que da cidade se fala e o que dela se silencia.

*****

[5] Com exceção de Lilia Momplé, sobre quem faremos uma breve alusão neste capítulo. A autora de *Neighbours* nasceu em 1935, na Ilha de Moçambique.

[6] Com as exceções de Aldino Muianga (África do Sul) e de Luís Carlos Patraquim (Portugal), todos os autores que formam parte do *corpus* deste estudo vivem em Maputo.

[7] A cidade de Maputo ascende hoje a 1 milhão e 100 mil habitantes, segundo o IV Recenseamento Geral da População e Habitação, divulgado pelo Instituto Nacional de Estatística, no dia 30 de dezembro de 2017, em Maputo. Isto é, por um lado triplica a população do conselho de Lourenço Marques, que em 1970, segundo Medeiros (1985), era de 378 mil habitantes; por outro, é capital de um país com quase 29 milhões de habitantes.

Profético, pelo menos no que concerne às versões literárias sobre a cidade, o "último discurso de Ngungunhane", inserido em *Ualalapi*, de Ungulani Ba Ka Khosa, inaugura um olhar sobre a cidade que perdurará até os dias que correm. Após vaticinar os horrores do colonialismo, Ngungunhane prevê uma nova e sombria fase para o território com a chegada de "um preto ao trono destas terras". Embora não seja explicitada, é a cidade de Maputo que se esconde no grito apocalíptico do último imperador do Reino de Gaza:

> As estradas rebentarão e começarão a surgir pelas avenidas e ruas serpentes com ninhos à vista de toda a gente e confundirão os seus silvos com os apitos desordenados de polícias em jejum de séculos à caça de ladrões profissionais que roubam cigarros, pilhas, batatas e restos de comida. Os carros de bois passarão a substituir as máquinas que deitam fumo e verão as ruas repletas de bostas secas e frescas que os homens recolherão nas noites infindáveis de fome (...). E a fome chegará à loja onde os cantineiros passarão a vida a espantar as moscas, enquanto o povo inteiro transforma as ruas em cantinas (Khosa, 2008, 94-95).

Estabelecendo uma eficaz comunicação entre forma e conteúdo, por via de um discurso sem pausas que mimetiza a intensidade contraditória da cidade, enunciado por um narrador que, nas vésperas de seu desterro, se encontra em uma situação de declínio, Ba Ka Khosa projeta um tempo assombroso. A elite política, metaforizada na figura da serpente, e suas grandes mansões, simbolizadas aqui nos "ninhos à vista de toda a gente", são o modelo final da depredação. Alinhados em escala descendente, a polícia e os ladrões profissionais completam um quadro que culmina no improviso miserável do povo. A anomia instala-se e a alienação é uma consequência natural. A FRELIMO irrompe, ainda que indiretamente, como o principal alvo da mensagem política desta obra, pois tanto a natureza heróica de uma das figuras que o Partido eleva ao panteão dos heróis nacionais (Ngungunhane) quanto a casa que seus restos mortais passam a habitar (Maputo) após a independência são objeto de um escrutínio virulento. Do ponto de vista diegético, a cidade, enquanto reservatório de desastres, é apenas o recurso para um discurso inflamado, distante e distanciado do narrador. Assim, ainda que não seja o lugar das ações principais da narrativa, emerge como emblema de uma condição futura permeada pela precariedade.

No segundo romance nacional publicado após a independência, *Balada de Amor ao Vento*, de Paulina Chiziane, aqui já apresentado, a narradora reflete brevemente sobre o contraste entre o passado rural pleno ("Foi em Mambone, saudosa terra residente nas margens do rio Save, que aprendi a amar a vida e os homens", 2005, 11) e o pesadelo de um presente suburbano degenerado ("Foi por esse amor que me perdi, para encontrar-me aqui, nesta Mafalala de casas tristes, paraíso da miséria, onde as pessoas defecam em baldes mesmo à vista de toda a gente", 2005, 11). Uma das consequências mais visíveis da relação tensa com a cidade é a irritabilidade da protagonista face aos contratempos que lhes vão surgindo. Como vimos no capítulo anterior, a descrição mediada por um elemento de natureza espacial e por seu contraponto nostálgico de ordem temporal faz uma espécie de eco à experiência do exílio. Isto é, como sucede em algumas narrativas de Mia Couto, a contradição do presente desloca o olhar de personagens e narradores a um passado quase imaculado. O desencanto imediato da protagonista de Paulina Chiziane faz da Mafalala o lugar de um rosto só (fatalmente ferido, sem saída), abalando a pluralidade de perspectivas e da análise a que alguns poetas (como Craveirinha e Noémia de Sousa) e artistas de outras áreas (como a fotografia, a música ou a pintura) ofereceram deste espaço no período que antecedeu a independência. A Mafalala deste romance, pelo contrário, é a concretização da profecia de Ngungunhane, vista anteriormente. Isto é, ao invés de se dar a conhecer como uma paisagem humanizada, que sinaliza algum horizonte de possibilidades, o famoso bairro de Maputo sinaliza um tempo de dejetos e de solidão: "Minha mente regressa ao mercado encharcado de lodo, de saliva de mulala e odores putrefactos, onde ganho a vida vendendo legumes, enxugando as lágrimas, esgotando as últimas forças" (Chiziane, 2005, 134). Além dessas passagens, pouco mais é apresentado sobre as vivências ou sobre os próprios contornos físicos do espaço neste romance. Apesar de determinar uma alteração decisiva na vida da protagonista (ruptura com a terra natal, precarização da existência, contato com a violência física e institucionalizada, marginalização, miséria, insílio), a Mafalala apenas abriga as ações narradas, sem transitar de sua passiva condição de cenário para outra, mais ativa, de cenografia.

Não deixa de ser significativo, diga-se, que o universo suburbano mereça tão reduzido destaque no romance moçambicano. Com raras exceções, que serão mais adiante apresentadas, são poucas as linhas que o descrevem e o repensam, mesmo quando as narrativas nele se hospedam. A diversidade de trajetórias identitárias e a importância histórica das periferias da capital, sobretudo durante o tempo colonial, poderiam fazer crer que as mesmas ganhariam relevo em um gênero – o romanesco – propenso à discussão sobre os regimes de historicidade. A escassa familiaridade dos autores contemporâneos com esses espaços pode explicar, pelo menos em parte, a sua presença rarefeita no romance moçambicano. A estratégia mais utilizada nas raras aparições é apenas um efeito dessa dinâmica de desconhecimento recíproco e de distanciamento entre produtores e objetos representados: as personagens não nasceram no subúrbio, estão de passagem, acabaram de chegar e essa chegada vem confirmar o sentido descendente de suas existências. Desse modo, o tratamento do lugar, quase sempre desprovido de humanidade, acentua o abismo entre o escritor que procura oferecer pistas de um determinado momento histórico e o espaço que ele seleciona para investigar este mesmo tempo. Talvez nesse hiato resida um dos impasses (que não devem ser lidos automaticamente como defeitos) do romance moçambicano atual.

Maputo consolida-se como tema e morada romanesca apenas no século XXI. É a partir de então, também, que a capital irrompe nas narrativas como uma coleção de textos rígidos, congelados, redutores. Quando ainda se denominava Lourenço Marques, era inundada por anúncios de lojas e serviços, que criavam uma ilusão de bem-estar, como nos mostra João Paulo Borges Coelho em *O olho de Hertzog* (2010). Após a independência, ainda segundo o imaginário veiculado pelo romance, a cidade é absorvida pelos nomes de ruas e avenidas, que assinalam a troca de velhos por novos conteúdos ideológicos, como evidenciam alguns romances, em especial os de João Paulo Borges Coelho, Ungulani Ba Ka Khosa e Luís Carlos Patraquim. Em ambos os casos, o acúmulo de discursos encimados paralisa a cidade, apaga o tempo e aniquila o movimento individual e coletivo. Ou seja, o sentido negativo da capital mantém-se, mas as possibilidades de representá-la se vêem expandidas.

Em *Crónica da Rua 513.2*, romance ambientado em Maputo no período da transição para a independência, João Paulo Borges Coelho avalia em tom humorado a mudança dos nomes das ruas, das avenidas, das pessoas e inclusive das empresas. No que se refere aos espaços, os efeitos sugeridos são diversificados: a perda de significado por via da uniformização e da repetição ("tantos Eduardos Mondlanes, grandes e pequenos! Tantas Josinas Machéis largas e compridas!"); os desacertos criados pela insegurança de um tempo que exigia decisões imediatas ("em momentos de fraqueza só justificáveis por onomástica exaustão, baptizaram-se bairros e ruas com nomes que mais valia não tivessem vindo à lembrança, como um tal Kim Il Sung que ficou com uma rua que devia ter-se chamado das Acácias"); a parca familiaridade da retórica revolucionária com os conteúdos teóricos que a sustentam, assim como o abismo entre teoria e prática ("ou um certo Siad Barre do qual pouco se sabe, e ainda bem", 2006, 14). Para satirizar a rigidez do discurso político, o autor promove uma espécie de jogo literário, dentro do qual a ironia e a inversão se instituem como procedimentos maiores:

> não há quatro revolucionários nem cinco coloniais, de forma que o enigmático número da Rua 513.2 permaneceu como estava. Tirá-lo de nome da rua seria como que desprezar a aritmética na altura em que ela era mais necessária, para dividir por todos a riqueza que esteve inacessível no tempo colonial (2006, 14).

Se seguirmos a sugestão do narrador (a de não "desprezar a aritmética") e dividirmos 513 por 2, teremos o seguinte resultado: *256.5*. Ou, inclusive, uma data escondida, *25-06-75*, dia da independência do país. Já no título do romance, portanto, se exercitam as estratégias fundamentais da obra: comunicação simbólica das coordenadas de existência (espaço e tempo), que expressam continuidades, ambiguidades e contradições. Os próprios nomes das personagens (Josefate, Basílio, Valgy, Tito, Judite, Filimone, Santiago, etc.) sugerem um programa narrativo que se apropria do texto bíblico. O romance problematiza, assim, alguns dos postulados revolucionários do período pós-independência através da imbricação de enunciados que fazem desembocar a *doxa* do discurso heróico da revolução nas águas de seu maior paradoxo: a explicação teológica do mundo. O que está em causa, segundo o narrador, é o poder de nomear e, com isso, delimitar os destinos individuais e coletivos de uma população altamente heterogênea. Quanto à temática e aos recursos mobilizados, cabe acrescentar que a alteração dos nomes (enquanto estratégia universal que carnavaliza a geografia com a roupagem de uma memória selecionada) que outras transições impuseram ao espaço não é denunciada com a mesma contundência irônica. Este dado confirma que o romance – dos mais bem conseguidos nos espaços de língua portuguesa da primeira década do século XXI – se situa no centro de específicas inquietações do ambiente sócio-histórico local e no quadro de uma crítica mais ou menos generalizada (no campo literário) às opções da nova ordem política. Talvez por isso, constata-se a ausência, neste e em outros romances que satirizaram a onomástica maputense, de uma discussão aprofundada sobre a nomenclatura dos bairros suburbanos.

Do ponto de vista estritamente material, a cidade é pouco representada em *Crónica da Rua 513.2*. Vale antecipar que a Lourenço Marques do tempo da primeira grande guerra mundial, em *O olho de Hertzog* (2010), e a

Maputo do século XXI, em *Rainhas da Noite* (2013), serão examinadas com bastante mais vagar pelo escritor alguns anos depois. Como se, depois de ter alargado a "territorialidade literária do país", preenchendo lacunas, em especial na "constituição de um projeto cultural de que a literatura precisa ser parte", na aguda síntese de Rita Chaves (2008, 188), João Paulo Borges Coelho optasse por fazer o mesmo tipo de investimento em torno da cidade. Se assim for, poderíamos ler a novela futurista *Cidade dos espelhos* (2011) como uma espécie de continuidade de seu projeto[8]. Em *Crónica da Rua 513.2*, contudo, o autor privilegia a metonímia e, por isso, procura fazer desta rua intermédia, "interposta entre o mar e o bairro do povo, numa inversão da ordem natural das coisas em que quem chegou depois afastou os que lá estavam primeiro" (2006, 18), um espaço capaz de reler algumas das contradições da história recente do país.

Sem apresentar um protagonista herói, que iria contra o tom antiépico deste romance coral, *Crónica da Rua 513.2* esconde, pois, uma ampla complexidade: descrever no minúsculo espaço da rua os anos prévios e posteriores à revolução moçambicana. Assim, sob o signo da pequenez, o leitor é convidado a repensar os acontecimentos mais marcantes da história recente do país: a opressão do aparelho ideológico sobre o indivíduo (subentendida em todos os capítulos); a repressão contra os indianos nos anos 60, após a anexação de Goa à União Indiana (nas entrelinhas do caderno de Marques, ferido de amor com a partida da goesa Buba), bem como a ambígua situação daqueles que se mantiveram após a revolução de 1975 (como o *monhé* Valgy, delirante comerciante da rua, dono de uma loja vazia, mas repleta de histórias reais e fantasiadas); os campos de reeducação, espelhados no buraco que transforma em cova "cheia de mosquitos" (2006, 107) o norte da rua; a guerra civil, que se aproxima em forma de tempestade na praia (capítulo 22). Enquanto espaço misto, sobrecarregado de imagens de um cotidiano que tanto pode ser a caricatura de uma cidade que se adapta (ou se improvisa) aos novos tempos, como a face oculta de um país a caminho do precipício, a Rua 513.2 constitui um lugar de interrogação, que não pretende definir, mas antes evocar. A não ser no tal investimento de desconstrução da retórica revolucionária. Neste caso, as referências à "luxuosa avenida de Sommerschield" ou

---

[8] Situada num tempo futuro, profundamente histórico, e num espaço imaginado, marcadamente literário, a cidade futurista desenhada nesta novela possui poderosas familiaridades com alguns dos mais emblemáticos lugares de Moçambique. Isto é, se a Avenida Louise, nome da conhecida *avenue* bruxelense, recorda inevitavelmente a célebre 24 de Julho, a Ponte da Liberdade, que divide o bairro colonial do "outro", produz um eco metálico da recentemente erguida ponte Armando Emílio Guebuza, que une, no Rio Zambeze, os dois lados do país.

às "vistas serenas e largas do Miradouro" (2006, 160), onde vivem grande parte dos novos dirigentes, procuram contradizer de maneira explícita o discurso de igualdade propagado nos comícios realizados em ruas mais modestas. Progressivamente, com o crescimento dos muros, a vizinhança se transforma em um conjunto diversificado de solidões, ou o lar coletivo de novos desterros e destempos. O que nesta narrativa se executa, portanto, é uma pesquisa artística sobre a atmosfera e a memória de uma época.

Também em *Como um Louco ao Fim da Tarde* (2009), de Marcelo Panguana, a "escrita do espaço" vê-se substituída por um escrutínio do tempo, embora sem a mesma intensidade metafórica e coesão narrativa que podemos localizar no romance de João Paulo Borges Coelho. Como ocorre no primeiro romance de Paulina Chiziane, a capital, por muito que abrigue os fatos narrados, é apresentada de modo fugaz. Em um dos poucos momentos em que se detém a interrogar a cidade, o narrador chama a atenção para um fenômeno habitual que, não lhe sendo específico, tem acentuado de maneira mais drástica as disparidades sociais na maioria dos centros urbanos do continente africano: a chegada diária de jovens que buscam na cidade algum tipo de oportunidade. O destino que os aguarda, todavia, desenha-se na rua. Maputo transforma-se, desse modo, em uma espécie de supermercado ao céu aberto: "vendem-se pastas escolares, diplomas, telefones celulares, sapatos, roupa interior para senhoras, relógios, peúgas, televisores. Às vezes vende-se a própria alma. Vende-se em português, em emakua, chope, ronga, xi-sena, changana" (Panguana, 2009, 41)[9]. Além disso, o êxodo interno coloca em situação de abalo a própria "raiz identitária" do espaço:

> Olha em seu redor. O mesmo cenário de sempre, ou seja, a azáfama protagonizada por gente vinda de todas as partes do país. A cidade deixou de ser a terra dos rongas (...) Nas ruas repletas já não se ouve a língua dos nativos daquela região. Os rongas, indígenas da terra, assistem passivamente à profanação do seu santuário. Nada dizem. Nada reivindicam. Porque, ao que se diz, uma cidade é sempre um país de ninguém (2009, 40).

---

[9] Também sem se envolver com a cena narrada e sem se demorar muito na descrição da cidade, ou de suas dinâmicas, o narrador de *Contravenção* (2008), de Aldino Muianga, refere-se à crescente migração para a cidade e às consequências desse fluxo para, em seguida, reiterar o imaginário da cidade infernal já localizada em outros romances: "As pessoas acotovelam-se nos passeios e nos mercados, perplexas porque confrontadas com um destino de incerteza. Crianças esfarrapadas, com ventres de fome, estendem a mão à caridade pública. Adolescentes de olhares esgazeados de droga espiam os movimentos dos transeuntes" (Muianga, 2008, 45).

Filtrada pelo desencanto com o tempo, a relação de desconforto e de desprezo com o meio é reafirmada por um narrador que, de longe, isolado, ensaia uma explicação para os descaminhos da jovem nação. Apreendido na narrativa por uma perspectiva monofocal, o espaço perde sua vocação histórica e literária, situando-se menos no plano da polifonia e do dialogismo do que da informação e da opinião. Funciona, pois, menos como fundamento da história do que como ornamento da narrativa. Involuntária mas abertamente conservador, o narrador de Marcelo Panguana levanta o véu de uma discussão sempre renovada, ainda que em surdina, em Moçambique: o direito histórico sobre o lugar. Como tantas outras, a capital moçambicana é uma arena de disputas materiais e simbólicas e isso, de modo explícito ou secreto, acaba por reverberar na produção literária. De fato, observando o alinhamento de algumas de suas categorias estruturantes (tempo, espaço, personagem), assim como a mensagem que disseminam, podemos constatar que uma boa parte dos romances moçambicanos tem algo de catártico, ou mesmo de testamentário. Independentemente do espaço elegido para a narrativa, prevalece a tendência que redime, reduz a culpa ou clama pela revitalização da origem supostamente desvalorizada pela sociedade e/ou pelos poderes instalados. Tal origem costuma coincidir com a do autor. O já mencionado *Portagem*, de Orlando Mendes, é precursor deste movimento: a narrativa veicula a ambiciosa tese de que de que o mulato, exilado interno por excelência na narrativa, é a grande vítima do sistema colonial. Dividido em dois blocos, o branco e o negro, o mundo colonial, segundo o narrador deste romance, sistematizou violência contra os seres que não pertenciam a nenhum dos lados da barricada. Por ser odiado por ambos, o mulato encontra-se, segundo Orlando Mendes, desprovido de uma representação política que leia e defenda o seu caso. O autor abre, com efeito, um caminho que continuará a ser trilhado, ainda que de modo menos direto, pelos autores do período pós-colonial, sejam eles brancos, negros, mestiços ou oriundos de qualquer dos vários grupos etnolinguísticos que compõem o território. Assim, instrumentalizadas não só pelos poderes políticos mais recentes, as surdas lutas em torno da origem projetam-se como uma questão de fundo na produção literária, tanto no plano textual quanto no âmbito institucional. Atento a isso, Luís Bernardo Honwana, com a lucidez que lhe caracteriza, sublinha a necessidade de o mundo urbano se reconciliar com a sua própria história:

> a história da cidade de Maputo tem sido principalmente o reflexo da correlação de forças entre os diferentes grupos em presença, mais do

que a consciência dos diferentes processos que ocorreram no seu espaço e que, de algum modo, dão fundamento ao que queremos projetar como a cidade capital deste país (2017, 41).

Caso isso não aconteça, o paradoxo seguirá seu desfile triunfante pelo interior de um sistema literário de onde se reivindica o direito à individualidade sem que o seu complemento, o esforço pela descoberta da singularidade do "outro", seja realizado de forma plena. Por enquanto, salvo algumas exceções, não tem sido este o principal gesto da aventura romanesca nacional. Daí ser a formulação de Luís Carlos Patraquim, em *A Canção de Zefanias Sforza* (2010), a que mais bem sintetiza a tensão entre a origem e a representação da cidade: "Os caminhos do tempo são maiores do que a cidade e mesmo quando nos entrecruzilhamos já cada um escolheu a sua diagonal" (2010, 128).

O que se relata, de resto, em *A Canção de Zefanias Sforza* é o desencontro entre o indivíduo e o tempo. E este embate é encenado na cidade, que, pelos contornos de sua figuração e por seu impacto na construção ficcional, é aqui plenamente inaugurada no romance moçambicano. Também nesta narrativa (que, diga-se, é apresentada pela Porto Editora como uma "novela") se reivindica a valorização de uma origem – neste caso, a italiana, dos Sforza – e uma condição – a do "homem urbano", "letrado", a do "moçambicano com qualidades" –, que, irônica e orgulhosamente, avança na contramão dos discursos que se vão oficializando: "As devaneações de Zefanias estavam na relação directa de sua apatia em relação ao pulsar da cidade" (2010, 131). Conferindo corpo à cidade, o monólogo interior de Zefanias anuncia em catadupa as razões para a fissura que se abre entre ambos. A representação desse lugar aborrecido e sem escapatória é mediada pela ironia. Com exceção de *Crónica da Rua 513.2*, de João Paulo Borges Coelho, e *Entre as Memórias Silenciadas*, de Ungulani Ba Ka Khosa, o recurso a esse tropo de linguagem para a interpretação de Maputo é pouco usual no romance nacional. A cidade, para Zefanias, é um laboratório de "desenrascações", um supermercado improvisado com produtos locais, que, por serem os únicos disponíveis, são elevados à categoria de símbolos de uma moçambicanidade marcada também pelo improviso:

> duas camisas valem uma corvina, um par de sapatos por três dúzias de ovos, candonguices, o grande massacre dos carapaus, sopa dele, tocossado, chamussas, frito com arroz branco, repolho, a suprema verdura. E as muitas matapas. No intervalo, os sobressaltos (2010, 131).

Segundo Zefanias, Maputo é ainda uma "aldeia descomunal" (2010, 23), definição que aponta para fatos históricos que tiveram lugar fora da capital: o surgimento da Operação Produção e das aldeias comunais. Por isso, na contramão do canto eufórico da cidade, naquele exato momento em que se anuncia o nascimento do país, Zefanias caminha sozinho na avenida que manteve o nome de outrora: "Agora, Zefanias descia a 24 de Julho. Posso lembrar-me (...). Das flats, de alguns carros, o discurso que acontecia no Estádio da Machava. Se não fosse a rádio..." (2010, 57). Quanto à onomástica, diga-se, Luís Carlos Patraquim dá continuidade ao escrutínio satírico promovido, anos antes, por João Paulo Borges Coelho. Demora-se menos na análise, contudo. Ao sublinhar os nomes que se mantiveram iguais (como a mencionada Avenida 24 de Julho), sugere a continuidade de práticas:

> sempre assim foi, desde que sobre catedrais se erigiram mesquitas ou vice-versa. Neste jogo só o elefante é irredutível, pois esmaga, destrói e ainda mija sobre a vítima os despojos. Os homens transformam para ocultar, sobrepondo. E nessa azáfama se iludem (Patraquim, 2010, 53).

Solitário, mas em convívio intenso com seus próprios labirintos (ou os "esconsos invisíveis", 2010, 60), e definido por si mesmo como um "rio, um tumultuoso Incomati em cheia, um bíblico Zambeze" (2010, 60), Zefanias escolhe a varanda de seu flat como ponto de observação das dinâmicas dos novos tempos: "Isto é o que eu vejo, aqui, imóvel na minha varanda, a ver o povo passar, o povo contente a sonhar nos comícios, a dançar nos quintais, o povo organizado. São muitas cabeças, o povo. Como podem tirar os labirintos dela? Será que é isso que querem?" (2010, 49-50). Relendo em outra chave um dos mais célebres poemas de Noémia de Sousa ("Deixa passar o meu povo"), a personagem distancia-se (pela imobilidade física) do canto do povo (que, alienado, se movimenta) e, de forma sarcástica, reafirma uma posição de elevação, aquela que lhe é concedida pela varanda. Capital de seu particular insílio, a varanda é o "claustro profano, por isso aberto" (2010, 129) de onde emerge a "figura alta e esguia do grande solitário, peito inchado" (2010, 129), mas também um ser em perda, que já não cabe naquele tempo. Zefanias é, pois, um iconoclasta, uma espécie de "fabulador proliferante" (Gomes, 1994, 43), encarnando a tensão que, na ótica de Ítalo Calvino, se dá entre a chama (emaranhado de existências humanas, ou, para Zefanias os tais "esconsos invisíveis") e o cristal (racionalidade geométrica da cidade).[10] Melancólica, sua canção resiste contra

---

[10] Uma análise destes conceitos pode ser encontrada no livro de Renato Cordeiro Gomes (1994).

a cidade que, em silêncio, se apaga: "Estou a cantar. Cidade sem música é como mulher abandonada. Eva, my love. Havemos de acender as luzes" (Patraquim, 2010, 159).[11]

Zefanias ama, portanto, uma certa ideia de urbanidade, mas não a localiza em Maputo. A este herói raro na ficção moçambicana – que se auto-caracteriza com certo detalhe, que não tem pejo em se situar em determinado estrato social e que, sozinho, instaura a polifonia na narrativa – juntam-se outras estratégias que fazem desta uma obra distinta: o investimento na personificação da geografia e a inscrição de um registro que oscila entre o irônico e o auto-irônico:

> Todas as cidades têm as suas entranhas e estranhezas. Apesar de Maputo não ter muito de labiríntico, e digo isto se exceptuarmos os chamados subúrbios, anverso do cimento, não se lhe conhecem túneis nem grutas como em Nápoles, ou Roma, para só citar dois nomes. Desenhada a régua e esquadro, aqui um quase boulevard que sai da Praça junto ao porto e sobe, em suave inclinação, até ao Conselho Executivo, a baixa e a alta espraiam-se, regra geral, em quarteirões que as paralelas e as perpendiculares demarcam. Uma ou outra sinuosidade, alguns gavetos, pátios interiores, numa arquitectura monótona. Há excepções a que é preciso estar atento. Outras impõem-se. Outras, ainda, ruíram (...). Se há labirinto, está nas gentes, na cabeça das gentes. Admiráveis arquitecturas, sinuosas narrativas à espera de cronistas (2010, 45-46).

A cidade – monótona, previsível – é aqui esquadrinhada pela ausência de distinção. E também por isso se opõe ao protagonista. O segredo do lugar parece ser propriedade apenas de seus habitantes, ou então do espaço suburbano[12], para onde, curiosamente, o protagonista evita se deslocar. Os espaços e as gentes de que fala Zefanias seriam, assim, algo como espelhos em interação: "Os espelhos colocados frente a frente deformam a imagem e formam um labirinto – um ecoa no outro, ao infinito: 'bastam

---

[11] O desfecho de *Crónica da Rua 513.2*, de João Paulo Borges Coelho, parece também apontar para uma reciprocidade que se esvai e para um recolhimento que se acentua. Ambas as realidades são sintetizadas não tanto pelo sentido auditivo, mas pelo visual: "Onde está o mundo que antes tínhamos na mão, e que hoje nem de cima da acácia da dona Aurora se vê? Muros altos" (Coelho, 2006, 33)

[12] O mesmo ocorre em *Crónica da Rua 513.2*, no momento em que o universo suburbano pede timidamente a palavra para pronunciar suas versões sobre o passado e sobre o presente, sem ser ouvido. Unido pela pobreza e pelo silenciamento, este espaço será também aqui interpretado como um labirinto, um lugar desconhecido de onde chegam vagos rumores, "um emaranhado escondido atrás das casas de cimento" (2006, 18).

dois espelhos para construir um labirinto'" (Gomes, 1994, 67). A associação entre labirinto e desconhecido, no qual pode caber inclusive algum tipo de horizonte de possíveis, é reatualizado em uma narrativa que se quer efetiva e provocativamente urbana. Talvez, por isso, um diagnóstico não muito favorável ao campo literário seja emitido: muitos labirintos, entre eles os subúrbios, continuam aguardando cronistas.

Patraquim parece, além disso, ter desejado registrar como estes dois universos – o urbano e o suburbano – convergem, e não pelas melhores razões. Dito de outro modo, Zefanias exaspera-se com o processo de periferização da cidade de cimento. Herdeira já de tanto atraso, Maputo depara-se agora com a urgência de enfrentar desafios de grande complexidade: "Fazer machamba na banheira, arrancar o parquet para lenha, confusionar os elevadores até eles ficarem teimosos e pararem, isso até que se explicava com as adaptações à urbe. Mas as cabeças que começavam a aparecer sozinhas ensombravam os sonhos de Zefanias" (2010, 42). Inacessíveis no tempo colonial, os bens da modernidade são agora integrados de modo necessariamente parcial na vida do homem suburbano que se apossa como pode da cidade. Em alguns casos, promove-se a deterioração do espaço público e, na maior parte das vezes, de suas próprias condições de vida. Enfim, contratempos examinados pelo solitário indivíduo em uma orgulhosa situação de destempo. Parece ser esta também a mensagem do *insiliado* Zefanias. Neste plano, o retrato de Maputo não é muito diferente dos restantes *frescos* até aqui analisados: "Vi os prédios, o prolongamento da 24 de Julho. Aquilo estava um bocado estragado, prédios sujos, lixo, muitas mulheres a venderem sacos de carvão" (Patraquim, 2010, 150).

O imaginário da degradação do espaço público é, insistimos, dominante no romance moçambicano que observa Maputo. A partir de sua inscrição, os autores denunciam direta ou indiretamente a má gestão feita pelos novos dirigentes. Luís Bernardo Honwana recorda algumas das raízes mais profundas deste problema. A principal causa do adiamento de muitas das promessas da libertação, que repercutiu na ineficaz apropriação urbana das populações, foi, para ele, "a deterioração da situação geral do país, frente ao bloqueio econômico da África do Sul e a hostilidade das potências ocidentais, em reação à proclamação do socialismo como orientação ideológica do novo Estado" (2017, 38). A reduzida discussão acerca do papel da África do Sul no romance nacional que focaliza Maputo[13] é apenas mais

---

[13] Uma das exceções a este quadro pode ser localizada em *Neighbours* (1995), que se coloca numa porosa fronteira entre a novela e o romance. Ambientada na cidade de Maputo em uma noite de 1985, mas com uma série de digressões que empurram o tempo e o espaço para outros contextos, a narrativa avalia alguns aspectos da desestabilização

um sinal de que a indignação dos autores se dirige fundamentalmente à FRELIMO. Paradoxalmente ou não, o Partido surge como o grande motor de escrita dos romancistas moçambicanos. Nesta linha, volvidas algumas décadas da publicação de seu romance de estreia, Ungulani Ba Ka Khosa traça um novo painel diabólico da capital em *Entre as Memórias Silenciadas* (2013)[14]. Trata-se de uma narrativa que entrecruza as várias estações da cidade, da segregada Lourenço Marques à acidentada Maputo da contemporaneidade. Relativamente a esta última, o veredito é contundente:

> O edifício dos 'velhos colonos' estava à sua direita e tinha novos colonos: os estropiados das latitudes da desgraça. As poucas e enferrujadas cadeiras de rodas estavam apinhadas de cigarros e doces; as muletas de madeira sustinham cestos de palha; as mulheres arrastavam-se como répteis sonolentos pelos passeios de cimento desnivelados; os homens, quais cangurus com ramelas de fome, olhavam com dó os transeuntes com balalaicas de funcionários à deriva numa burocracia a inventar nos novos tempos de directrizes feitas leis e decretos e resoluções, saídas da voz única e autorizada a tais arroubos, em comícios concorridos e controlados à baioneta em praça cheia de vivas e abaixos que se alongavam por seis e sete horas de anuências e repúdios (Khosa, 2013, 44)

A partir de procedimentos estilísticos que lhe são caros desde o primeiro romance, Ba Ka Khosa condensa em apenas um parágrafo as várias e sombrias dimensões da realidade urbana (desgraça, fome, abandono, apatia) para, implicitamente, insurgir-se contra a retórica dos novos poderes. Com efeito, o autor sintetiza o tom predominante, senão exclusivo, que o romance nacional adota para ler Maputo: a personagem, em uma posição exterior, sem se envolver fisicamente com a cena enfocada, observa a cidade com atenção e discorre sobre o seu objeto de obsessão: o tempo histórico que lhe coube em sorte. Ao mesmo tempo, seguindo outra estratégia característica de sua escrita, Maputo também se esconde nos movimentos da prostituta. Personagem clássica tanto da cidade colonial quanto da libertada, tanto da literatura imperial quanto da nacional, a *puta* é aqui um ser sem qualquer glamour que desfila pela capital. E Maputo o seu desarranjado bordel. Repugnante, a prostituta funde-se e confunde-se com o imaginário do abjeto que acompanhará todas as

---

sul-africana no período pós-independência e a repercussão dessas agressões em três casas da capital.

[14] Trata-se de uma versão, bastante retocada, do romance *No reino dos abutres*, que o autor publicou em 2002.

descrições da cidade: "As moscas, às dezenas, sobrevoam os pequenos charcos de cerveja (...) As putas circulavam pelas mesas com o sorriso de séculos; elas iam e vinham da casa de banho, como eternas transportadoras do cheiro a mijo e merda (...)" (Khosa, 2013, 96).

Nesta narrativa, o espaço privilegiado é o da cidade noturna, aquela que, já sem as luzes enganadoras de outrora, se vai fechando sobre si mesma, enganando-se de outras maneiras. Não à toa, em outro episódio, o grupo de amigos pondera uma ida ao Piri-Piri, (conhecido bar/restaurante de Maputo, situado na Avenida 24 de Julho), um dos poucos lugares ainda abertos nessas horas tardias, para seguir discutindo o despreparo da nação. A opção não deixa, aliás, de revelar o privilégio ao qual estas personagens parecem estar já habituadas. E isto porque não são naturalmente os mais pobres, emblemas da tal cidade abismal analisada pelo grupo, que frequentam o Piri-Piri. Este dado, ainda que inscrito de forma involuntária, pode dizer algo sobre uma das grandes cismas do romance em sua relação com Maputo: o discurso sobre a cidade é, quase sempre, um discurso contra o privilégio dos outros. A condição intermédia desses atores sociais, que miram a classe dominante com distanciamento (psicológico) e a classe dominada com certa distância (física), raramente é objeto de uma efetiva e dialética auto-representação no romance nacional.

A geografia e as personagens, quase sempre pouco caracterizadas, funcionando antes como molduras de um discurso incendiado contra a elite governante, são colocadas em um segundo plano nesta narrativa de Ba Ka Khosa. Por outro lado, ao estilo de outros romances acima mencionados, *Entre as Memórias Silenciadas* procura desnudar algumas das contradições da FRELIMO a partir de um enunciado irônico sobre a nova onomástica de Maputo. Também aqui o registro é variado, pois, entre outros aspectos, são assinalados: os podres segredos de Estado: "começando, como sempre, pela Avenida Filipe Samuel Magaia, o herói cuja morte só no alvorecer das páginas interrogadoras da História (...) se permitirá saber da real razão e traiçoeira bala que ceifou a vida desse iluminado homem (2013, 174); as fendas entre o que se afirma e o que se faz: "na avenida seguinte, a Guerra Popular, porque a guerra, a guerra de libertação, dizia, pesem as interpretações futuras e os heróis em graça e desgraça, será sempre Popular" (2013, 174); e a natureza exógena do programa, aplicado sem mediações em um ambiente cultural e historicamente distinto: "Avenida Karl Marx, barbudo que pouco se preocupou com o destino dos trópicos" (2013, 170). Assim, ao tropeçarem nos nomes das ruas e avenidas enquanto procuram um bar aberto onde possam estacionar as mágoas, as personagens ensaiam uma análise sobre os desacertos da história recente do país.

A opção pela coordenada "tempo" em detrimento da geografia torna-se ainda mais evidente quando o autor faz uma breve incursão na historiografia para apresentar o "crescente subúrbio" (2013, 35) da então Lourenço Marques. Com o apoio de Alexandre Lobato, cuja citação coloca a narrativa na fronteira entre ficção e documento, Ba Ka Khosa informa o leitor sobre a origem da marrabenta, as casas de prostituição que depois viriam a inspirar uma transição racial na Rua Araújo e a importância de dois grandes cronistas da Mafalala, Craveirinha e Ricardo Rangel. Se, por um lado, o empenho de Ba Ka Khosa em ampliar o conhecimento desses universos é meritório, por outro, dá a dimensão de uma das lacunas do campo literário moçambicano. Ausente no romance colonial (que, como já foi aqui assinalado, privilegiou o "mato" para domesticar o território também no plano das imagens literárias) e escassamente representado no romance nacional (mesmo quando as narrativas "ocupam" este universo), o mundo suburbano segue sendo um composto de uma massa só. O nível de distanciamento entre narradores (e autores) e o ambiente focalizado inviabiliza o apossamento geográfico e cultural dos lugares. Daí a inexistente representação (ou invenção) da fala suburbana na ficção, ao contrário do que sucedeu em contextos literários que se munem da mesma língua (como Angola[15]) ou que se formalizam na mesma região (como a África do Sul). Lido por redução, e não por expansão, por via de um olhar exterior que se recusa (ou não consegue) se envolver com os lugares e que se restringe à informação acerca da miséria de um universo maldito, o subúrbio desempenha uma função menos estética do que moral.

Um novo capítulo dedicado à capital no romance moçambicano é oferecido por João Paulo Borges Coelho, em *Rainhas da Noite*. Ambientado em dois espaços, Moatize e Maputo, um rural e outro urbano, e em dois períodos, o colonial e o pós-independência, o romance mostra como um caderno de memórias, escrito por Maria Eugénia Murilo, personagem recém-chegada da Metrópole em finais da década de 50, e encontrado pelo narrador em um mercado informal da capital já independente, 50 anos depois, dá lugar a uma investigação sobre o tempo e suas formas de confiscação. O narrador, como se explicita no Prólogo, pressente nesse caderno a chave

---

[15] A este propósito, em *A formação do romance angolano*, Rita Chaves analisa a relação de Luandino Vieira com os musseques: "Nesse lugar, onde se entrecruzam gentes de muitas origens, formula-se a ideia de uma nacionalidade permeada pela noção de pluralidade. Esteticamente, essa convergência de tantos traços se atualiza na adoção de uma linguagem imbricada, em que, filtrados pelo domínio criativo do autor, surgem componentes do português e das línguas nacionais ali utilizadas. A incorporação da fala popular como maneira de nacionalizar o fenômeno literário se dá pela via da estilização" (Chaves, 1999a, 212).

para um enredo. O que desencadeia seu empreendimento, no entanto, é o anúncio da morte de Maria Eugénia, publicado alguns meses depois por Travessa Chassafar, antigo empregado da autora, na página de necrologia do jornal *Notícias*. Eis aí os três protagonistas da história: uma narradora vinda do passado, um narrador inquieto mergulhado no presente e uma testemunha que transita como pode entre os dois tempos. Neste romance, João Paulo Borges Coelho abandona o humor que atravessa *Crónica da Rua 513.2* e interpela a cidade em um tom mais próximo da indignação.

Espaço da narrativa paralela, portanto, a Maputo do século XXI é um estorvo constante e crescente, uma espécie de bola de neve desgovernada na direção do narrador. A deterioração do espaço público, os assaltos, o desleixo civil, a sujeira, o abandono político, a corrupção generalizada, o improviso, a ostentação do poder, o trânsito demencial e a precariedade dos serviços são alguns dos contratempos que, enunciados em catadupa, dão a medida do choque entre indivíduo, desterrado por excelência, e cidade, que também é um tempo amaldiçoado. Eis alguns exemplos: enquanto negocia o livro de Rui Knopfli com um vendedor de rua, observa os automóveis que passam "perigosamente perto, velozes, ameaçando pisar as águas das bermas e encharcar os livros" (2013, 17); mais adiante, no momento em que aguarda a chegada de Travessa Chassafar, repara que, em frente das ruínas do Prédio Pott, "um grupo de meliantes cercou-o e lançou-lhe em voz baixa aquilo que à distância me pareceram ameaças e impropérios" (2013, 60); já na Avenida Zedequias Manganhela, por trás do Mercado Central, quase perde de vista seu informante, "num ajuntamento provocado por um automóvel que albaroara a um *tchova* carregado de caixas de cerveja" (2013, 60-61); mesmo quando encontra um ambiente minimamente respirável, a memória do caos é acionada para reforçar uma aversão sem retorno: "De forma que nos encostámos a um muro baixo, à sombra rala de uma daquelas inomináveis árvores urbanas capazes de resistir a sucessões contínuas de actos de vandalismo" (2013, 62). Em outro encontro matutino com Travessa Chassafar, desta feita na esplanada do Costa do Sol, nota que, paralelamente à placidez do mar, um grupo de foliões bêbados estica a noite, importunando "grosseiramente os passantes", ou atirando as garrafas que lhes restava "contra as pedras assim que as viam vazias. Ensaiavam gargalhadas de difícil significado quando as viam desfazer-se em cacos" (2013, 107-108); alguns dias depois, na Avenida Karl Marx, o informante sugere uma barraca metálica, em uma das esquinas: "Barraca minúscula, pintada de vermelho, com um tabuleiro de papaias pisadas, couves murchas e montinhos de alho, além de uns pacotes de cigarros e bolachas. Ao lado, uma pequena caixa térmica escondia cervejas geladas mergulhadas numa água turva, inominável" (2013, 143); em outra esplanada improvisada, agora na Avenida Eduardo Mondlane, sentam-se em uma das "duas ou três mesas de plástico colocadas no passeio". O desconforto, associado ao medo de ser assaltado, estimula a veemência do discurso do narrador: "Devo dizer que não é muito agradável estar sentado a uma mesa em pleno passeio, e ter multidões a passar constantemente a vinte centímetros de distância. Aconchegamos os nossos pertences nos bolsos, não sabemos o que pode acontecer" (2013, 294); também os encontros gorados, devido à recusa do narrador, motivam uma apresentação do lado sombrio da Maputo de hoje: "Dificilmente poderia ser escolhido um local pior do que o Jardim Zoológico, onde a falta de recursos, o desinteresse e os maus tratos sobre os animais tornam tudo revoltante e deprimente" (2013, 354).

Enlaçadas aos momentos que divide com Travessa Chassafar estão as visitas ao Arquivo Histórico, na baixa de Maputo. O caminho até lá é uma cascata de pedras, reduzindo o prazer que o acesso às tais caixas de papéis que sistematizam o passado poderia trazer ao narrador. O trânsito sintetiza o "circo insano" em que se converteu Maputo aos olhos do narrador: "vaga enfurecida que arrastava tudo à sua passagem, deixando para trás um rasto de fumo negro e de desolação", composto por "veículos mais possantes para quem buracos eram coisas somenos, e a ultrapassagem um ingrediente importante na misteriosa batalha de vida ou morte pela afirmação", dentro dos quais se vêem homens com celulares e mulheres se maquiando, sem contar os chapas, esses "besouros endoidecidos" (2013, 355-358) que penetram nos espaços mais inauditos. Os encontros com o antigo empregado da Casa Quinze, realizados sempre em lugares diferentes, e as idas e vindas ao Arquivo Histórico, em momentos distintos do dia, favorecem o desenho de uma cartografia das várias faces e velocidades da urbe. Trata-se, aliás, do primeiro romance nacional que enfrenta um desafio desta dimensão e com tamanha preocupação pela minúcia. A estratégia narrativa reflete, pois, a aposta do autor em consolidar a cidade no mapa literário nacional ou, pelo menos, se a motivação não for tão abrangente, no mapa de seu particular projeto literário. Diversificando pormenores, que adquirem ainda mais relevância pela virulência dos adjetivos e das comparações, o autor escancara as contradições da capital moçambicana.

Cabe frisar que o caos da cidade não se vive apenas no espaço público externo. Aproveitando a evolução dos fatos narrados, ou fazendo-os evoluir com essa finalidade, os ambientes internos são figurados com o mesmo tom de fúria. Isso pode ser observado na descrição sobre a repartição para onde o narrador se dirige com o objetivo de regularizar um documento: "A sala estava apinhada de gente e o calor era infernal. Estávamos salvo erro nos últimos dias de Janeiro, altura em que a avidez dos serviços públicos pelo dinheiro dos contribuintes é mais notória" (2013, 57); no próprio Arquivo Histórico, onde, depois de ter que suportar à porta o "passo arrastado de sujeitinho medíocre satisfeito consigo próprio", que trazia consigo "um arzinho abjecto que era a forma que a sua minúscula imaginação encontrara de alardear o facto de ser o *dono da chave*" (2013, 180), entra numa "sala mal iluminada" para trabalhar com caixas "impregnadas daquele cheiro metálico e vagamente gasoso dos venenos para combater a humidade, os ratos e os bichos do papel" (2013, 96); finalmente, o hospital público, espaço imprevisto para onde acode apressado depois de saber de um problema de saúde de seu informante. Pela natureza das descrições, o hospital pode ser lido como a metonímia da cidade estropiada. Em primeiro lugar, devido à massa que o frequenta, rodeada também aqui de insectos e de precariedade:

> Olhos de multidão encolhida em bancos corridos, de pau. Além dela, pouco mais: uma ou outra mosca sobrevoando os panos velhos, um bebedouro eléctrico com o aspecto de ter secado há muitos anos, um risco de ferrugem deixado pelo último fio de água na tina de latão (2013, 242).

Em segundo, pela indiferença e pela incompetência generalizada de quem detém o poder:

> De vez em quando passavam serventes de batas azuis, gordas enfermeiras de batas brancas, todos eles empenhados no cumprimento de uma missão longe dali. Era como se operassem numa dimensão diferente, nenhum deles parecia reparar nos olhos ou na espera. Era como se, para os doentes que ali estavam, não tivessem chegado ainda os técnicos adequados (...) Na recepção, depois de percorrido o registo com exasperante lentidão, foi-me dito que efectivamente dera entrada alguém com esse nome" (2013, 242-243).

Maputo é, em *Rainhas da Noite*, a "frágil passarela improvisada sobre o abismo" de que falava Ítalo Calvino. Podemos ainda destacar nesta narrativa, que confere à geografia a capacidade de determinar (mesmo que negativamente) a vida e as relações das personagens, os seguintes elementos: 1) o narrador não passeia, apenas vai aos lugares, transgredindo os obstáculos da cidade tenebrosa como pode; 2) salvo em uma ocasião, sem grande impacto para o que aqui se analisa, o narrador não vai ao subúrbio;

3) porém, uma instigante personagem do mundo suburbano – Travessa Chassafar – é inventada. É ele quem sai da periferia para penetrar na cidade ("Chassafar surgiu pontualmente. Subiu com timidez a meia dúzia de degraus da esplanada do restaurante Costa do Sol", 2013, 99) para de lá trazer versões do passado. Trata-se de um movimento inverso ao que foi realizado no tempo das utopias, em particular no caso angolano, em que o autor da cidade de cimento, atuando fisicamente também na periferia (Sambizanga, Makulusu, Bairro Operário, Kinaxixe, entre outros), elaborou uma pesquisa sobre a geografia dos subúrbios de modo a inventar um futuro para a nação.

Em seu romance anterior, *O olho de Hertzog* (2010), além do intertexto que consolida com três figuras carismáticas de Lourenço Marques (João Albasini, Rui Knopfli e José Craveirinha) uma tradição literária do e sobre o lugar, João Paulo Borges Coelho cria uma personagem, Hans Mahrenholz, que "viaja" brevemente ao subúrbio e de lá retira certas ilações. Aliados às descobertas de seus passeios pelas ruas da cidade de cimento, tais dados permitirão uma leitura mais abrangente sobre o tempo. Se pensados conjuntamente, estes dois últimos romances do autor confirmam que a pluma de João Paulo Borges Coelho é orientada por um projeto que, em busca de uma visão alternativa para os fatos e para os modos de os contar, opera no cruzamento entre ficção, história e geografia.

Antes, porém, de nos adentrarmos nesta narrativa, importa situar de modo panorâmico o lugar de Lourenço Marques no cenário romanesco nacional. O termo "panorâmico" não é utilizado aqui em vão. Se Maputo é pouco visitada no romance moçambicano, o que dizer da antiga capital da colônia? Os estudiosos de literatura portuguesa teriam certamente algo de mais substancial a dizer a respeito, pois a cidade se projeta na obra de diversos autores de Portugal, tanto dos menores (desta nova vaga de textos memorialísticos que colonizam algumas das principais prateleiras de livrarias tradicionais, ou de centros comerciais e aeroportos) quanto dos reconhecidos (como *Árvore das palavras*, de Teolinda Gersão, *Pedro e Paula*, de Hélder Macedo ou mesmo *Lourenço Marques*, de Francisco José Viegas). No romance moçambicano, pelo contrário, a capital da colônia é apresentada quase sempre em pouquíssimas páginas e, grosso modo, a partir de uma tripla e complementar perspectiva: 1) a da miséria material e existencial: "terra de ninguém, ancoradouro da sífilis, passagem segura para o eldorado sul-africano, Lourenço Marques era, ao tempo, palco privilegiado de facínoras, desertores, caça fortunas e outra gente da estirpe dos sem alma" (Khosa, 2013, 94)[16]; 2) a da segregação racial: "cafés abarrotados de brancos servidos por pretos orgulhosamente fardados na nova condição de empregados de mesa e não mais de quintais dos de baixa categoria, nos ardinas pretos que decoravam a notícia em destaque na primeira página" (Khosa, 2013, 33)[17]; 3) a da agitação noturna da Rua Araújo: "no Hotel Central, ali na Rua Araújo, entre perfumes de damas de Marselha e uma cena de pugilato com a marinhagem insolente e pouco cavalheiresca" (Patraquim, 2010, 20); "enquanto os homens as encaminhavam aos prostíbulos disfarçados de pensões de bem, que por entre as ruas transversais da avenida 24 de Julho, ou descendo para a infalível e imprescritível Rua Araújo que sempre renascia das cinzas (...)" (Khosa, 2013, 115); "a italiana encorajou-me a visitar a efervescência dos bares de Lourenço Marques. Falou-me nos nomes de estabelecimentos como International Music Hall, Tivoli, Trocadero, Bohemian Girl, Russian Bar e tantos outros" (Couto, 2016, 174)[18].

O subúrbio de Lourenço Marques é ocupado fundamentalmente pelas narrativas de Aldino Muianga, autor que mais passeou (literariamente e não só) por esse cronotopo. *Meledina (ou a história de uma prostituta),* como vimos no capítulo anterior, centra-se na vida de uma mulher que, após alguns de-

---

[16] Em seu trabalho como romancista, Mia Couto tem privilegiado outros cenários, sobretudo rurais e quase sempre inventados. Ou então o espaço da Beira, como nos mostra a dissertação de Mestrado de Marlene dos Anjos (2018). Mas, em *Mulheres de cinza* (2015), integra muito brevemente a Lourenço Marques de finais do século XIX. Lugar do calor, da pestilência, das doenças, da degradação e da sujeira, a capital é vista como o espaço idôneo para a última viagem: "Lembrou-se então de que havia um lugar no mundo onde se morre fácil e rapidamente: Lourenço Marques. Aquele seria um bom sítio para se morrer" (Couto, 2015, 323).

[17] Sem centralizar as ações de seu romance em Lourenço Marques, Suleiman Cassamo, em *Palestra para um morto* (2000), recorda uma das anteriores denominações da cidade e a ilusão que as luzes da baixa criavam: "E ter de conquistar a cidade, o Xilunguini, luminosa festa para os olhos de qualquer mamparra. Dirás que devia ter agüentado nos padres, até obter o diploma de quarta classe rudimentar. Como se o diploma fosse a chave do Céu. E não é. Faltou-me foi a cor. Outra, que não esta, mas aquela a que Deus destinou o luxo do mundo. Diplomada, burra ou como" (2000, 82). Já Aldino Muianga, em A Rosa Xintimana (2012), mapeia alguns dos bairros periféricos invadidos durante a Operação Zero. Não sem ironia, pois essa inclusão visa representar, em parte, o modo como as forças invasoras caracterizavam estes lugares: "Emboscam-se nas imediações das casas de pasto, outras confundem-se com as sombras dos becos. A um sinal de comando, tem então início o assalto final: do Chamanculo ébrio à incauta Bela Rosa de habilidosos dançarinos de xingwerengwe; do Vieira de brigões ao Mendes de feiticeiros; do Xipamanine berço de vigaristas ao Fajardo mestiço alérgico ao trabalho; do Vulcano laborioso à Mafalala prostituta todo o povo estremeceu" (2012, 102).

[18] *A espada e a azagaia* (2016), que dá continuidade ao romance *Mulheres de cinza* e à trilogia "As Areias do Imperador", tampouco é ambientado em Lourenço Marques.

senganos, abandona sua vila natal, Banguine, e assenta terra na Mafalala. São raros, porém, os momentos em que Aldino Muianga descreve a geografia do bairro. Por muito que apresente lateralmente algumas dinâmicas socioculturais pouco ou nada exploradas pelo romance nacional – como, por exemplo, a presença islâmica na periferia ("Homens trajados de longas túnicas brancas e cofiós pendurados nos cocorutos dos crânios convergem para a mesquita próxima, donde já se alevantam os ecos de uma cantilena", 2010, 26) –, a Mafalala apenas emoldura a trágica história de amor entre o português João Peixoto e Meledina, desempenhando, pois, uma função ornamental na narrativa. Em um dos raros momentos em que ela é descrita, assemelha-se ao inferno perspectivado anos antes por Paulina Chiziane: "mundo onde se evola a misteriosa inebriação das brigas nocturnas, do odor agridoce de excrementos a transbordar nos baldes, das urinas fermentadas nos becos e nos troncos das árvores (...) da agonia das mulheres abusadas e não pagas" (Muianga, 2010, 97-98). A estratégia da enumeração, a mais utilizada no romance nacional para descrever os espaços marginalizados da cidade, produz um efeito simultâneo e paradoxal de acumulação (de acontecimentos) e de perda (do sentido da vida).

Voltando a João Paulo Borges Coelho, é ele, novamente, o romancista que mais se tem detido na geografia da cidade. Vale constatar que, enquanto a Maputo de *Rainhas da Noite* é, como vimos, uma cidade ostensivamente hostil, a Lourenço Marques de *O olho de Hertzog* é um lugar marcadamente plural, a despeito da violência fundada pela divisão racial, também relatada. Ainda em sentido contrário ao da Maputo de *As Rainhas da Noite*, vista como um "circo louco", Lourenço Marques é aqui apresentada como uma cidade "modorrenta" (2010, 20). Além do "inquietante padrão repetitivo das cercas de ferro forjado e da calçada" (2010, 20), Lourenço Marques disfarça-se de luzes e dos anúncios de cartazes que calam crueldades: "Cidade estranha, esta em que as misérias são sempre envolvidas por uma pomposa roupagem" (2010, 323). Devido à proliferação de anúncios, a cidade institui-se nesta narrativa como um palimpsesto, que se revela e se oculta nas dobras de cada esquina: "Lê-se a cidade como um composto de camadas sucessivas de construções e 'escritas', onde estratos prévios de codificação cultural se acham 'escondidos' na superfície, e cada um espera ser 'descoberto e lido'" (Gomes, 1994, 84). Cabe a um estrangeiro o desafio de decifrar o segredo daquele universo que foi sendo erguido sob brechas. Progressivamente, o alemão Hans Mahrenholz, que também visita a cidade com obscuros propósitos, apercebe-se da duplicidade de sentidos que a cidade guarda: "Estranha cidade esta, pensa Hans, onde todos os que chegam se dizem movidos por razões que não são as verdadeiras" (2010, 378). De fato, essas pessoas equivalem-se aos letreiros, "como se a cidade se divertisse a dar-lhes pistas falsas, veredas sem qualquer nexo" (2010, 334). Por estes motivos, o espaço – assim como a personagem, a intriga e a temporalidade – consolida-se neste romance como uma "componente essencial da máquina narrativa" (Mitterand, 1980, 211), influenciando as atitudes das personagens e albergando alguns dos segredos da história.

Hans palmilha diariamente as ruas da baixa de Lourenço Marques. A angústia que sente não é feita da mesma massa daquela que visita o narrador-investigador de *Rainhas da Noite*. Enquanto a cidade, para este último, cria obstáculos sucessivos ao seu empreendimento, isolando-o de maneira irreversível, a Lourenço Marques de Hans possui alguns aliciantes, mulheres intrigantes com quem se vai cruzando, histórias delirantes que vai ouvindo, um ambiente artístico que se vai formando com influências de diversas vanguardas européias, enfim, circuitos de interesse que, mesmo quando ilusórios ou dissimulados, não o deixam totalmente à mercê. Por muito que estes elementos não o levem ao lugar desejado – o diamante Olho de Hertzog –, não retiram o sentido de aventura e de descoberta que as grandes viagens costumam imprimir. Por exemplo, em uma noite regada com muito álcool no Gato Preto, versão laurentina do Chat Noir parisiense, puxa-se o fio de uma série de surpreendentes relações que fazem cruzar na narrativa os destinos das personagens do romance a Hans, Satie, Picasso, Klimt, entre outros.

O fato de passear pela cidade, à procura de respostas para o seu caso, revela que Lourenço Marques, por si só, não constitui um estorvo. Com efeito, Hans palmilha muitos mais espaços do que o narrador de *Rainhas da Noite*: o número 101 da Rua Araújo (escritório de João Albasini), o Hotel Clube, o Central Hotel, a Casa Amarela, o Bar Estrela do Oriente, a Avenida Arriaga, o Hotel Paris, o Carlton Hotel, a Rua Consiglieri Pedroso, a Travessa do Catembe, o então novíssimo edifício dos Caminhos-de-ferro, a Minerva Central, a Rua da Gávea, a Porta da Linha (o "labirinto onde os monhés..."), o Hospital Miguel Bombarda, o Cinema Gil Vicente, a Cervejaria Gambrinus, o Pavilhão do Chá, o Grémio Náutico, o passeio da praia da Polana, a Tabacaria Americana, a Avenida 18 de Maio, a Avenida da República, o Teatro Varietá... são alguns dos locais referenciados ou descritos na narrativa. É, pois, deambulando, que o estrangeiro vai se apropriando dos lugares e, por via dos letreiros neles emoldurados, lidando com alguns fragmentos de sua história: "Hans vagueia perdido pela cidade. *Teatro Gil Vicente, de Manuel A. Rodrigues* (...)" (2010, 289). Orientando o leitor pelos caminhos da cidade, mas desorientando Hans em sua busca pessoal, os letreiros constituem uma espécie de arquivo cartográfico finamente acionado pelo autor para conferir ritmo à narrativa, mas também para construir um uma espécie de labirinto "de uma cidade de espelhos" (2010, 291). Não de uma cidade "feita de espelhos. Pelo contrário, ela é dura e fixa. Baça. A condição dos seus habitantes é que se esconde numa miríade de reflexos" (2010, 294). O labirinto, aqui, portanto, não é definido em seu sentido mais corriqueiro. Ele não é um caminho que conduz ao centro, mas sim "a marca da dispersão. Indica a vitória do material sobre o espiritual, do perecível sobre o eterno. Ou mais, o lugar do descartável e do novo e sempre-igual" (Gomes, 1994, 68).

O protagonista confirma a natureza ilusória de Lourenço Marques quando mergulha no mundo suburbano, pelas mãos de João Albasini. Figura histórica do jornalismo, da literatura e do protonacionalismo moçambicano, recriado em *O olho de Hertzog* como uma das personagens centrais da trama, Albasini é elevado à condição de herói em um desses raros movimentos em que o romance nacional lança a corda do sistema literário a um de seus fundadores. Será, pois, o jornalista a apresentar a Hans Mahrenholz "a sombra da cidade branca, a cidade que a outra cidade esconde nas suas costas" (2010, 191). Perplexo, o alemão confirma que, de fato, "entraram na outra cidade, no negativo da cidade verdadeira, na cidade das sombras" (2010, 334). Desse modo, o alemão vai reunindo as impressões que a cidade lhe vai deixando para apalpar, por via da geografia, uma das marcas mais trágicas que a história legou àquela terra: "esta é uma cidade de pedra envolvida numa falsa azáfama de bem-estar e de progresso, mas cercada de uma auréola cinzenta feita de força bruta, sofrimento e palha: o mundo dos condenados. Numa só cidade, duas. Lado a lado" (2010, 291). A perspectiva fanoniana aqui claramente exposta, a da cidade colonial cortada em duas[19], convida o protagonista a um questionamento que é deixado em aberto:

> O empedrado das ruas começa a dar lugar ao pó e à lama, a alvenaria à palha. Quase abruptamente, como se transpusessem uma fronteira. Engasgam-se aqui os anúncios, vão deixando de ter o que dizer, uma vez que é um lugar com escassa gente capaz de comprar, sequer de os ler (...) Enquanto correm por cima da lama, olha em volta, na direção do coração do mundo de palha, e só encontra mais cartazes desmembrados, servindo para tudo menos para dizer o que neles vem escrito – para cobrir a

---

[19] Para uma análise aprofundada sobre Lourenço Marques observada sob esta perspectiva, veja-se Cabaço (2009).

casa da chuva, para isolar o quintal dos ladrões. Que diriam eles? Para lá do grito desconexo dos cartazes, que diriam eles se não fosse este silêncio? (2010, 334-335).

Privilegiando uma leitura do tempo histórico por via de elementos associados à geografia (pó, lama, palha, fronteira, casas precárias), em detrimento do enunciado abertamente explícito, que surge aqui em menor escala ("escassa gente capaz de comprar, sequer de os ler"), João Paulo Borges Coelho inaugura, ainda que parcialmente, uma estética sobre os subúrbios onde, décadas depois aos acontecimentos relatados na narrativa, pelos "elevados níveis de adesão ao processo da luta de libertação" (Honwana, 2017, 35), se engendrou um desejo.

*****

São diversos os anseios e os malogros que o mundo urbano motivou e continua a produzir em personagens, narradores, autores e até mesmo leitores de todo o mundo. Quanto a Maputo, a história parece ser outra. Para os romancistas moçambicanos, a cidade tem apenas um sentido: o grande e agonizante beco sem saída.

Capital institucional das letras nacionais, Maputo emerge apenas nas últimas décadas como ambiente ficcional e objeto de análise no romance, gênero também tardio no país. Dramatizam-se, desde então, a perda de reciprocidade, o ciclo do caos e a voragem dos outros. O "eu", de narradores e/ou protagonistas, apresenta-se geralmente como um espaço impoluto que se contrapõe à urbe e às suas formas de corrupção. A solidão distintiva do herói é sublinhada inclusive quando seu olhar se dirige ao coletivo condenado. A distância entre o "eu" e o "eles" faz-nos recordar que as ideias de nacionalidade e de nacionalidade literária, cujos contornos a grande cidade tende a construir, ainda não se encontram totalmente consolidadas. Na maioria das narrativas, observamos que, em vez de coletivos cruzando-se e revitalizando afinidades ou disputas, o indivíduo desempenha a antiga função de antena: de cima, enquanto une mundos distantes, enxerga no traçado da cidade um limite de natureza social, política, filosófica e até mesmo literária.

Do ponto de vista estilístico, a cidade desempenha um papel meramente ornamental em alguns romances, servindo de cenário para as ações narradas, mas sem nelas interferir significativamente; em outros romances, sobretudo nas narrativas de Luís Carlos Patraquim e João Paulo Borges Coelho, ela assume uma função dinamizadora das intrigas, atuando como substância estruturante. Em qualquer dos casos, porém, a capital emerge como um empecilho (ou um contratempo) que acentua a solidão (ou o desterro) do herói inadaptado ao seu tempo (em situação, portanto, de destempo). Se é certo que o espaço é a acumulação desigual de tempos (Santos, 2007), devemos admitir que a apreensão literária de uma cidade com este nível de complexidade será sempre resultado de uma procura morosa e irregular. "O país, em estado de ficção, encontra no escritor um parceiro cúmplice da sua própria invenção", relembra Mia Couto, na contracapa de *Rio dos bons sinais*, de Nélson Saúte. Ainda jovem, com tantas fraturas expostas, impregnada de tantos pós coloniais (a tal poeira do passado que se acumula em permanência e que se mistura com os restos do presente, formando uma camada com contornos tristemente originais), a cidade deve ser capaz de inventar outro horizonte, em vez de ser anulada pelo atual. Nesse processo, o romance terá ainda uma palavra a dizer.

3. Um (in)certo Oriente[1]

A vocação oriental do campo literário moçambicano, que o coloca em um lugar à parte tanto nos contextos de língua portuguesa quanto nos espaços do oceano Índico, deriva de um fato sócio-histórico e geográfico específico: a coexistência histórica, em Moçambique, de populações de origem africana com comunidades persas, guzerates, baneanes, malabares, chinesas, árabes, etc. Como este contato se deu fundamentalmente a norte do país, a ideia de Oriente tem sido associada na literatura ao universo material e simbólico da Ilha de Moçambique[2]. Cenário da "encruzilhada transnacional" (Noa, 2012), a pequena ilha de três quilômetros, espécie de umbral, ponto de passagem que ligava o continente africano à Ásia, inspirou uma parte significativa da produção artística local, tanto das duas gerações de autores que se consagraram como "os poetas do Índico" (como, por exemplo, Rui Knopfli, Orlando Mendes e Virgílio de Lemos[3], numa pri-

---

[1] Este capítulo reúne e atualiza elementos trabalhados em diferentes espaços (Can, 2013; Can, 2018b; Can, no prelo [a]; Can, no prelo [b]). Agradeço aos organizadores do dossiê publicado na Revista *Diacrítica* (Ana Gabriela Macedo e Elena Brugioni) e na Revista *Cahiers du Crepal* (Ilda Mendes dos Santos e Agnès Levécot) e aos editores da Revista *Pessoa* (Mirna Queiroz) e da Revista *Anuari de Filologia. Literatures Contemporànies* (Rosa Pérez Zancas) por terem publicado os resultados parciais deste estudo.

[2] Nos últimos anos, vários foram os olhares que examinaram esta original e complexa produção. Podemos mencionar, a título de exemplo, os estudos de Livia Apa (1989), Rita Chaves (2002), Ana Mafalda Leite (2003, 123-144), Jessica Falconi (2008), Carmen Secco (2010), Fátima Mendonça (2011) e Francisco Noa (2012).

[3] Deste autor surge uma das mais interessantes propostas daquele período. Fundador da revista *Msaho*, em 1952, Virgílio de Lemos inscreveu com certa insistência a terra que o viu nascer, a Ilha do Ibo, e também a Ilha de Moçambique. Além disso, projetou o espaço internacional do Oriente de modo mais explícito a partir de um dos seus heterônimos,

meira fase, Luís Carlos Patraquim, Eduardo White e Júlio Carrilho, a seguir) quanto de alguns autores que, nas décadas seguintes, herdaram esse imaginário (Nélson Saúte, Adelino Timóteo, Guita Jr., Sangare Okapi, etc.). Deste fenômeno, pelo menos duas tendências saltam à vista: por um lado, personagens e culturas exógenas foram conduzidas a um insólito lugar de protagonismo; mas, por outro, a experiência negro-africana tornou-se algo rarefeita e os processos de exclusão que, também na Ilha de Moçambique, se fomentavam entre o asfalto e o caniço foram escassamente encenados[4]. Ao mesmo tempo, e como se dá de um modo geral nas literaturas do oceano Índico, esta poesia raramente representou territórios que se situam fora das fronteiras nacionais. Os ambientes escolhidos fixaram-se, durante muito tempo, na Ilha de Moçambique.

Os sistemas literários dos países da região, aliás, possuem atualmente algumas semelhanças, cujo aprofundamento não caberia neste espaço, mas que passam sobretudo pelas temáticas postas em cena, pela predominância – ainda que em diferentes dosagens – das línguas eurófonas[5], pelas tensões identitárias e comunitárias existentes e pela dualidade cultural de grande parte de seus autores[6]. Além disso, estes sistemas partilham entre si a marca da fragilidade institucional[7]. Este cenário de atrelamento aos órgãos de legitimação literária internacional continua a pautar a agenda das produções nacionais do oceano Índico e a dificultar um diálogo regional mais produtivo. De costas voltadas entre si, sobretudo quando as línguas de produção não coincidem, os campos literários em questão mantêm uma ligação muito maior com as antigas metrópoles coloniza-

---

Lee-Li Yang, que mora em Macau e troca uma intensa correspondência com o seu engajado amante Duarte Galvão, outro heterônimo, que vive em Moçambique. Sobre a produção de Virgílio de Lemos e o impacto dos heterônimos em seu projeto literário, leia-se Lemos (2009), volume organizado e prefaciado por Ana Mafalda Leite.

[4] Sobre este aspecto, veja-se o estudo de José Luís Cabaço (2002).

[5] A escrita em línguas locais é praticamente inexistente em Moçambique. A Ilha Maurício e a Ilha Reunião, onde o crioulo foi ganhando paulatinamente espaço, bem como Madagascar, onde o malgache possui uma já longa tradição, espelham outro tipo de movimento, resultante de processos históricos, dinâmicas identitárias e opções políticas distintas.

[6] No que se refere à dualidade cultural, chamamos a atenção para o caso da atual literatura mauriciana, que se configura de modo original no quadro das literaturas do oceano Índico. Um passeio pelas principais obras deste campo literário nos permite aferir uma apropriação bastante mais segura por parte da comunidade hindo-mauriciana não só da língua francesa como também da prática literária. Aliás, praticamente todos os autores do país, que são hoje reconhecidos no estrangeiro, nomeadamente na França, são de origem indiana e não de origem francesa.

[7] Sobre o caso moçambicano, leia-se o ensaio de João Paulo Borges Coelho (2009).

doras (França, Inglaterra, Portugal),[8] fato que, indo de mãos dadas com dependências de índole política (as ilhas de Reunião e Mayotte são ainda hoje departamentos franceses) ou de natureza econômica e financeira (com o FMI impondo também sua batuta opressora), sem obviar questões de responsabilidade local (como as escassas e precárias políticas culturais), pode facilmente ser comprovado pelas edições dos livros (pensadas majoritariamente para o mercado europeu), pela inexistente circulação dos mesmos nos territórios vizinhos e ainda pela própria dificuldade prática em transitar de um espaço a outro.[9] Um dos resultados mais evidentes deste quadro é a reduzida representação, nas literaturas nacionais, das realidades sociais e históricas dos restantes países ou departamentos que formam parte da região. Em alguns casos concretos, quando outros imaginários são explorados pelos autores, as narrativas se deslocam normalmente a espaços que sobrepassam as fronteiras da região.[10]

No caso moçambicano, a "relativamente escassa presença do tema do mar" (Noa, 2012, 7) de que fala Francisco Noa confirma esta dinâmica simultânea de proximidade e distância. Sem embargo, como recorda o estudioso, não se vislumbra nos poetas nacionais que elegeram a Ilha como espaço de predileção "o fechamento existencial e cultural a que se convencionou designar de 'complexo do ilhéu'" (Noa, 2012, 9). Antes pelo contrário. A incorporação do Índico como eixo temático, via Ilha de Moçambique, anuncia um desejo de cosmopolitismo do qual esses poetas foram os primeiros portadores. No entanto, insistimos, tratou-se, com raras exceções, de um movimento para *dentro* do próprio território e não tanto

---

[8] Francisco Noa enfatiza de modo claro esta problemática: "Outro aspecto que concorreu para as escassas referências ou mesmo indiferença em relação ao Oceano Índico, no tocante à reflexão identitária ou enquadramento territorial, prende-se com a reiterada focalização, na maior parte dos estudos, no eixo vertical Norte (Ocidente) / Sul (África)" (Noa, 2012, 2).

[9] Não é descabido lembrar que, hoje em dia, é quase tão caro viajar de Maputo a Lisboa quanto de Maputo a Port Louis ou Antananarivo, por muito que Moçambique, A Ilha Maurício e Madagascar pertençam à mesma região. É certo que os voos de Port Louis a Saint-Denis e vice-versa são mais frequentes e, como tal, menos caros, devido aos acordos de natureza comercial existentes entre a Ilha Reunião e a Ilha Maurício. No entanto, quando se trata de dar o salto para o lado moçambicano, ou de Moçambique para o *outro lado*, onde as línguas também divergem, a distância torna-se intercontinental.

[10] Veja-se, a este propósito, o romance *Voyages et aventures de Sanjay, explorateur mauricien des anciens mondes* (2009), do escritor mauriciano Amal Sewtohul, em grande parte ambientado na Alemanha, ou *Le tour de Babylone* (2002), do também mauriciano Barlen Pyamootoo, situado em Bagdad. Remetemos o aprofundamento destas e de outras questões, ligadas à evolução dos sistemas literários do oceano Índico, para os textos de Mar Garcia publicados em <http://pagines.uab.cat/litpost/>, página web elaborada pelo grupo LITPOST (Garcia, Can, Berty, 2012).

para o *outro lado* do oceano. De fato, em causa estava, e ainda está, uma reflexão profunda sobre a nação que se ergue, sobre as escolhas identitárias e culturais a serem valorizadas, sobre as transformações que se impõem. Assim, na relação com a Ilha, que, no dizer de Rita Chaves constitui metonímia de uma história complexa, projetaram-se sobretudo "as conturbadas relações com Moçambique, o país em composição, a nação em montagem, esse chão convulso onde, em movimento, se articulam desejos e tensões" (Chaves, 2002). O mesmo ocorreu, parece-nos, no tal *outro lado*, que, grosso modo, tende a situar Moçambique não tanto como um dos polos centrais da ideia de transnacionalidade índica, mas apenas como uma porta de entrada para a África Negra. Ou então como um resquício (muitas vezes não desejado) do passado escravagista[11]. Este ambiente de espelhos sem reflexos deve-se, insistimos, ao próprio peso da história e às condições materiais desvantajosas, que impedem uma real e recíproca imersão nesses territórios.

Nas últimas décadas, contudo, operou-se uma transformação. É possível observar uma efetiva abertura da geografia literária moçambicana ao exterior, e em todos os gêneros, com especial incidência nos espaços internacionais do Oriente[12]. Da Índia à Arábia Saudita, passando pela Tanzânia, Somália, Iêmen, Quênia, Comores, Japão, China, Macau, Paquistão ou Omã, apenas para citar alguns territórios, vários são os espaços do *outro lado* incorporados nestas duas últimas décadas. Se durante muito tempo a referência ao Oriente na poesia, pelo ângulo da Ilha de Moçambique, teve como alvo prioritário o regime colonial português, pois sugeria, de modo menos beligerante do que sarcástico, que o fenômeno do hibridismo antecedia a chegada dos primeiros europeus em Moçambique, no tempo pós-colonial as possibilidades de representação e os objetivos da mesma se viram dilatados. Luís Carlos Patraquim e João Paulo Borges Coelho, por exemplo, repensam a nação em um espaço mais extenso de trocas e embates, respondendo em certa medida a membros da elite política que associam de modo conser-

---

[11] Sobre a complexa inscrição do negro nas literaturas indo-oceânicas de língua francesa, leia-se o recente ensaio de Valérie Magdelaine-Andrianjafitrimo (no prelo).

[12] Para qualquer análise acerca da trajetória das literaturas africanas pelo prisma espacial, sobretudo quando o "Oriente" se faz presente, torna-se necessário sublinhar que a denominação deste macroespaço é, em si, uma invenção reducionista que delimita o que não pertence ao Ocidente, do mesmo modo que "Norte" e "Sul" são hoje categorias muito utilizadas, a despeito da contradição que fundam: afinal, se a terra gira à volta de si mesma, não há como separar de maneira rígida estes dois "lugares". O Oriente será aqui trabalhado, por isso, em suas dimensões geográfica, histórica e cultural, por um lado. Mas não desconsideraremos, por outro, uma de suas derivações mais conhecidas, pejorativas e eminentemente políticas: o orientalismo.

vador as noções de "raça" e "geografia"[13] para, na posição de "originários", legitimarem sua manutenção no poder. Finalmente, é possível ainda observar que a "pulsão oriental" não inibiu a intromissão de algumas formas de "orientalismo tardio" nas letras moçambicanas.

Assim, ao invés de agruparmos os autores em torno de uma ideia comunitária de "Índico", examinaremos esta produção pelo ângulo do deslocamento, da tensão, da contradição e da mediação. Veremos como em Moçambique convivem projetos literários que poderíamos denominar de "contra-orientalistas", como os de João Paulo Borges Coelho e Luís Carlos Patraquim, e outros que, pelo contrário, assumem uma faceta mais marcadamente exótica, como o de Eduardo White.

*****

Autor de uma já vasta produção em prosa, sobretudo no romance, na qual se inclui uma reflexão sobre territórios da África Oriental e da Ásia, João Paulo Borges Coelho investiga esteticamente, em "O pano encantado", primeiro conto de *Índicos Indícios – Setentrião* (2005), a cisão quase milenar que envolve as confrarias islâmicas do Norte do país, na África Oriental e na Ásia e cujos efeitos hoje são mais ou menos conhecidos em todo o mundo[14]. Além de explorar esta temática, inédita no quadro das literaturas de língua portuguesa, o autor ambienta parte da narrativa na Ilha de Moçambique, até então percorrida apenas pelos poetas. Oferecendo pistas sobre a pluralidade de posições sociais e de percursos políticos, identitários e religiosos das comunidades muçulmanas[15], "Pano Encantado" é uma estória que coloca em cena surdos conflitos entre dois protagonistas.

Rashid, proprietário da "Alfaiataria 2000" (lugar com nome de futuro

---

[13] Veja-se, a este respeito, Mbembe (2001).
[14] Inclusive em Moçambique, na província de Cabo Delgado, alvo de recentes incursões do movimento mercenário de vocação fascista que se autodenominou Estado Islâmico.
[15] Como informa Macagno (2006), que nos oferece uma instigante cartografia de toda esta diversidade, as confrarias ou irmandades muçulmanas de Moçambique, vindas especialmente de Zanzibar e de Comores, foram responsáveis por uma extensa rede de solidariedades políticas, culturais, religiosas e comerciais na costa índica, no século XIX. A rivalidade existente entre algumas delas remonta, contudo, a um período muito anterior, ao momento em que se definem os critérios para a escolha do sucessor do profeta Maomé. Longe de constituírem um bloco homogêneo, as comunidades muçulmanas no Moçambique atual apresentam-se divididas fundamentalmente por questões religiosas, políticas e (de classes) sociais. As rivalidades entre estas comunidades não se restringem, por isso, ao confronto entre um Islã "asiático", wahabi, e outro "africano", sufi. É importante, além disso, não cairmos no risco de catalogar o Islã "asiático" de "puro" e o sufi de "híbrido", o primeiro escrituralista, o segundo oralizado (Macagno, 2006, 169).

já superado pelo próprio tempo), e Jamal, o jovem ajudante, coexistem em um espaço de trabalho lúgubre e antigo. O primeiro deles, afro-muçulmano, carrega consigo grande parte dos estereótipos que no Moçambique colonial e pós-colonial foram atribuídos às comunidades de origem asiática, especialmente os indianos. A descrição dos movimentos e dos objetos do comerciante, sempre conotados com o mistério, com a exceção e com a duplicidade (inscrita de modo reiterado na própria frase assindética: ele tem, por exemplo, uma caneta que "mede e anota", "de duas pontas", "uma vermelha e outra azul"), situa Rashid em uma esfera contrária à do narrador, que se coloca como estrangeiro, e à de Jamal. O chefe "domador" de tecidos é, assim, ligado satiricamente ao desvio de dinheiro e ao armazenamento ilegal de produtos. As alianças com o antigo colono também não são esquecidas. No extremo oposto da sala sombria, vivendo em uma temporalidade blindada, se encontra o insondável Jamal. Por desprezar as práticas religiosas híbridas do patrão, e por não vislumbrar qualquer acesso à mobilidade, pois passa praticamente todo o dia pedalando a velha máquina Singer, o jovem borda clandestinamente, em um pano, a sua viagem sagrada a Meca. A par da fé, a arte será o único caminho encontrado por Jamal para aliviar a deformação de sua realidade, que passa pela repetição dos gestos e pela submissão forçada.

Partindo de Macaripe (seu bairro), o traçado de sua agulha galga territórios vizinhos, como Zanzibar, Quénia, Somália, Iémen e Arábia Saudita (Meca), para regressar a Macaripe, ponto de partida e de chegada. Com esse itinerário, Jamal pretende "mostrar que era necessário ir e voltar para que tudo ganhasse sentido e ele pudesse ser um haji, um fiel que visitou a Cidade" (Coelho, 2005, 37). O trânsito é circular, portanto, e o Índico substitui o deserto como espaço de epifania. Com uma agulha recuperam-se geografias afetivas que de outro modo seriam inacessíveis, balizam-se diferenças e harmonizam-se tempos, em uma construção racional onde a história de uma origem é reafirmada e uma verdade é orquestrada. O pano encantado de Jamal permite-nos, pois, observar o mapa de seu imaculado Islã e, a partir dele, a história das diversas formas de expansão religiosa produzidas pelas *dikiri* rivais, incluída a de seu patrão.

No outro lado do pano, o jovem reinterpreta a história da confraria Shadhuliyya, a sua *dikiri*, cuja origem remonta ao distante ano de 1258, "verdade ou lenda" (Coelho, 2005, 38), como interfere o narrador, sempre disposto a desmontar essencialismos com ironia. Um traço deslumbrante sinaliza a presença de figuras históricas, entre as quais o Shaykh Ma'ruf, "descendente directo de Fátima, filha amada do Profeta" (Coelho, 2005, 38), cerne da grande discussão sobre qual será a verdadeira versão do Islã:

Poderia esta história ter sido como uma grossa e sedosa trança de mulher, todas as dikiri se enrolando a caminho do futuro para fazer uma só irmandade pura e forte. Poderia, é certo, mas assim não aconteceu. E enquanto dois ramos escuros se tresmalham – a Naquira do patrão Rashid cada vez mais se perdendo nas luxúrias africanas, a Qadiriyya de Abdurrahman cada vez mais se curvando, se prestando a servir infiéis senhores – no centro, um ténue mas alvíssimo bordado representa a Shadhuliyya Madaniyya, confraria de Jamal, impoluta e inabalável na defesa da fé (Coelho, 2005, 41-42).

Para além de estetizar a existência de uma *geo-grafia* santa, o pano de Jamal projeta, na contramão das representações artísticas sobre o hibridismo da região, um Islã esgarçado. Ao avançar com argumentos que sacralizam posições identitárias, Jamal institucionaliza também uma temporalidade e uma verdade, com fronteiras e limites bem demarcados. Contudo, Rashid descobre o pano, concebido em horas de trabalho, e castiga o jovem empregado. Além de não poder concretizar o sonho de ser um verdadeiro *haji*, Jamal vê a sua obra inacabada ser vendida pelo patrão a um grupo de turistas italianos que por ali passava ("Guarda che bello", dizem eles) e que desconhecia o peso que o pano transportava. Dessa situação, nova crise nasce, o abismo entre o jovem e o velho torna-se irredutível, a violência se anuncia no brilho da tesoura que avança na direção do patrão e da clientela ("Para que assim possa cumprir-se a pureza do seu desígnio solitário", Coelho, 2005, 44) e a ponte que liga a Ilha ao território cresce alguns centímetros, oferecendo a esses anônimos muçulmanos do caniço a dimensão física do isolamento: "é na ponte que reside todo o mistério pois que, unindo, ela traz à lembrança a separação. Sem ponte seria um mundo à parte; com ela, transformou-se a Ilha numa ilha, num espaço fechado onde só pela ponte se entra ou se sai" (Coelho, 2005, 13). Em suma, a ponte aqui já não simboliza o encontro, mas sim a divisão, o quinhão, a "partilha do sensível" (Rancière, 2000) no que ela tem de desigual.

Se qualquer gesto eficaz de subversão depende do conhecimento prévio da versão, o que se relata nesta narrativa é o processo inverso. De natureza conservadora, o movimento de subversão de Jamal habilita ou reabilita uma versão. Afinal, a obra bordada pelo jovem, que irrompe aqui como um anti-herói, sem voz nem representatividade política que leia seu caso, é feita às escondidas do patrão Rashid. Mas desemboca na criação de uma *doxa*, pois ligada a uma mensagem radical de pureza religiosa e racial. Devido à complexa estratégia de representação que elege, João Paulo Borges Coelho diferencia-se dos poetas que já haviam pisado, literariamente, a Ilha de Moçambique. Mais do que o encontro intercultural, cantado em tantos versos moçambicanos desde a década de 1950, o autor repensa a resistência ao hibridismo em um contexto fundado também pela cisão e pela violência intracomunitária. Cruzando os saberes de uma arte múltipla (bordado, pintura, cartografia) com os significados de outra não menos completa (escrita), João Paulo Borges Coelho interroga, além disso, um "lado" que raramente é convocado pela literatura, em concreto aquele que reclama um *lugar puro* através da arte, e não só.

Na linha de autores da mesma região (como o sul-africano John Maxwell Coetzee, o malgache Jean-Luc Raharimanana, o mauriciano Barleen Pyamootoo ou o comoriano Abdourahman A. Waberi) ou de escritores que partilham a mesma língua (como o angolano Ruy Duarte de Carvalho), João Paulo Borges Coelho abandona a estratégia didática de dar voz ao oprimido, pois pressente neste gesto um exercício de hegemonia a contrapelo. Esta opção coloca o autor diante de novos desafios, naturalmente. Afinal, como recriar o destino de certas personagens que pouco ou nada falam? Neste caso específico, observamos que Jamal é o avesso simétrico de um fenômeno característico da nossa contemporaneidade, o culto da mediatização e da ostentação, que, segundo António Cabrita (2017), se ergue hoje como o núcleo exclusivo de percepção e de memorização. Trata-se de um protagonista que também já não se une a outros em torno de um grito de ordem, como ocorreu na estética anticolonial dos contextos africanos de língua portuguesa, mas talvez daquilo lhe seja oposto. Ao ritmo da máquina Singer, objeto que acentua a contradição daquele espaço, Jamal empurra a narrativa para a esfera do som introspectivo, mais próximo da "polarização oriental" de que fala também Cabrita. Este é, aliás, e ainda segundo o poeta e ensaísta português radicado em Maputo, o dado mais paradoxal do silêncio: ele só existe em relação. Sozinho, "o silêncio não é mais do que o vento, que, para ser escutado, necessita de uma árvore, e da rebentação do ar em suas ramagens". Por isso, como se dá na poesia sufi, o silêncio do protagonista "não é o oposto do som ou da palavra, mas antes uma posição embrionária, que antecede e prepara a expressão" (Cabrita, 2017). No caso concreto de Jamal, uma expressão de fanatismo e de violência. João Paulo Borges Coelho consegue, assim, um feito raro nos dias que correm: experimenta no plano temático e no campo formal, pois, como sabemos, a sua obra constitui um severo contra-ataque à noção de pureza.

O mesmo ocorre com Luís Carlos Patraquim. Vimos, no segundo capítulo, como em *A canção de Zefanias Sforza* o Oriente especificamente urbano, de Maputo, é convocado. Neste caso, o seu impacto simbólico se dá não pelo mar, como costuma ser representado na poesia do país, mas pelo ar, dinamizando uma narrativa que gira em torno de um ser solitário e em perda. Isso se dá também, e com mais intensidade, em sua poesia. Nela, as geografias do deslocamento e do confinamento, em vez de se oporem, operam em chave dialética para representar a experiência do exilado interno. O apego ao isolamento, que estrutura diversas culturas orientais em sua relação com a saúde, com a religião, com o lazer e inclusive com a política, é um dado relevante para compreendermos a recorrente figuração do insílio em sua poética. E isto porque o trânsito visa sempre uma certa ideia de refúgio. Embora se trate de uma característica comum na literatura do país, que coloca em cena personagens nômades e simultaneamente mônades, vale realçar o modo como Patraquim entrelaça esta problemática à questão do Oriente desde 1980. Na realidade, o Oriente emerge em sua poética como tema e método e, por isso, parece-nos justificado o destaque que lhe daremos neste capítulo.

Nascido em 1953, na então Lourenço Marques, Luís Carlos Patraquim desde muito cedo se converteu em uma das vozes mais importantes do universo literário de língua portuguesa. Além de ter sido galardoado com o Prêmio Nacional de Poesia de Moçambique em 1995, foi objeto de antologias e estudos acadêmicos em diversos países[16]. Com cerca de 20 anos de idade, na reta final do colonialismo português, e após ter colaborado no jornal *A Voz de Moçambique*, refugia-se na Suécia. Dois anos depois, já em 1975, regressa a Maputo e afirma-se como um dos protagonistas da cena cultural da jovem nação: publica seu primeiro livro, é redator e roteirista do jornal *Kuxa Kanema* e de vários documentários produzidos pelo Instituto Nacional de Cinema, a cuja origem tem o seu nome ligado. Escreve também, desde então, diversos guiões de ficção para o cinema e colabora em jornais, programas de rádio e de televisão. Em 1986, depois de uma experiência que será decisiva para a literatura moçambicana, quando coordena a "Gazeta de Artes e Letras" da revista *Tempo*[17], muda-se para Portugal, onde vive até hoje. Percorrendo também os caminhos da ficção, da crônica, do teatro, do cinema e do ensaio, o poeta deixa em todos eles sinais de um imaginário iconoclasta e de uma estética comprometida com o rigor. Certamente o grande nome da poesia moçambicana a par de José Craveirinha, Patraquim publicou o seu primeiro livro, *Monção*, há 40 anos.

Além dele, *A inadiável viagem* (1985), *Vinte e tal novas formulações e uma elegia carnívora* (1991), *Lidemburgo blues* (1997), *O osso côncavo e outros poemas*

---

[16] Vejam-se Falconi (2008) e Almeida (2014), dois dos já múltiplos estudos de natureza monográfica.

[17] Para compreendermos a complexidade deste período e a dimensão da importância de Patraquim no processo, o estudo de Maria-Benedita Basto (2006) é indispensável.

(2005), *Pneuma* (2009), *O escuro anterior* (2013), *O deus restante* (2017a) e *O cão na margem* (2017b), no campo da poesia, *A Canção de Zefanias Sforza* (2010), na ficção, e *Manual para Incendiários e Outras Crónicas* (2012) ou *O Senhor Freud nunca veio à África* (2017c) (estes dois últimos oscilando entre a crônica e o ensaio), entre outros[18], desenham o roteiro de uma obra que se distingue pela rara conciliação entre unidade e variação. Isto é, se algumas temáticas são transversais em toda esta produção, independentemente do gênero escolhido, o jogo artístico proposto por Patraquim pluraliza seus sentidos.

Recentemente, no quadro de uma entrevista publicada na Revista *Pessoa*, recuperamos algumas questões que lhe foram feitas vinte anos antes por Michel Laban (1998), antigo professor da Sorbonne Nouvelle/Paris III, que deixou como legado uma arguta reflexão sobre textos e contextos do continente, além de traduções de algumas das principais obras e, possivelmente, as melhores entrevistas até hoje realizadas aos escritores africanos de língua portuguesa. Não foi difícil confirmar, nas respostas dadas pelo autor moçambicano, a tal articulação entre coesão no plano do imaginário e experimentação no campo da expressão – recriada até mesmo num tipo de formato extraliterário. Para além de reiterar a importância da antiga Avenida do Trabalho, da Rua do Lidemburgo e do bairro do Alto Maé, espaços onde se firma como cidadão e de certa maneira se forma como escritor, na medida em que estreita o contato com as suas três grandes influências locais[19], Patraquim explica o desejo que norteou *Monção*:

> vivíamos esse mundo de influências de autores ingleses ou franceses, mas as coisas à volta do Índico não havia lá muito. Parece que não tínhamos noção de todo o foco. Era Europa aquele espaço, Portugal aquele espaço, e nós estávamos a ver o oceano, não estávamos a ver aquele outro mapa (Can, 2018c, 7).

Desde muito cedo consciente de que "todo poema é uma ilha que quer ser arquipélago, é uma respiração ofegante à procura dum mar, à procura de outras ilhas", reivindica o Índico e ao mesmo tempo "a arte do

---

[18] Também inscrito numa zona de indeterminação de gêneros, *Mariscando luas* (1992), em parceria com Ana Mafalda Leite e Roberto Chichorro, merece ser referido.

[19] "Muitos anos mais tarde venho ter, digamos, a tradução poética desses espaços quando leio nos *Cadernos Caliban* a antologia que o Rui Knopfli faz dos poemas do João Fonseca Amaral – um dos números dos Cadernos Caliban (...) Poeticamente, o Fonseca Amaral dá a respiração de todo aquele quadro cultural, étnico, de idéias (...) Um bocadinho como, a sua maneira, em outro registro apesar de tudo, o Craveirinha vai fazer com a sua Mafalala" (Can, 2018c, 4).

naufrágio" (2018c, 10). Ao ampliar o território literário a uma região até então vista apenas de soslaio pela poesia moçambicana, anuncia também uma recusa: a de situar Moçambique como resultado exclusivo do Império, seguindo uma lógica fatalista, ou, em sentido oposto, e partindo de uma premissa essencialista, como resultado exclusivo de si próprio[20]. Quanto a tal "arte do naufrágio" a que faz menção, além de a imagem sintetizar uma voz que se quer afirmar isoladamente, sinaliza elementos de um processo cuidadosamente arquitetado por um tipo de linguagem sutil, "próxima daquilo que inaugura uma outra coisa, em qualquer literatura, desde o começo do mundo, e que é viagem" (*idem*). Na obra de Patraquim, não raras vezes, a viagem adquire um sentido metafórico pleno, pois narradores e sujeitos poéticos que a inscrevem se encontram em uma situação de confinamento absoluto e voluntário. O ambiente índico ou oriental, dos diversos Orientes, aliás, funciona como abrigo privilegiado para esse isolamento e, indo um pouco mais longe, como grau-zero de sua escrita.

Desde 1980, com efeito, sua poesia pode ser lida como a crônica de um viajante inadaptado que se encontra em uma espécie de perda não consentida e que, por isso mesmo, ensaia um movimento. A originalidade desse gesto reside, entre outros fatores, em uma rigorosa pesquisa artística sobre o pulsar da geografia moçambicana e sobre as relações socioculturais e históricas que o país estabelece com os territórios do oceano Índico. Neste registro amplo, que de modo circular reintegra o oceano Índico no mundo e vice-versa, a sua leitura aproveita a virtualidade poética oferecida pelo imaginário do abismo e das monções. O abismo, como o próprio autor sugere, é uma imagem-síntese de Moçambique:

> E pela sua natureza, é um país de descentralidades... há todo um litoral que já sabemos... esse sim com alguma relação com o oceano, com o mar; interiores diferenciados da terra, um desenho em Y – se olhares bem para o mapa de Moçambique, aquilo é um Y –, que tem um abismo dentro de si (2018c, 11).

As monções, por seu turno, fenômeno natural que cobre grande parte dos territórios banhados pelo Índico, dentre eles Moçambique, são ventos sazonais associados à alternância entre a estação seca e a estação das chuvas, soprando de nordeste a sudoeste em uma metade do ano e no

---

[20] Na linha do que defende João Paulo Borges, em especial nos dois volumes de contos *Índicos Indícios* (Coelho, 2005).

sentido contrário durante a outra metade. Ao mesmo tempo permanente e alternante, convidando tanto à vigília quanto à mobilidade, a metáfora da monção estrutura a leitura que Patraquim faz do mundo.

A partir de um minucioso trabalho com o instrumento (a língua) desta sua particular viagem, que prevê as lógicas internas, os ritmos, as quebras e os deslizamentos que lhe são específicos, o poeta sonda o reduto das coisas, especialmente lá onde habita "a monção agónica" (Patraquim, 2011, 17 [1980][21]), Moçambique. Isto é, com a mesma intensidade com que interpela o ser humano (de qualquer lugar), seus poemas questionam os poderes instalados e suas lógicas discursivas (sobretudo de Moçambique). Ao entrelaçar preocupações de natureza estilística, filosófica e política que se condensam em objetos ou lugares inusitados, seus versos confirmam que há ainda "espaço para operações estéticas, mesmo num mundo cujo significado já parece dado de antemão" (Mammì, 2012, 117). Em seus estudos sobre "o que resta" na arte contemporânea, Lorenzo Mammi defende a seguinte ideia: no momento em que se sugere uma organização e uma relação de elementos derivativos (o tal "reduto" da "monção agónica", no caso de Patraquim), repensa-se o estatuto das coisas, e não apenas sua qualidade de signos ou instrumentos. Por muito que dê conta de uma relação tensa que mantém com Moçambique, especialmente com as velhas e as novas elites governantes, o posicionamento adotado por Patraquim não lhe permite superar um desconforto. Pelo contrário, a imagem do homem fora de lugar (qual "abóbada côncava em desalinho de arcos" – Patraquim, 2011, 122 [2009]), que não tem pejo em desafiar dogmas e no mesmo movimento rir-se de si próprio, tudo isso em um ambiente marcado pela contenção, configura-se como expressão de uma impossibilidade que paradoxalmente funciona como motor de escrita.

Sugerido na obra ou vivenciado pelo cidadão, este paradoxo diz muito, portanto, da relação que o autor entretece com seu tempo e com sua terra. Trata-se, aliás, do único autor, entre os consagrados, que abraçou também o "exílio externo" antes e depois da independência. Nem o cidadão nem o artista, de fato, quiseram caber nos tempos colonial e pós-colonial. Em ambos os períodos, ainda que por diferentes razões, foi "ao encontro da impossível sombra". E, desde cedo, o ambiente sociocultural indo-oceânico constitui um dos principais percursos para esta busca. É certo que o exílio, para Patraquim, irrompe como principal lugar de enunciação e de escuta. Este lugar, contudo, deve ser apreendido em seu sentido metafórico. Diz

---

[21] A partir de agora, além da referência à *Antologia poética* (Patraquim, 2011) que nos serve de base, indicaremos sempre entre colchetes o ano do livro no qual aparece pela primeira vez o poema ou o verso citado.

respeito, sobretudo, a um distanciamento progressivo entre o poeta e sua terra, algo como um "distúrbio estelar" (Patraquim, 2011, 75 [2005]) vivido nos planos material e simbólico.

Uma série de variáveis, ao mesmo tempo, deve ser pesada antes de podermos especular sobre o desterro do escritor. Até porque existe uma infinidade de interrogantes que envolvem "Moçambique", por um lado, e "Patraquim" e sua poesia, por outro. Além de ter herdado a estrutura armadilhada do (já de si atrasado) colonialismo português, sofrido um longo embargo internacional e abrigado uma guerra civil de consequências assombrosas, o país quis projetar, em seu nascimento, um destino (ideológico) reto para um terreno (cultural) sinuoso. Quanto ao autor, reclamando para a literatura e para si mesmo um espaço de autonomia, elabora uma arte da combinatória na qual a conversa entre Oriente e Ocidente, o rigoroso desvario e a jocosa melancolia impactam contra o que então era esperado de um intelectual comprometido com a reconstrução da nação.

Dono uma intuição que se alimenta da erudição, e vice-versa, o autor incide naquele fragmento que indicia e pluraliza as possibilidades de leitura de um mesmo objeto. Em um momento histórico caracterizado pela contração, a todos os níveis, o autor propõe um modelo de expansão inclusiva. E esta viagem, insistimos, inspirada nas monções, congrega as noções de mobilidade e espera. O narrador-viajante e o narrador sedentário de que falava Walter Benjamin fundem-se em sua obra, como, aliás, na de qualquer grande artista que faz confluir a experiência da biografia ao labor da oficina, entretanto enriquecida pelas influências. Ao estar distante do espaço e desalinhado com os tempos, Patraquim vai buscar o suporte de vozes que dramatizaram em algum momento de suas vidas tensões similares. De Craveirinha, "O melhor dos poetas / Aberto isoterismo / do sonho suturando o mundo", elege o objeto: "só circundo o que me dói" (2011, 47 [1991]). Da poesia sufi ou da poesia iraniana, como a de Omar Khayyam, que caminha "por entre cristais de sombra" (2011, 122 [2009]), um dos métodos: a confluência de opostos. Autor "de sobrepostas vozes" (2011, 81 [2005]), Patraquim deixa-se acompanhar ainda por um cortejo de poetas das mais variadas proveniências. Do universo da língua portuguesa, por exemplo, o autor homenageou secreta ou explicitamente nomes como Rui Knopfli, João Fonseca do Amaral, Grabato Dias, Sebastião Alba, Herberto Hélder, António Ramos Rosa, Jorge de Sena, António Cabrita, David Mestre, Arménio Vieira, Corsino Fortes, Carlos Drummond de Andrade e João Cabral de Melo Neto, entre tantos outros. A vasta rede intertextual que sua escrita mobiliza talvez só encontre paralelo, no contexto da poesia africana de língua portuguesa, em Ruy Duarte de Carvalho.

Quanto aos espaços de predileção, da Rua de Lidemburgo, mais a sul, onde dá seus primeiros passos, à Ilha de Moçambique, no extremo norte, de onde emergem vozes reais e inventadas que reconduziram a respiração do país para lá dos poros africanos e europeus, passando por Portugal ou pelo Brasil de certas referências literárias, pela Grécia, França ou Catalunha de tantos outros conflitos e respostas artísticas, inúmeras são as geografias que se alinham para albergar uma solidão sem retorno. De sua "morada nômada" (2011, 73 [1997]), portanto, esse "templo onde me cerco" (2011, 81 [1997]) e "onde me cego" (*idem*), mas com um "ápice de monção dentro dos olhos" (2011, 24 [1980]), o autor espreita o "nervo das planícies abertas quando os faunos bateram o som" (2011, 17 [1980]). Por serem cobertas de humanidade e se estenderem a um chão mais vasto, suas paisagens de escrita anunciam implicitamente os desafetos que o cidadão cultiva com uma certa elite do campo político. É o caso, em primeiro lugar, de Muhipiti, situado entre o Ocidente e o Oriente, mas também em uma linha simbólica diametralmente oposta à da capital Maputo e da nova ordem que nela se instala. Afinal, é lá, nas margens da Ilha de Moçambique,

> onde deponho todas as armas. Uma palmeira
> harmonizando-nos o sonho. A sombra.
> Onde eu mesmo estou. Devagar e nu. Sobre
> as ondas eternas. Onde nunca fui e os anjos
> brincam aos barcos com livros como mãos.
> Onde comemos o acidulado último gomo
> das retóricas inúteis. E onde somos inúteis.
> Puros objectos naturais / Uma palmeira.
> (...)
> Onde os pássaros são pássaros e tu dormes.
> E eu vagueio em soluços de sílabas. Onde
> fujo deste poema (2011, 54 [1991]).

A Ilha de Moçambique, em Patraquim, é por excelência o lugar de onde o indivíduo transita do estado disjuntivo para um provisório estado conjuntivo, de complementaridade. Ou seja, é lá onde sujeito e objeto se encontram e, por isso, será lá onde tudo começa ou acaba. Assim, na contracorrente de um tempo que quis projetar também para a literatura as noções de "Homem-novo", "unidade" e "vigilância", Patraquim efetua um recuo para elogiar alguns de seus opostos, a dispersão, a solidão e o deleite do sujeito.

Desse ângulo também, apalpa e ouve as "grutas estelares / por onde escorres e, de ti, / a variação perdida, o sopro delirante" (2011, 87 [2005]) de tantos outros ares culturais e artísticos, desconsiderados por uma época que optou por uma gramática mais rígida. O poeta vira as costas, assim, para as vozes que estreitam a coordenada temporal à volta do eixo "futuro", oferecendo-lhes o contrário: a "rouca língua que soluça em sintagmas antigos" (2011, 52 [1991]), o "mistério das articulações" (2011, 123 [2009]). Insatisfeito com o grito de ordem das marchas, apresenta "o som do texto múrmuro" (2011, 88 [2005]), "o exílio da palavra inatingível" (2011, 148 [2013]), "a coreográfica imobilidade do silêncio" (2011, 150 [2013]) ou então apenas o "silêncio em percussão de formas" (2011, 69 [1992]). Face ao verbo que solicita a circunscrição, ensaia "o incêndio do tacto" (2011, 123 [2009]). Exasperado com a didática que aponta o caminho, canta a "sublime cintilação da loucura" (2011, 141 [2013]). Impaciente com a sacralização dos heróis (e de suas estátuas que são ciclicamente levantadas e derrubadas, conforme os humores da cidade), saúda as "profanações geológicas da alma" (2011, 108 [2009]). Desconcertado, enfim, com a pedagogia política de sentido único, institui a performance poética de sentido múltiplo: "Exigimos tudo: as vísceras mesmas do vento" (2011, 61 [1991]).

A poesia de Patraquim demarca-se das *doxas* do colonialismo português e do nacionalismo moçambicano e investe, com o "rigor dos gestos na raiz do tempo" (2011, 44 [1991]), no regresso à "elemental nudez" (2011, 40 [1985]), "onde o sentido principia" (2011, 36 [1985]). Aquilo que delimita o ontem do hoje é, segundo o imaginário do autor, apenas o precipício que nos espreita. Por isso, procura dilatar o tempo e suster a "geometria do eterno" (2011, 98 [2005]). Enquanto tateia a tal "matéria concentrada" (2011, 133 [2013]) do "sangue do início" (*idem*), perscruta a cisão e a "convulsão do mundo" (2011, 109 [2009]). Seus versos, desse modo, interrogam o estado de coisas da história recente e simultaneamente exaltam as coisas em seu estado primeiro: a "matéria anterior" (2011, 153 [2013]), "o escuro anterior" (2011, 133 [2013]), "a orográfica mão / por onde a torrente passava" (2011, 153 [2013]). Esse instante longínquo, onde reina a possibilidade da confluência de opostos, se situa possivelmente na véspera da erupção do tempo histórico e seus sucessivos regimes de dominação. Ou então na arte do encontro amoroso, de onde ainda se esboça o impossível: "Anterior é o teu dia / Depois da noite" (2011, 149 [2013]). Colocando-se entre os "selvagens do único instante achado" (2011, 39 [1985]) ou entre os "pintores do fulvo fogo átimo na cerviz do espanto" (2011, 39 [1985]), o autor apóia-se em uma memória de longa duração, imaginada, que costuma irromper sob a forma de um "espasmo na gumosa solidão da flor" (2011, 43 [1991]).

Temos visto que o que está em causa no exílio é o embate entre o tempo da história e o tempo do indivíduo. Também no plano das estratégias literárias, a proposta de Patraquim faz uso de materiais nada condizentes aos valores propagados pela frágil poesia colonial portuguesa, aos valores nacionalistas que orientaram uma escrita de natureza militante e aos valores "pós-coloniais", que celebram uma ideia de "moçambicanidade" ou outra que, mais recentemente, sob o signo do cosmopolitismo, tem inspirado alguma poesia de sabor exótico (com pó colonial, portanto). E isso se dá sem que o autor necessite negligenciar a história, o fato cultural e a singularidade da experiência moçambicana nem precise apresentar concessões ao mercado e ao seu paladar sedento de novos orientalismos e outros tipos de autenticidades fabricadas. Ao recusar dois tempos que reclamam para si a imagem da unidade (ainda que com argumentos e práticas bem distintos), o poeta recupera o potencial simbólico da cesura e, de dentro dela, faz emergir uma voz melancólica, porém ativa. Tão intensamente vivida nas águas do Índico, esta cesura – "que dói como uma nuvem em visita" (Patraquim, 2017a) – pode ser observada tanto no plano do conteúdo quanto no da forma:

> Da tua anca de água negra, das cavernas
> soltas no dorso do abismo,
> é que te escarvo, osso côncavo,
> a fauce rilhando de te lancetar a carne inútil,
> o gume da estraçalhada língua, o sibilante enigma,
> a curva suspensa e a sombra elétrica
> (...)
> Como dizer que há no vazio
> em riste dessa curvatura, oscilante eco sem memória
> de ventre onde nem águia se atreve ao voo
> e a serpente se desenrola até à evaginação de si? (2011, 96-97 [2005])

Com uma rara capacidade para potenciar a metáfora, Patraquim reúne em uma única e performática dimensão as categorias tempo e espaço, memória e esquecimento, corpo e palavra, grito e silêncio. O abismo, como já foi aqui sugerido, essa funda fenda que perturba o sentido comum e projeta o inesperado, desempenha as funções de espaço, tempo e personagem nesta poesia. Em sua particular busca de um tempo perdido, que é possivelmente o "osso côncavo" lentamente escarvado, o sujeito poético faz do abismo uma cenografia que guarda os segredos de cada caverna a ele atrelada. Os símbolos da águia (do fascismo português? Dos fascismos do mundo?) e da serpente (que tutela o imaginário do norte de Moçambique, mas também de tantos outros imaginários regidos pelo código matriarcal) nos reenviam para as dinâmicas históricas e culturais específicas do lugar, mas também de tantos outros contextos e de tantas outras cavernas. Através de um ritmo que precede e estende os sentidos e de imagens que desconcertam o olhar acomodado, o autor devolve ao verso aquela mobilidade que constrange qualquer pretensão de fixidez vinda de fora.

Estamos diante, portanto, de uma escrita que privilegia a enumeração desataviada para compreender a perda ou, em sentido contrário, o verso soluçado que expande o sentido. Seja qual for a opção, a elipse é chamada para revirar alguns mitos e o oxímoro é convidado para fundar outros. Enganam-se, porém, os que vêem em sua opção por uma escrita pouco explícita uma via de escape da realidade que o circunda. Das mais inventivas e interventivas da língua portuguesa nos planos metafórico, metonímico, alegórico e intertextual, a poesia de Patraquim opera precisamente na bifurcação que entrelaça (o artístico e o político, o individual e o coletivo, Moçambique e o mundo) e na brecha que separa (o desejo e o calvário de sua irrealização). É, portanto, na tensão dialética que congrega os opostos da espera e do movimento que o projeto artístico de Patraquim encontra rumo e unidade. Daí serem as tais *monções* que o autor foi conhecendo à medida que fertilizava solos já gastos ou navegava com os *barcos elementares* em algumas de suas *inadiáveis viagens* o ponto de partida e de chegada de sua poesia. Como a monção, o seu projeto artístico desenha um modelo que se engendra pela própria variação de formas. Ao contrário, portanto, da história recente do país, que, segundo o imaginário veiculado por sua poesia, parte da variação de formas (de atuação), mas repete alguns elementos do antigo padrão (de dominação). Por tudo isso, a escrita de Patraquim pode ser vista como uma espécie de rastilho que liga pontas distantes para criar uma saudável agitação no campo literário moçambicano.

Em um registro distinto, porque mais inclinado para o uso estético do clichê, que acaba por congelar o mundo do "outro", o poeta Eduardo White integra também uma multiplicidade de territórios orientais em sua obra. De modo a sublinhar a diversidade de apropriações que o Oriente inspira na literatura moçambicana, fecharemos este capítulo com uma rápida referência a dois livros do autor. Em *Janela para o Oriente* (1999), contextos como a Índia, Japão, China, Tanzânia e Turquia, ou ainda Iraque, Kuwait, Irã, Síria e Emirados Árabes Unidos são uniformizados em torno de uma ideia de harmonia, apresentando-se como contraponto de Moçambique. A estratégia de representação, por um lado, é interessante. Depois de percorrer os espaços internos da casa acidentada, metonímia da nação, o sujeito poético, de sua janela, observa a geografia do "outro" com um prazer melancólico, porém passivo.

Na maioria dos poemas em prosa em que o Oriente se faz presente, as edificações adquirem interioridade e as pessoas, quando representadas, são vistas apenas pelo lado exterior (membros do corpo e vestimenta). A ausência de uma perspectiva humanizada sobre a paisagem, o relevo conferido à cultura material, que é inventariada de maneira quase litânica, o modo como se homogeneízam realidades díspares a partir de uma gramática luminosa, o recurso ao lugar comum que mascara a histórica e constitutiva violência dos espaços selecionados e o uso reiterado de adjetivos, que, como sempre, visam compensar o escasso conhecimento sobre os lugares elencados, são características de uma poética que, ao acenar para o Oriente, se aproxima paradoxalmente do pensamento orientalista de artistas europeus que em séculos recuados focalizaram a África, a Ásia ou as Américas. A perspectiva é apenas alterada no âmbito qualitativo: das trevas passamos para o idílio. Mas o Oriente permanece estático, como se de um bloco compacto se tratasse. Eis dois breves exemplos que reúnem todas estas características e que são retirados de duas obras, *Os Materiais do Amor seguido de O Desafio à Tristeza*, de 1996, e da já citada *Janela para o Oriente*:

> Sou ao Norte a minha Ilha, os sinais e as sedas que ali se trocaram e nessa beleza busco-te e para mim algum percurso, alguma linguagem submarina e pulsional, busco-te por entre negras enroladas em suas capulanas arrepiadas, altas, magras, frágeis e belas como as missangas e vejo-te pelos seus absurdos olhos azuis (...) O meu amor é esta fortaleza, esta Ilha encantada, estas memórias sobre as paredes e ninguém sabe deste pangaio que a Norte e na Ilha traz um amante inconfortado (White, 1996, 24-25).

> Percorro-te como a gema de um diamante tão ofuscado já com a extrema luminosidade e sinto o alho pelos mercados, a papa de centeio, a cebola fechada para o condimento, o carneiro assado. És tão azul noutros estuários, nas árvores ressequidas, no frio nocturno de Bagdade, Salimijah, Shiraz, Latakia e Aleppo, e, ao ocaso, num incêndio preto de uma refinaria em Burgan, tão azul, dizia eu, que já me relampejas dentro um edifício solar, os corais da gravidez de um oásis. Num balouço de Dubai estou parado e bebo, com as mãos vertidas para a sede, as alucinações que tive no Deserto de Nafoud. Ai meu grande e belo Médio Oriente de onde vejo África das suas janelas e oiço rugir uma fera nas savanas de Moçambique. Ali que é para onde devo ir. Definitivamente regressar (...) Portanto, arrumo aqui as ferramentas deste trabalho, desta paixão que tenho pelas

visões que encerro, pelo motor que as leva à minuciosa observação dos espaços (...) Vou fechar a janela amarela que tenho virada para o Oriente. Vou restabelecer este milagre de sonhar. Em Instambul fica acesa uma vela, fica a saudade do olhar (White, 1999, 78).

Espécie de *locus amenus*, desprovido de contradições, o Oriente de Eduardo White, no qual se inclui a Ilha de Moçambique do primeiro fragmento, emerge menos como um sujeito de enunciação do que como um objeto de desejo; releva menos de uma imersão na geografia e na história do que de uma reapropriação exótica do "outro"[22]; deriva menos, em síntese, de uma efetiva busca pela experimentação artística do que de uma nova forma de instrumentalização do alheio para finalidades próprias. Nesta perspectiva, ao invés de dessacralizar o imaginário colonial, White opera numa linha de continuidade. Isto é, a reiterada inscrição de territórios orientais acentua paradoxalmente a invisibilidade do Oriente em sua obra. Este fato confirma que o estereótipo, enquanto gesto estratégico de tradução e reapropriação do *outro* ou fundamento da própria linguagem[23], não pertence apenas ao passado, merecendo um tratamento especial nos estudos literários de hoje. A pesquisa sobre um "orientalismo tardio" (ou, se nos é permitido o oxímoro, um "orientalismo pós-colonial"), produzido na África em moldes similares àquele que foi desenhado na literatura imperial, ainda que sob uma ótica positiva e laudatória, não retira qualquer mérito a esta produção. Pelo contrário, acrescenta apenas um novo elemento para a reflexão e nos convida a observar algumas obras como objeto de estudo e não automaticamente como fonte de conhecimento.

*****

A representação dos territórios da África Oriental e da Ásia configura-se, hoje, como uma das mais fortes tendências do campo literário moçambicano. E isso se dá em um contexto de produção que não dispensa o diálogo com as instituições ocidentais. Os autores moçambicanos são, como vimos, convidados a um singular movimento de mediação. Ao mesmo tempo, se a di-

---

[22] Uma interessante análise sobre o exótico pós-colonial nas literaturas moçambicana e portuguesa, e em específico nas obras de Paulina Chiziane e Lídia Jorge, é feita por Martins (2009).

[23] Sobre as formas e funções do estereótipo, leia-se Amossy e Pierrot (1997). Veja-se ainda, em Mar Garcia (2010a), um exemplo de abordagem crítica nos estudos literários africanos com base neste material.

mensão oriental é um dado inequívoco deste campo de produção, a representação das geografias orientais aponta menos para a comunhão do que para a diferença de práticas entre os escritores do país. Este dado, de resto, abala o mito da uniformização que costuma pairar sobre as produções africanas, quer sejam tratadas de um modo amplo (a textualidade do continente) quer sejam abordadas de forma particular (as literaturas de cada uma das nações). Insurgindo-se contra a ortodoxia política através de procedimentos individuais que se distinguem nos modos de expressão, isto é, ancorando-se em um quadro de coesão no plano ideológico e de diferença no plano artístico, os autores moçambicanos confirmam, uma vez mais, a natureza paradoxal do campo literário.

Além de sugerir a pluralidade de registros estéticos adotados na contemporaneidade nacional, o investimento nos espaços internacionais do Oriente pode, como vimos, desembocar em surpreendentes formas de "orientalismo tardio". O Oriente, em Eduardo White, apresenta-se como um adorno e não tanto como forma de conhecimento. No fundo, o poeta procura criar um regime de verdade sobre o Oriente que sirva de modelo para Moçambique, na linha do que se costuma fazer, por exemplo, em contextos de formação colonial das Américas quando se projeta no continente africano a possibilidade da própria redenção. Já em João Paulo Borges Coelho, o Oriente é o recurso de uma escrita que, ao invés de ser acionado para celebrar o encontro intercultural, como vem sendo habitual em diversas obras do oceano Índico, favorece a discussão sobre o isolamento, o confronto intracomunitário, a contradição. Ressaltando os laços entre tradição religiosa, tradução da arte e contradição do personagem-autor Jamal, vimos que é no próprio espaço do insílio que a viagem imaginária se processa. Também neste ponto, de resto, João Paulo Borges Coelho elege um caminho inverso ao de seus predecessores, que privilegiam o modelo contrário (o da errância que conduz ao exílio interno). Para Patraquim, finalmente, a herança dos territórios orientais que a sua poesia abraça se explicita menos do que se insinua. O Oriente funciona como uma espécie de grau zero de sua escrita, que prioriza a combinação entre o discurso litânico (inscrito para mediar a perda) ou, em outros momentos, a elipse que pluraliza o sentido de sua recusa. Trata-se, portanto, de uma poesia que se funda no convívio de opostos, entre eles o da vigília e o da viagem.

Cada vez menos em voga, depois de tão finamente trabalhadas, por exemplo, por alguns narradores dos angolanos Luandino Vieira e Ruy Duarte de Carvalho, por exemplo, as estratégias utilizadas por Luís Carlos Patraquim e, em outro nível, por João Paulo Borges Coelho põem em uma zona de desconforto leitores, editores, críticos e até mesmo, diga-se, jurados de prêmios literários. Afinal, nenhum dos dois corresponde à expectativa convencional que se gera em torno do escritor "pós-colonial", cuja missão implícita passaria por "dar voz ao outro", celebrar didaticamente as margens, estabelecer o pacto explícito com a história imediata e, no limite, como diria Gayatri Spivak, constituir-se como o novo informante nativo local do investigador ocidental (1999). Por todos estes fatores, aos que se juntam naturalmente a qualidade, o rigor e a ruptura que cada um deles tem promovido em seus respectivos campos de expressão a partir da inscrição de novas geografias, Luís Carlos Patraquim e João Paulo Borges Coelho são os autores que mais têm contribuído para a ampliação dos códigos estéticos e temáticos do espaço literário moçambicano.

4. O Índico declinado[1]

Imaginários diversos e em permanente reformulação, cuja origem remonta a uma história milenar de contatos comerciais e culturais, fazem do Índico, sem margem para dúvidas, uma região de originais confluências. Mas também, como pudemos observar no capítulo anterior, um laboratório de violências, quer pela resistência ao hibridismo, quer pela dependência (política e/ou financeira) face às nações ou organismos externos. Com efeito, se o contato civilizacional existe no Índico desde tempos longínquos, o mesmo tem sido acompanhado, a um nível local, pela segregação comunitária e, a um nível regional, pela distância simbólica entre os territórios, efeitos nocivos de uma colonização não tão distante no tempo.

Vimos também mais acima que certos contextos internacionais do oceano Índico, apesar de serem um antigo objeto de desejo da literatura moçambicana, foram incorporados de maneira plena apenas nas últimas décadas. Até então, predominavam referências avulsas, evocações, especulações sobre lugares e personagens de fora a partir de um olhar que se fixava (no sentido espacial e mental) no próprio território moçambicano. Devido as suas características geográficas e ao peso da história que carrega, a Ilha de Moçambique converteu-se – desde as primeiras manifestações literárias do século XIX, com Campos de Oliveira, poeta de origem goesa

---

[1] Sou muito grato a Rita Chaves e a Tania Macêdo, organizadoras do livro *Passagens para o Índico. Encontros brasileiros com a literatura moçambicana*, publicado pela editora moçambicana Marimbique, em 2012. Aceitando o honroso convite que me fizeram, escrevi o texto "Os lugares do 'indiano' na literatura moçambicana" (Can, 2012), do qual parto para a elaboração do presente capítulo. Recupero e atualizo ainda alguns elementos do artigo publicado na Revista *Diacrítica* (Can, 2013).

nascido em Moçambique, até a sua formulação mais sistemática, elaborada na segunda metade do século XX com os "poetas do Índico" –, em um território de predileção do universo poético.

Daí que os restantes espaços do Índico tenham surgido apenas parcialmente nos textos, através da figuração muitas vezes estereotipada (ou, se quisermos, estrategicamente essencializada) de personagens que, sendo nacionais e simultaneamente diaspóricas, faziam ecoar o tal *outro lado*. Importa, por isso, desde já, ressaltar algumas designações ao *outro* índico. Por serem já do âmbito do lugar-comum nas respectivas sociedades, aparecem com frequência nos textos literários: se em Craveirinha, que resgata um termo utilizado em Moçambique, os "comorianos" são os muçulmanos do norte do país, em Jean-François Samlong, romancista da Ilha Reunião, "moçambicano" designa o "negro vindo da África", como é possível notar em *Une guillotine dans un train de nuit* (2012). Neste romance histórico, Sitarane, "le mozambicain" ou o "Nègre africain" (Samlong, 2012, 192), o assassino em série que entre 1909 e 1910 semeou o caos e que, hoje, para uma parcela da população, é uma espécie de herói e objeto de culto em alguns espaços da ilha,[2] desempenha um papel central na narrativa, embora sua real origem se mantenha no campo das interrogações. Tudo isso, claro, sem contar a panóplia de termos existentes para designar as comunidades de origem indiana na região.[3]

Também na literatura moçambicana, de resto, estas comunidades, a despeito da diversidade de práticas identitárias adotadas e de estatutos político-jurídicos experimentados (Leite, 1996), foram e são descritas habitualmente por categorias fixas. Basta recordarmos o já célebre *O monhé das cobras* (1997), de Rui Knopfli, obra extremamente coesa no plano formal e altamente problemática em outras esferas. Com efeito, algumas das tensões comunitárias no Índico ganham forma no tom adotado para se fazer referência a certas comunidades. O campo literário irá conviver, portanto, com outro tipo de dificuldade: colocar contra

---

[2] Em particular no cemitério de Saint Pierre, onde se realiza um culto à volta de sua sepultura.

[3] Por um lado, utilizam-se indistintamente categorias vagas como *indianidade*. Isto é, de forma incongruente, os estudos sobre os indianos e os índios da América Latina acabam por utilizar a mesma terminologia (*indianidad, indianité, indianity*), já que, em outras línguas europeias, como o espanhol, o francês e o inglês, a diferenciação terminológica não se faz (*indio, indien, indian*, respectivamente). Por outro, a essencialização que acompanha esta terminologia desloca-se também para suas subcategorias. Esta situação é frequente em Moçambique, onde a utilização dos termos *goês, monhé, baneane, canarim* (*de cu limpo*) predomina; é o caso ainda da terminologia utilizada no contexto índico das Ilhas Mascarenhas: *malabarité, hinduité, coolitude*.

as cordas os poderes políticos sem abrir mão do uso do estereótipo para descrever este "outro", na medida em que necessita inscrevê-lo para se aproximar de realidades habitadas por conflitos abertos ou latentes. O negro na Ilha Reunião, o mestiço na Ilha Maurício[4], assim como o indiano em Moçambique são apenas alguns dos exemplos mais flagrantes.

Neste ponto, portanto, reside a contradição sobre a qual gostaríamos de refletir neste capítulo: se, por um lado, o campo literário participa ativamente na "invenção" do Índico, normalmente celebrado no campo crítico pela fluidez de formas identitárias híbridas e pelo contraponto ao universo político que sugere, por outro, um dos principais representantes desta ideia de Índico, o "indiano", é integrado na literatura para registrar uma tendência oposta. No entanto, como também veremos, o uso do estereótipo está subordinado aos programas literários de cada um dos autores, encaixando-se de forma particularmente eficaz, nas últimas décadas, em textos que exploram o não-dito e a ambiguidade e conferem maior impacto simbólico ao espaço de afetividade das personagens focalizadas.

A escassez de abordagens sobre as comunidades de origem indiana nos estudos literários que se ocupam de Moçambique não deixa, de resto, de ser um fenômeno surpreendente[5]. O mesmo poderíamos dizer sobre a ausência de uma espécie de autorepresentação literária destas comunidades em Moçambique, ao contrário do que se dá na maior parte dos territórios vizinhos do oceano Índico. Afinal, estas comunidades constituem um corpo histórico que chegou ao território ainda antes dos portugueses (Newitt, 1997, 58-59), se fixou no país a meados do século XVII (Leite, 1996, 68)[6], participou nos sucessivos processos de transformação da região e, também por representar uma parte significativa da população moçambicana (inclusive da elite política e intelectual), tem sido inscrito na literatura do país por um olhar exterior. A inclusão do indiano na literatura produzida em Moçambique remonta, naturalmente, ao tempo colonial. Naquele universo literário, formalizado por portugueses que viviam na antiga colônia, a representação do indiano é fundamentalmente física e permeada

---

[4] Esta constatação não invalida a dificuldade que também existe em Moçambique em representar o mulato, como anuncia Craveirinha na entrevista que concede a Michel Laban (1998).

[5] Uma interessante exceção é oferecida por David Brookshaw (2008).

[6] De fato, como nos mostra o estudo de Ana Pereira Leite, apesar dos evidentes sinais históricos que confirmam uma presença indiana anterior à chegada portuguesa no território e de seu papel intermediário na atividade mercantil dos sultanatos swahili e na intermediação do tráfico transoceânico de escravos, ouro e marfim, a sua real fixação data de 1686, ano da inauguração da Companhia de Manzanes de Diu, também conhecida por Companhia dos Baneanes (Leite, 1996).

pelo preconceito. Francisco Noa analisa alguns discursos deste período, que situam o indiano, a par do negro e do mulato, como um dos seres do estereótipo. Partindo das obras *O Branco da Motase* (1952) e *Calanga* (1955), de Manuel Rodrigues Júnior, e *Raízes do Ódio* (1963), de Guilherme de Melo, o crítico moçambicano afirma que, pelo fato de ser um dos concorrentes diretos à hegemonia do colonizador português "quer em termos religiosos (o islamismo), quer em termos econômicos (o comércio), a figura do indiano aparece-nos marcada pelo ressentimento, pelo preconceito e por um indisfarçável sentimento de intolerância", albergando, pois, a "imagem da máxima abjecção" (Noa, 2002, 313-314).

Observamos uma certa continuidade deste tipo de representação na prosa do período pós-colonial, que também molda o indiano fundamentalmente a partir do binômio religião/profissão. O resultado prático deste tipo de investimento é, no entanto, muito variado em cada autor, fato que nos convida a examinar as estratégias mobilizadas para representar o *monhé comerciante* e nos objetivos perseguidos em cada caso. Mais recentemente, um determindado tipo de aposta pela focalização dos lugares do indiano fazem com que ele passe de uma condição mais ou menos passiva (de personagem-tipo) para outra, que se integra plenamente nas dinâmicas ficcionais. Defendemos, portanto, que a inclusão tipificada do indiano na prosa moçambicana responde a dois tipos de necessidades: por um lado, considerando o texto, o princípio de verossimilhança: qualquer proposta que visa a subversão de certos esquemas de pensamento devem necessariamente partir da versão, ou da *doxa*, ou dos rumores que este mesmo imaginário é capaz de engendrar; por outro, pensando agora no contexto institucional, o de diferenciação no autores no interior do campo literário do país. Tratam-se, além disso, de duas necessidades complementares: o estereótipo, enquanto definição por redução, reapropriação do *outro* e alicerce da própria linguagem, é modulado em função do projeto estético e ideológico de cada escritor. E, nesta órbita, o indiano passa de "traficante" a "traficado".

*****

A prosa moçambicana do período pós-independência sente-se ainda em uma posição desconfortável para representar as comunidades de origem indiana e, consequentemente, para lhes conceder protagonismo ou voz. Em diversas obras, observa-se apenas o surgimento de referências breves ligadas ao preconceito da sociedade, que confirmam um movimento mais amplo de tipificação psicológica ou ética do *monhé*. Apesar de reduzidas, as incursões ao mundo do indiano dão a medida de um tempo composto por tensões de natureza vária. No conto "A curandeira do Polana", incluído na obra *O Apóstolo da Desgraça* (1999), de Nélson Saúte, podemos pressentir a carga negativa que este tipo de personagem carrega na sociedade ficcional:

> A curandeira não demora ao telefone. Desculpa-se. 'São estes monhés, estão toda a hora a chatear. E depois pagam pouco'. Os monhés são os indianos. O termo, como se sabe, é pejorativo. O povo, desta forma, revolta-se contra as actividades ilícitas, o contrabando dos ditos (Saúte, 1999, 40).

Neste relato agudo e desencantado, que de certo modo parodia a já clássica discussão em torno das relações entre o tradicional e o moderno, o narrador introduz um breve comentário para sublinhar a posição do indiano na jovem nação. O narrador parece dirigir-se a um público estrangeiro, visto definir a terminologia ("Os monhés são os indianos") recorrendo a uma fórmula discursiva ("como se sabe") que não o isenta de responsabilidades. Depois de elucidar o caráter depreciativo da designação atribuída, justifica as causas da mesma ("actividades ilícitas" e "contrabando"). Sem qualquer outra função na narrativa, o *monhé* funciona, aqui, como uma espécie interferência (inclusive literal, pois, devido à chamada telefônica, interrompe a sessão da curandeira) e a sua inserção apenas confirma o estereótipo com o qual é desenhado pelos vários estratos sociais (incluindo "o povo").

De maneira semelhante, em Lília Momplé, no romance *Neighbours* (1999), dos poucos que confere certo protagonismo ao indiano, o narrador reflete sobre a posição destas comunidades após a revolução:

> Filha de indianos mestiços, Fauzia pertence àquele número de moçambicanos que foram apanhados desprevenidos pela independência do país. Perfeitamente adaptada à sua condição de colonizada com alguns privilégios, a ideia de Pátria é demasiado ampla para encontrar eco no seu horizonte estreito, onde só cabe o pequeno círculo de familiares e amigos (Momplé, 1999, 30).

O comentário depreciativo do narrador ("horizonte estreito"), aliado à explicação contextual da nova realidade moçambicana, ratifica o delicado destino político experimentado pelo indiano, "este *outro* que é, concomitantemente, parte integrante do processo de formação colonial" (Thomaz, 2004, 272, grifo do autor). De fato, o estereótipo que recai sobre estas comunidades no período pós-colonial tem origem nas suspeitas seculares de que são alvo e que adquirem maior consistência durante o período colonial. Segundo Omar Thomaz, ao contrário da maioria dos indivíduos portugueses ou de origem portuguesa, ou da quase totalidade das comunidades grega e chinesa que abandonaram o país, os *monhés*, ou muitos deles, *ficaram* em Moçambique, embora seja questionável se ficaram moçambicanos. Isto porque são conotados com práticas desnacionalizadoras, com a fuga ao fisco, com a acumulação de bens em período de crise (Thomaz, 2004, 274), além, claro, da sombra que os liga às facilidades oferecidas pelos portugueses ("adaptada à sua condição de colonizada com alguns privilégios"). De fato, ao sublinharem as práticas clandestinas e as regalias dos indianos, os narradores de Saúte e Momplé não apenas sugerem o difícil lugar ocupado por estas comunidades, mas também assinalam a confluência do imaginário colonial no mundo pós-colonial. Apropriando-se de alguns dos lugares de categorização histórica e socialmente concebidos, estes autores, em suma, exprimem "des relais essentiels du texte avec son en-dehors, avec la rumeur anonyme d'une société et ses représentations" (Amossy; Pierrot, 1997, 64). Por outro lado, vale referir que este tipo de descrição não difere muito daquele que o discurso colonial instituiu. É certo que a virulência de um discurso e de outro não pode ser equiparável, assim como o fundamento ideológico que os move. Mas, no plano formal, o *outro* volta a ser delimitado em um único termo, na terceira pessoa do plural ("monhés", "indianos"), sempre seguido do totalizador verbo "ser". Ao existir um contraponto de natureza gramatical deste porte fica implícita a existência de uma hierarquia de valor a traduzir o outro ("eles") segundo uma pauta hegemônica ("nós").

Também de forma fugaz o indiano irrompe na obra de Suleiman Cassamo, escritor de origem indiana, embora não reivindicada. Em uma das crônicas da interessante compilação *Amor de Baobá* (1998), o protagonista reclama da obrigatoriedade do recrutamento militar, utilizando a figura do *monhé* como argumento de defesa: "Chamamento de Pátria, qual Pátria? E os filhos deles? E os brancos, e os monhés? Olha, onde está a minha perna? Quem me paga? (Cassamo, 1998, 104). Ironicamente, a personagem introduz na mesma categoria aquela parcela da sociedade que encabeçou o projeto de dominação colonial (brancos e *monhés*) e que participa na nova nação, auferindo as vantagens e desvinculando-se das obrigações inerentes. No entanto, ao contrário de Lília Momplé ("a ideia de Pátria é demasiado ampla para encontrar eco no seu horizonte estreito"), e de Nélson Saúte ("os monhés são os indianos"), o comentário depreciativo não é enunciado pelo narrador, mas sim por uma personagem sem perna e sem lugar no novo mundo, e que orienta sua revolta contra as contradições discursivas da nova autoridade.

Algumas das novas formas de injustiça social são relatadas na compilação de contos *O Regresso do Morto* (1989), do mesmo autor. No conto "Ngilina, Tu Vai Morrer", o *monhé* aparece conotado com a figura autoritária do pai de Ngilina, personagem central da narrativa, mulher sem voz que encarna as temáticas da cisão familiar e da castração individual, ambas provenientes de práticas tradicionais: "Ngilina, tu vai morrer. Pode ir para casa descansar sofrimento. Mas qual manera se o pai comeu todo o dinheiro do lobolo no nhonthontho e no vinho do monhé da vila?" (Cassamo, 1997 [1989], 17). Como se pode observar, o pai utiliza o dinheiro do *lobolo* para embebedar-se e fá-lo no histórico espaço do *monhé*. O indiano volta a ocupar uma função meramente instrumental numa interessante obra que faz entrecruzar de modo eficaz as dimensões estética e política do discurso literário.

Nos anos 80 dá-se a aparição de Mia Couto, provavelmente o autor moçambicano mais lido da sua geração. É também um dos primeiros escritores a abordar o complexo mosaico cultural moçambicano, sobretudo a partir da publicação do interessante volume de contos *Vozes Anoitecidas* (1986). Nesta obra, o autor socorre-se de personagens de origem indiana, como o goês que se autoproclama lusitano ("De como se vazou a vida de Ascolino do Perpétuo Socorro") ou o muçulmano abandonado pela mulher ("Saíde, o Lata de Água"). Tanto um como outro são modulados para instaurar o humor, a paródia e a ironia, traços fundamentais da estética do autor ao longo dos anos de 1980. Alguns anos mais tarde, no romance *Terra Sonâmbula* (1992), deparamo-nos com a primeira obra moçambicana em prosa que confere um valor claramente positivo ao indiano. Trata-se de Surendra Valá, amigo de Kindzu. Esta amizade constitui, de resto, umas das subversões do jovem protagonista, já que a sua família e toda a comunidade veem no *monhé* uma má influência cultural e moral. Surendra, no entanto, é para Kindzu uma espécie de modelo em um universo atropelado pela guerra civil. Depois de um grupo de invasores ter saqueado a loja do indiano, o jovem decide converter-se em guerreiro *naparama*, isto é, "num fazedor de paz". Mia Couto inventa, assim, a personagem indiana exemplar, que inspira os caminhos identitários escolhidos pelo herói, que, por seu turno, institui-se como modelo da nação[7].

---

[7] A propósito da construção de "personagens-nação" neste romance, leia-se a análise de Ana Mafalda Leite (2003).

Além disso, a identificação desloca-se da esfera privada para o plano do imaginário coletivo: "Eu e Surendra partilhávamos a mesma pátria: o Índico. E era como se naquele imenso mar se desenrolassem os fios da história, novelos antigos onde nossos sangues haviam se misturado" (Couto, 1992, 27). Ao sublinhar a dimensão transnacional desta relação, o autor projeta no Índico um horizonte de possibilidade. Ao invés de representar o isolamento, o oceano configura-se como um espaço híbrido de convivência racial. Trata-se de uma aposta que valoriza a comunhão de uma origem (índica), temática já anunciada, ainda que em outro contexto temporal e com diferentes objetivos, pela anterior geração de poetas moçambicanos (como Rui Knopfli, Virgílio de Lemos, Orlando Mendes, entre outros[8]).

Outra aparição do indiano associada às praticas comerciais e ao hibridismo pode ser localizada no já citado romance *A Varanda do Frangipani* (1996):

> Recordava os primeiros pagamentos que recebeu como ajudante de alfaiate. O patrão era um alfaiate indiano e lhe pagava o salário não em dinheiro mas em sobras de panos. Vestindo-se de remendos, Salufo se transferia para os perdidos paraísos da infância? (1996, 108).

O alfaiate indiano reabilita, nesta passagem fugaz, a função isotópica e fetichizante do objeto (estratégia recorrente em toda a obra de Mia Couto), neste caso os panos que vestirão Salufo. Os "remendos" oferecidos pelo *monhé* remetem, de forma indireta, para uma origem comum ("paraísos perdidos da infância"), carregando em si a marca híbrida da nação inventada pelo autor.

Ainda nesta linha, mais significativo se revela o romance *O Outro Pé da Sereia* (2006). Mia Couto, aqui, coloca Goa como uma espécie de origem da nacionalidade moçambicana, ainda que repartida em vários pedaços que se deixam perder nas águas do Índico. Neste romance, o oceano e Goa constituem-se já não como cenário das passagens descritas, como era habitual na estética colonial, mas como "cenografia" de uma identidade em processo. Isto é, a geografia é aqui personificada e adquire também uma condição de protagonismo. De resto, Mia Couto apresenta nesta narrativa um registro mais diversificado (deixando de lado, por exemplo, a estratégia do neologismo que o tornou célebre e realizando uma eficaz incursão no romance histórico, gênero ainda sem grande tradição no país). Nela, são

---

[8] Para uma imersão nesta produção, veja-se a antologia *A Ilha de Moçambique pela voz dos poetas* (1992), organizada por Nélson Saúte e António Sopa.

relatadas duas histórias paralelas que se entrecruzam e que têm origem em uma estátua que viaja de Goa para Moçambique. Este objeto fraturado é a ponte que se estende entre ambos os espaços e temporalidades. David Brookshaw define o entrelaçamento destas histórias como uma "uma espécie de mito fundador do processo de 'mestiçagem' afro-indiana no país" (Brookshaw, 2008, 134). De fato, em sua produção (e agora nos referimos ao conjunto de uma obra que inclui poesia, conto, crônica e romance), Mia Couto procura registrar a memória que se esconde em artefatos aparentemente sem importância para, através deles, sugerir, quase sempre de forma didática, a necessidade de aproximação entre as comunidades de distintas origens que coexistem em Moçambique. Por outro lado, é ainda Brookshaw quem nos alerta para outra questão de impacto, que passa pelo quadro institucional no qual se inserem as obras de Mia Couto e do angolano José Eduardo Agualusa:

> Mas talvez este tipo de jogo pós-moderno seja precisamente o motivo para a eleição dos autores como referências na literatura lusófona africana em Portugal e no Brasil, uma razão para, por exemplo, o seu trabalho ser mais conhecido do que o de outros autores contemporâneos da África lusófona, cujo trabalho se debruça sobre questões mais locais. Existem questões de qualidade narrativa que promovem um público leitor em Portugal? Existem algumas receitas temáticas, certas maneiras de utilizar a língua, que os escritores aplicam para ganhar público leitor que não se reduza aos investigadores de literatura africana lusófona? (Brookshaw, 2008, 138).

De fato, se por um lado, a insistente abertura ao espaço índico, a partir de uma valorização da vertente compósita da nação, recorda que a identidade do país é múltipla, heteróclita, cuja origem se situa nas consecutivas transições históricas, por outro, as estratégias de produção e de circulação que podem estar na gênese de determinadas formulações literárias, especialmente daquelas que se circunscrevem aos espaços tradicionalmente vinculados à língua portuguesa, não podem ser desconsideradas. Como indicam as prateleiras das livrarias e as bases de dados de teses e artigos, a poética que aposta na combinação de formas e culturas ("híbridas") parece adequar-se mais ao horizonte de expectativa editorial e acadêmica, tanto no Brasil como em Portugal, receptores primeiros da literatura moçambicana.

O hibridismo, ainda que abordado sob outro ângulo, volta a ser incorporado em *O Sétimo Juramento* (2000), de Paulina Chiziane. O *monhé* aparece uma vez mais de forma econômica no tenso diálogo entre o pai e a filha:

– Se um dia decidires casar, não me tragas um branco como genro. Que seja um negro, mas daqueles que compreendem as nossas tradições.
– Nem negro nem branco. Apetece-me um monhé, só para ver como é.
(Chiziane, 2000, 259).

O curto segmento ilustra a comparação feita pelo pai da protagonista, fundada em uma clara hierarquia de valorização racial na qual o indiano sequer participa. Este fato é aproveitado rapidamente pela filha que, ao relembrar a sua existência, encontra uma maneira de provocar a autoridade paterna. Com efeito, ela introduz o elemento mais problemático da relação, o *monhé*. Diante de tamanha afronta, David grita-lhe obscenidades e a agride. Por trás do gesto estão a revolta pela afronta e nojo que a simples possibilidade aventada é capaz de produzir. Vale indicar que no outro lado do oceano, na Ilha Maurício, onde o indiano ocupa um lugar destacado no campo literário (personagens e autores), a dificuldade para se representar o mestiço é de natureza similar. Guardadas as distâncias entre os projetos estéticos de Paulina Chiziane e Ananda Devi, ambas procuram elaborar um discurso subversivo a partir da evocação de personagens masculinos indianos e mestiços, respectivamente. Tanto Zil, o mulato idealizado de *Pagli* (Devi, 2001), como o *monhé*, aludido estrategicamente por Chiziane em *O Sétimo Juramento*, constituem os elementos mais problemáticos da relação, as figuras *non gratas* à teologia racial nas respectivas sociedades. Por isso, tanto Devi como Chiziane se aproximam ao conceito de "hibridismo", ainda que de modo diferente ao mais habitual. A imagem proposta no segmento citado e que atravessa, de um modo geral, a obra de Ananda Devi enquadra-se na *hybris*, termo grego que designa desmesura, combinação monstruosa, excesso (Garcia, 2010b). Neste processo, tanto o mestiço, em Devi, quanto o indiano, em Chiziane constituem os monstros excluídos da sociedade e, simultaneamente, os instrumentos de um grito de revolta (quase sempre abafado) realizado pela mulher.

As mais recentes imersões no universo indiano de Moçambique têm vindo da pluma de João Paulo Borges Coelho. Parece-nos, de resto, que a representação destas comunidades ganha vigor com a sua chegada ao campo literário do país. De seus primeiros sete livros, publicados entre 2003 e 2007, cinco incluem personagens de origem indiana, fato por si só revelador da importância que o escritor confere a esta histórica presença. Mais até do que o aspecto quantitativo, chama a atenção o desejo de experimentação que acompanha a construção de todas estas personagens. A tipificação relativa à profissão e à religião do indiano mantém-se em diversas narrativas. Contudo, ela não é acionada com o objetivo de reafirmar definições antigas em tempos atuais, mas sim de refletir sobre os processos que, precisamente, as converteram em categorias. Além disso, todas as personagens são representadas de maneira diversificada, não só no que se refere às características e à importância que se lhes atribui nos universos ficcionais, mas também no que tange ao enfoque narrativo adotado, à variabilidade de pontos de vista representados e, finalmente, aos espaços e tempos históricos aludidos.

De todas elas, os dois volumes de contos intitulados *Índicos Indícios – Setentrião/Meridião* (2005) e o romance *Crónica da Rua 513.2* (2006) merecem maior relevo. Nesta última narrativa, duas personagens de origem indiana, a goesa Buba e o *monhé* Valgy, ocupam um lugar de destaque. Com elas, finalmente, a personagem indiana ou de origem indiana adquire uma função estética plena na ficção moçambicana. A história de Buba é representada no "caderno de capas negras" de Marques mecânico português, que, com a chegada da revolução, se torna em um dos vários resquícios do passado da rua 513.2. Antes da independência, porém, apaixona-se pela goesa, deixando alguns registros empoeirados em sua antiga garagem, convertida agora em uma espécie de arquivo histórico pelo olhar curioso de Ferraz, o novo morador. A complexa relação entre Buba e o português conduz o leitor a uma leitura sobre outro tipo de desencontro, desta feita de natureza histórica: a expulsão da população goesa de Moçambique após a perda do Império português de sua componente asiática. Já para Ferraz, que encontra e lê o caderno, as iniciais BB o remetem à figura de Brigitte Bardot, instaurando o humor na narrativa. A própria maneira como a letra é disposta no traçado de Marques gera um significado múltiplo, que, como qualquer objeto literário, tanto pode revelar como ocultar:

> Dispostas em bandeira, quase pareciam poemas se em vez de olharmos frases e palavras olhássemos a mancha da página toda inteira. Umas vezes em verso branco, outras até rimando, afastavam-se as anotações da mera temática mecânica para realizar incursões em campos mais vagos e imprecisos, produzindo resultados que no Marques talvez fossem involuntários, em Ferraz surpreendentes (Coelho, 2006, 40-41).

A contraposição entre a perspectiva visual da frase e a "mancha" que emana da página, assim como a fragmentação do relato e a castração das vogais do nome da goesa (BB), indicia não só a experiência de uma história violenta, que ainda hoje é contada aos retalhos, mas também o próprio processo institucional de produção de esquecimento. Ao viabilizar uma multiplicidade de sentidos para um mesmo acontecimento, sugerindo simultaneamente o percalço privado do mecânico e da goesa e a inventada relação de amor entre Portugal e Goa, o autor ordena a matéria histórica e, no mesmo movimento, reflete sobre as aporias da historiografia clássica.

É também com base neste tipo de estratégia e de finalidades que João Paulo Borges Coelho constrói Valgy, provavelmente a mais fascinante personagem diaspórica da ficção moçambicana. Simultaneamente de *cá* e de *lá*, esta personagem assemelha-se em alguns momentos à restante sociedade do romance – filtrando sua alteridade pela inversão estratégica – e, em outros, mostra sua faceta mais diferencial – quando entra num declínio comunicacional absoluto com a clientela de sua loja. Alguns dos *não-ditos* de sua constituição, isto é, os espaços brancos que nem o próprio narrador consegue (ou pretende) preencher, estabelecem a ponte entre Valgy e as restantes personagens de origem indiana inventadas por João Paulo Borges Coelho. Veremos ainda como, no tratamento desta obscura personagem e de sua geografia afetiva (que, cruzando vários territórios que orbitam o Índico, se confunde ora com a história nacional ora com o mito da história), utiliza-se o intertexto clássico, nomeadamente da Grécia Antiga.

Por atuar de maneira ambivalente com a chegada da independência moçambicana, momento em que a ideia de "bem comum" ganha finalmente contornos de possibilidade, Valgy é apresentado desde o início da narrativa como um ser deslocado no tempo e no espaço. Neste aspecto, ele não difere muito das restantes personagens indianas criadas por outros autores. Contudo, a riqueza de elementos associados aos seus lugares de predileção – a casa e a loja –, assim como a relação mantida com os outros moradores são sinais que inviabilizam uma leitura dicotômica assente nos blocos de oposição "personagem boa" e "personagem má". Em primeiro lugar, Valgy atua de maneira estratégica, utilizando o capital simbólico de sua origem para provocar, na sociedade ficcional, sentimentos que vão da indiferença ao compadecimento. Mas raramente de revolta. Não sendo nem moçambicano nem português, nem branco nem preto, nem revolucionário nem reacionário (pelo menos em *full-time*), vivendo, além disso, na casa número 3, a personagem representa a derrocada do binômio totalizador. Este fato pode ser observado, por exemplo, nos momentos em que os moradores da rua deixam os seus afazeres privados e se reúnem para executar tarefas coletivas. O *monhé* é, nestes contextos, o emblema do imprevisto, a mancha não contemplada dos novos tempos:

> E, finalmente, o *a xiphunta* Valgy, equipado a rigor como se tudo aquilo fosse um desporto: sapatos e meias brancas, calças tufadas, camisa alvíssima com estranhos emblemas ao peito, muito diferentes dos nossos ('Oxford University', esclarece ele a quem pergunta, e nós sem saber que lugar longínquo será esse), e até um vistoso boné, branco também, com uma grande pala para lhe proteger os olhos do sol. Uma mancha de brancura brilhando no nosso seio – sujos e cansados que estamos – como brilha um sol. Mais preocupado com vincos e nódoas que com a parte do buraco que lhe compete aprofundar, Valgy pega na enxada com a elegância com que empenharia o bastão desse desporto para nós desconhecido. E ah!, deitasse o inimigo agora a bomba e Valgy a devolveria com uma magistral tacada do seu improvisado bastão, com o merecido aplauso da rua inteira. *Home Run!* (Coelho, 2006, 103).

Como sinaliza o escárnio de um narrador provisoriamente coletivo, Valgy exclui-se da interlocução. Com efeito, ao ser identificado na contramão da primeira pessoa do plural ("nós") e do pronome possessivo correspondente, postos na fronteira do discurso narrativizado e do estilo indireto livre, Valgy acentua a ideia generalizada de fracasso do primeiro dia de trabalhos. Estes elementos gramaticais são carregados de significado na medida em que determinam o espaço referencial que envolve o locutor, ressaltando ainda distância existente entre quem olha e quem é observado. Além da oposição entre as pessoas do diálogo, outros marcadores sinalizam a diferença de Valgy no ambiente da rua. A roupa branca e tufada, descrita dos pés à cabeça, a preocupação em não sujá-la, o orgulho nos símbolos de Oxford que o peito alberga, a comparação com o brilho do sol (que cega o coletivo) e a imagem de Valgy jogando um esporte estrangeiro (*cricket*) com a enxada instauram a derrisão e sugerem o embate entre a personagem e as premissas dos novos tempos. Por outro lado, a introdução de parênteses no discurso intensifica a ridicularização do *monhé*: a referência irônica àquilo que para todos é incógnito ("e nós sem saber que lugar longínquo é este"; "desse desporto para nós desconhecido") e a comparação hipotética ("como se") criam um efeito progressivo de estranhamento e de humor à volta da personagem, separando-o do (então já desagregado) coletivo. Por sua vez, o advérbio "finalmente" indica que o *monhé* é o derradeiro nome de uma longa lista. De resto, Valgy já havia sido o último morador a ser anunciado em outros capítulos que relatam desencontros entre os moradores e o ideal revolucionário: no "Prólogo", quando uma voz coletiva hesita diante do misterioso número fixado na placa da casa do comerciante (p. 22);

em um dos capítulos centrais, intitulado "O comício", no momento em que Nikolai Viktorovich debanda sem sequer acenar "ao louco Valgy, perdido do velho mundo e com um difícil lugar no novo" (2006, 166); e no "Epílogo", que culmina com uma referência ao lago que se forma à porta do comerciante: "Orgulhosa ilha solitária" (2006, 332). A ordem de apresentação das personagens viabiliza uma leitura sobre a hierarquia de forças que se estabelece na sociedade do romance e sobre a mensagem que o mesmo procura formalizar. Atualizando a condição de último elemento em todos os eventos da rua, Valgy irrompe como lembrança viva do choque entre o indivíduo e a ideologia em pleno período de euforia revolucionária.

No entanto, apesar da diferença de origem (*monhé*), de comportamento (*louco*) e de estatuto (comerciante), o destino de Valgy encontra muitas semelhanças com o de outros moradores, tanto os do passado quanto os do presente. O *monhé* constitui a recordação mais insólita de que estes dois universos temporais seguem em contato, apesar dos esforços do novo poder em erradicar tudo aquilo que vem de trás. Mas Valgy não é o único: Teles Nhantumbo passa a ser denominado "Mamana Nhantumbo", batismo inventado pelas crianças da rua, repetindo, por isso, a experiência do *monhé*: "'Mamana Nhantumbo! Mamana Nhantumbo!', cantam elas como antes cantavam o *a xiphunta* Valgy, para embaraço da Professora Alice." (2006, 326). Também com Arminda existe uma proximidade, dada a "natureza" da atividade que ambos realizam. A diferença entre Valgy e a prostituta branca é de forma, já que no plano do conteúdo, na esfera da negociação, ambos convergem: "Ficou-lhe na natureza, de quando estava no ativo, o agradar a gregos e troianos (...) O futuro que tem é vazio" (2006, 77). No momento da independência, Arminda de Sousa não se manifestou nem a favor nem contra a revolução, mantendo-se num ponto intermédio, tal como ocorreu, de resto, com outras personagens (Pestana, Sr. Capristano, Costa, Valgy, etc.). Neste período, a prostituta da Rua 513.2 não teve outra solução senão ficar, já que fora barrada no próprio avião, vivendo na pele uma espécie de ambivalência forçada: "E por isso partia, mas ficava" (2006, 79). O *partir e ficar* é, aliás, uma das ideias fortes do romance. Quanto às relações familiares, Costa prova, tal como Valgy, o drama da separação da sua mulher (p. 66), assim como a "matemática" distribuição dos produtos racionados: "Um casal com quatro filhos mais um primo e uma sobrinha, quatro quilos; uma avó viúva com dois netos, quilo e meio. O camarada Costa ou Valgy, meio quilo cada um" (2006, 258). Também a loucura do acadêmico Doutor Pestana é comparada diretamente com os delírios do *monhé*: "o Doutor Pestana, empoleirado no telhado, desmontava ainda algumas telhas, falando baixo para si numa atitude que no vizinho Valgy teria tido algum cabimento (...) mas que nele era deveras descabida" (2006, 56). A ambivalência de Valgy pode equiparar-se ainda à duplicidade física do Dr. Capristano, que possui a metade esquerda – facial e ideológica – paralisada (p. 70): "enquanto o lado direito era capaz de exprimir o que lhe ia na alma e de mostrar respeito por Ferraz, o outro, sempre inerte e enrugado, não chegava a constituir expressão" (2006, 299); e, finalmente, assemelha-se à "equilibrista de mundos" Guilhermina, que vagueia entre dois mundos opostos, os compromissos com a igreja e a amizade com o Secretário do Partido Filimone Tembe: "Dona Guilhermina é uma equilibrista que caminha no fio alto que divide os seus dois mundos (...). É como se houvesse duas Guilherminas e não uma só dentro daquela casca tensa" (2006, 241). O que diferencia o comerciante de todas estas personagens é sua loucura estratégica e os pontos por explicar de seu comportamento.

Personagem-máscara por excelência, Valgy caracteriza-se por sucessivos processos de alternância, sejam eles discursivos ou acionais. As causas reais desta inconstância são constantemente recordadas: abandono da mulher sul-africana e os fracassos no negócio, devido à "invasão" dos novos tempos. Além disso, sua permanente instabilidade estará na origem das renomeações que lhe são atribuídas ("louco", "*a xiphunta*", etc) e dos imprecisos marcadores temporais de progressão inscritos para narrar seus gestos ("por vezes", "outras vezes", "quando", "nos dias", "dias não", "dias sim", etc.). A própria verossimilhança de Valgy se ancora neste permanente e alienante vaivém identitário. Assim, além de existirem algumas semelhanças com as restantes personagens da rua, sobretudo os resquícios do passado, a inversão lhe garante a "alteridade familiar" (Baudrillard; Guillaume, 1994). Para François Hartog, aliás, o princípio de inversão é uma eficaz forma de traduzir e descrever a alteridade:

> il permet de comprendre, de rendre compte, de donner sens à une altérité qui sans cela resterait complètement opaque: l'inversion est une fiction qui fait 'voir' et qui fait comprendre: elle est une des figures concourant à l'élaboration d'une représentation du monde (Hartog, 2001, 334).

As duas fases e as duas faces de Valgy são apresentadas quase sempre de forma consecutiva. O que marca a passagem de um estado a outro é um elemento exterior, como a roupa. A alternância de um regime a outro, por exemplo, se relaciona com a passagem do fato britânico para a vestimenta de "monhé rico": a primeira reafirma o orgulho de sua *estrangeiridade* cosmopolita; a segunda atualiza a vaidade de uma *origem* suntuosa. Ambos os registros, porém, ao invés de admiração, causam perplexidade e compaixão nos restantes moradores. Por outro lado, até mesmo o preconceito que sobre si recai ("louco") nunca é rebatido. Pelo contrário, Valgy chega mesmo a sentir falta das brincadeiras das crianças que, quando passam por sua casa, o chamam *a xiphunta*: "Valgy não consegue conter-se e vem cá fora espreitar, vai mesmo até à praia ver se as vê brincar. Criou-se esta situação em que o velho doido as ameaça mas não consegue passar sem elas" (2006, 309). Sua inversão, por tudo isso, pode ser lida como uma estratégia de negociação com os restantes moradores. Enquanto é louco, possui uma função, é visível, tem um lugar no mundo, estando simultaneamente em relação e fora dela, de acordo apenas com as conveniências do momento. Daí que a extravagância do *a xiphunta* da casa número 3 chegue mesmo a ser relativizada pelos vizinhos, já habituados às mudanças de regime do *monhé*.

As semelhanças com outras personagens, o batismo das crianças ("monhé", "louco"), entretanto incorporado pelo próprio, e a previsibilidade de sua inversão sugerem, por tudo isso, a integração plena de Valgy ao espaço da rua: "Claro que a desgraça de Valgy não passava despercebida na Rua 513.2. Viam-no sair e chegar acabrunhado, haviam-se afeiçoado ao *a xiphunta*, conheciam e apiedavam-se dos seus esforços" (2006, 3009). Em declínio com a chegada da independência, o *monhé* contrasta com o tempo político que se institui no país: "À direita, um olhar reprovador para as gelosias cerradas de Valgy que, estando em dia não, resmunga não querer recebê-los. Estivesse em dia sim e talvez chegassem a negociar" (2006, 151). Enquanto alguns moradores procuram ocultar suas várias facetas, o morador da casa número 3 opta pela estratégia da extravagância, que não deixa de ser outra forma de dissimulação. Por outro lado, as expressões que descrevem seu estado de espírito ("em dia sim" / "em dia não") podem ser interpretadas em um sentido mais amplo ("tempos sim" / "tempos não"): além de não ter lugar no novo mundo socialista, por se encontrar "à direita" de Pogdorni (representante máximo da "esquerda" política nos anos 80), o comerciante não consegue dar continuidade a seu negócio. Ambas as personagem, Valgy e Pogdorni, parecem confirmar tacitamente a ordem dos novos tempos, segundo a qual esta relação se converte em algo inapropriado. No entanto, reiteramos, as dinâmicas de desencontro entre o indivíduo e o ideal de coletivo propagado pela nova orgem serão vividas por todos os moradores.

Se a postura camaleônica de Valgy não suscita grande surpresa entre os moradores da Rua 513.2, há elementos de sua constituição que carecem de explicação. O *monhé* não apresenta uma diferença de *fundo* relativamente aos "antigos" e atuais moradores da rua. O que o distingue é o modo como por trás do dito consegue fazer aflorar o *não-dito*. Mais do que a dualidade, portanto, é o registro da ambiguidade que fará desta uma personagem distinta. A começar pela própria origem e a culminar na dúvida que paira, lançada pelo narrador, sobre os motivos de sua permanência em Moçambique em um momento histórico conturbado para os indianos:

> O mais provável seria terem prendido, humilhado e deportado Valgy como fizeram com a misteriosa Buba do senhor Marques e tantos outros, após o fatídico ano de 1961. Afinal, Valgy era oriundo de Zanzibar e a sua família tinha ramificações obscuras no voraz subcontinente que engoliu Goa. Mas Salazar teve destes mistérios: Valgy escapou às redes do solitário ditador como um peixe que já preso e subindo, voltasse no derradeiro momento a cair na água. Terá sido por algo que disse? Por algo que calou? Nas exceções se encontram os mistérios do salazarismo para quem os quiser encontrar. (2006, 123)

Se, como vimos, a goesa Buba é "traduzida" pela estratégia de *mis en abîme*, a partir de fragmentos escritos pelo mecânico Marques no tal caderno empoeirado de capas negras, o traço fundamental de Valgy é o segredo. A inscrição da água, do mar e a referência a uma salvação milagrosa e excepcional (das "redes do solitário ditador") colocam o relato de sua vida no campo do mistério. Diante da precariedade de dados de uma época, apesar de sinais que apontam ironicamente para uma fuga à lei ("nas exceções se encontram os mistérios do salazarismo"), os contornos do *monhé* só podem ser analisados a partir de um mergulho no símbolo. Outro exemplo de "não-dito" que contribui para a constituição desta personagem é o "pacto açucarado" que estabelece com Maninho – filho/enteado de Tito Nharreluga:

> Esperneando, foi levado para dentro daquela casa assombrada, e se ninguém deu o alarme foi porque era cada um por si a caminho da praia, sem olhar para trás [...]. Em seguida, tacteando pela banca da cozinha, achou o cartuxo pardo do açúcar que Antónia Antonieta trouxera e não lograra levar, e passou-lho para as mãozinhas pequenas sem uma palavra. Apenas aqueles olhos girando furiosos, ameaçando saltar das órbitas (2006, 251-252).

Após o encerramento da loja e o despedimento de Tito, a relação entre Valgy e a família Nharreluga transforma-se. Mas muitos elementos desta transformação são deixados em aberto pelo narrador. O açúcar que o ex-comerciante oferece a Maninho, prolongando uma relação que já parecia morta entre as duas casas, é um ato de caridade? Ou deve ser lido como um novo gesto movido por interesses obscuros? Inclusive a perseguição e a captura do menino possuem, como se constata, um duplo sentido: a monstrualização de Valgy ("esperneado", "casa assombrada" "olhos girando furiosos") contrasta com o movimento de humanidade que se segue ("passou-lho para as mãozinhas pequenas sem uma palavra"). A compaixão e a demência são postos num umbral de indefinição, fazendo com que a ambiguidade reine em praticamente todas as passagens. Ao mesmo tempo, e como sempre se dá neste romance, o corriqueiro acontecimento da rua convida-nos a uma leitura mais abrangente, segundo a qual o velho (país) auxilia (ou patrocina) o mais jovem. Este último, convém recordar, é o filho-enteado, condição que reflete de alguma forma o esquecido norte de Moçambique, região de onde vem Tito Nharreluga e para onde, mais adiante, será enviado para viver de maneira mais intensa o terror da guerra.

Além da familiriaridade e da ambiguidade, Valgy apresenta uma terceira faceta, a da estrangeiridade absoluta, que se liga de maneira mais vincada ao seu espaço de predileção. Dedicaremos, nas próximas linhas, uma atenção especial a sua loja com o objetivo de verificar dois movimentos que se cruzam e que dão conta deste fenômeno: a simetria entre o vendedor e seus produtos e a assimetria entre o vendedor e seus clientes – momentos em que se concretiza o abismo entre um (o *monhé*) e outros (portugueses e moçambicanos).

O amor de Valgy pelos produtos de sua loja revela um idealismo anacrônico. As mercadorias, que vão escasseando com a evolução da narrativa, deixam seu lado inerte e estático para passarem a ser dotadas de paixão e de delírio, sinalizando, quase sempre, o lado mais trágico da história recente do país. A relação simbólica entre o vendedor e os produtos que vende é, por um lado, evidente. Por outro lado, se para Jean Baudrillard e Marc Guillaume reduzir o *outro* a *próximo* é uma tentação muito difícil de evitar, já que a alteridade absoluta é impensável (1994, 11), o comerciante da Rua 513.2 contraria por diversas ocasiões este postulado, sobretudo nos momentos em que é confrontado com a clientela de sua loja. O *monhé* constitui um desses casos raros na prosa moçambicana em que o *outro* assume sua faceta mais demarcada e diferencial. Comecemos pelo primeiro ponto, a relação entre o delírio da personagem e os produtos que tenta vender.

Um primeiro aspecto que merece registro tem a ver com distribuição espacial e o valor simbólico dos produtos de Valgy. Para o comerciante, aquilo que está mais próximo do teto tem mais valor. As cambraias, que se escondem entre os animais e a sujidade das prateleiras de madeira, no lugar mais inalcançável da loja, são seus objetos preferidos:

> cá em baixo, com as mais diversas e inesperadas cores; um pouco mais em cima pardos; lá no alto, num território só habitado por aranhas, osgas grossas e alguma pomba municipal entrada por descaminho através de uma fresta do telhado, apavorada por se ver também tingida de luto e sem saber como sair dele (Coelho, 2006, 128).

A "focalização externa" predomina nestas passagens: o narrador restringe o campo informativo da percepção para assumir uma visão exterior ao narrado, espaço inabilitado de certezas ligadas à intimidade das personagens e à sequência dos fatos (Genette, 1983, 207). Por isso, a ausência de indicadores espaciais intensifica o valor simbólico da descrição. O leitor sabe que se trata de uma estante, mas desconhece a sua localização concreta. Começa a ter um progressivo centro de percepção através das locuções preposicionais ou dos advérbios de lugar utilizados. Assim, durante todo o processo de venda (ou melhor, de tentativa de venda) potencia-se um jogo de orientação espacial e temporal que sugere múltiplas escalas de significado. As coordenadas de existência poderão, como sempre ocorre em João Paulo Borges Coelho, indicar apenas o presente da narração e o espaço minúsculo da estante, como também indiciar algo mais amplo, como parte da história recente de Moçambique, como a guerra civil: a festa das cores "cá em baixo", no sul; o lado cinzento e "pardo" "mais em cima", no centro; a vida animal "tingida de luto", "lá no alto", no norte. Toda a descrição da loja funda-se em mediações de natureza dupla: a material e a simbólica, a imediata e a histórica, a temporal e a espacial.

Mas não só o espalhafato teatral de Valgy contribui para esta rede de mediações entre o "pequeno" e o "grande". Os próprios produtos participam desta atmosfera, adquirindo vida graças ao reiterado uso de verbos de movimento: "Panos brilhantes e escorregadios como cobras vivas, a gente amachucando-os e eles deslizando para se porem outra vez como eram" (Coelho, 2006, 129). O termo "cobra", frequentemente inscrito na prosa moçambicana para sugerir o imaginário do norte de Moçambique, faz da estante suja do *monhé* um dos *topos* da guerra. A oscilação existencial da personagem é também sutilmente (su)gerida no movimento do produto. Assim, quando o pano é retirado da parte mais alta, todas as transformações (de cores e formas) ocorrem. A cambraia chega às mãos do comerciante já em estado transparente, espelhando-se no que há à volta, como se refletisse o próprio ato do comércio, da política, da história:

> A princípio parecia uma mancha de tinta negra, uma fuligem sujando o ar, a asa de um morcego adejando devagar. A meio do voo ganhava tons cinzentos-azulados aos olhos da pasmada clientela, virada para cima a tentar descobrir o que ali vinha. E por fim, uma lenta borboleta colorida brincando com a luz que lhe chegava antes de se desenrolar no balcão. E Valgy recebia nos braços, como quem recebe uma criança, uma cambraia finíssima de linho ou algodão a que fiapos de teias de aranha que trazia agarrados conferiam ainda maior leveza. Tão fina que não tinha cor, que não podia tê-la uma vez que a cor não teria matéria tangível a que se agarrar. Uma cambraia que se limitava a reflectir a cor das coisas em redor: o castanho escuro das mãos de Valgy – que a afagavam para melhor ressaltar o seu valor e qualidade – ou a própria cor do olhar das clientes, que a fitavam intrigadas. Quase, já, maravilhadas (2006, 128).

A ausência de marcadores temporais e a transformação da cambraia, vivida no percurso que vai da prateleira às mãos de Valgy, confere um sentido aberto à descrição. A indicação espacial (de cima para baixo) pode reflectir a desterritorialização do pano, só entendida pelo "ilusionista" vendedor; o olhar perplexo do interlocutor, por sua vez, acompanha a metamorfose do objeto. Por outro lado, a mutação do pano pode indicar outras duas realidades: em primeiro lugar, uma espécie de biografia compacta da vida do comerciante, descendo da Índia, passando por Zanzibar, chegando a Moçambique, perdendo aí definitivamente a matéria e provocando a estranheza generalizada – espelhando, em suma, o que há em volta ou a própria cor dos olhos de quem o vê; em segundo, e uma vez mais, a guerra civil, que desce lentamente do norte de Moçambique até perder a sua cor no sul, sendo ali lida da maneira que mais convier ao cliente.

A onipresença dum referente espacial específico (loja), mais do que limitar o narrador a uma descrição passiva, realizada a partir dos elementos inertes que o compõem, conduz o narrador a um exercício contrário. Tais elementos alertam para a existência de um olhar subjetivo, de Valgy, que se coloca em um espaço de diferença e de ruptura com o esperado. Não se estranha, assim, que, tal como o dono, os produtos da loja contenham uma dupla "qualidade". Na parte final da narrativa, antevendo a chegada da guerra civil, a cambraia volta a adquirir autonomia e a apresentar-se como uma epifania para o *monhé*. Este pano reaparece no céu, rasgada por trovões, quando já era impossível encontrá-lo em sua loja, devido à crise. Novamente a cambraia transita do reino dos objetos para o reino dos signos, onde, como sabemos, tudo é mais complexo. Nesse instante de delírio, o comerciante oscila entre domador do objeto e indivíduo controlado pelo produto. Em todas as passagens, aliás, a relação entre o que se vende e quem o vende é simétrica, não só pelo enigma que ambos emanam, mas também pelo fiasco que representam. Vindo de longe e orgulhando-se da sua condição ("vela enfunada"), Valgy esvazia-se com o passar dos tempos, em uma lógica que vai do mais ao menos, da exaltação apaixonada ao silêncio disfórico das prateleiras vazias. Ambos, vendedor e produto, tiveram um "curto período glorioso" (2006, 127), ambos terminam na escuridão do vazio.

Ao mesmo tempo, como já anunciamos, o comerciante constitui o corolário assimétrico do *outro*: a distância de Valgy para com os seus interlocutores torna-se abismal no espaço de sua loja. A começar pelas duas portas que a decoram, que podem sugerir tanto a exceção à regra,[9] como também um eventual desejo de afirmar o *tahuid*[10] no próprio lugar de trabalho: "– Porta de entrar e porta de sair, não vê?! Cada coisa de sua vez, nunca se faz uma antes da outra! Será que a gente morre antes de nascer? Será?" (2006, 124). Com o despertar da crise, no entanto, o princípio *divino* é desrespeitado pela própria personagem: "E Valgy saía de rompante pela porta errada, já pouco se importando com as forças do além" (2006, 226). Vale lembrar que as tais forças do "além" nunca são explicitadas pelo narrador, fato que põe num patamar de indeterminação o tempo político e o tempo religioso. Na conformação desta personagem estes dois elementos se confundem:

> E portanto, servissem as duas, melhor do que uma serviria, para trazer um pouco mais de luz àquele interior sombrio e algo misterioso. Quantas vezes, mesmo assim, obrigou Valgy um daqueles infelizes a voltar a sair para reentrar pela porta apropriada, para que o negócio pudesse prosseguir sem as obscuras interferências do além (2006, 124).

A insistência do narrador em privilegiar um tempo e um modo verbal (pretérito imperfeito do conjuntivo), que remete ao campo dos possíveis e da dúvida, assim como a dupla adjetivação, que acompanha quase todas as descrições do lugar ("sombrio e algo misterioso"), acentua a diferença de uma personagem que não se deixa apreender totalmente. A materialização da dualidade pode ainda nos conduzir a uma interpretação complementar,

---

[9] Para Agamben, a exceção coexiste com a lei, fazendo, inclusive, com que esta última adquira validade e funcionalidade (2003, 27; 44). A reiterada inscrição do elemento "porta" na escrita de JPBC sugere este duplo movimento em que participam e se indeterminam o espaço da lei e espaço do "fora-da-lei".

[10] Preceito islâmico segundo o qual só existe um Deus absoluto e poderoso.

desta feita relacionada com a questão do hibridismo. Neste caso, só podemos falar de um hibridismo problemático, assente na lógica *entrar y salir* (Cornejo Polar, 1997). Segundo Cornejo Polar, o tom de celebração com que se aplica normalmente o conceito "hibridismo" contém inúmeros riscos. A reiterada ideia de abertura e de fusão de culturas facilmente ameniza as contradições e a violência que podem se esconder em todas as formas de coexistência (1997, 341). A loja de Valgy, enquanto microcosmo de "cheiros e cores" de "todos os lugares" pode, num primeiro momento, convidar a análise para este tipo de celebração. No entanto, uma leitura mais detida permite observar que a loja decadente é, na realidade, o espaço por excelência do desencontro, sinalizando violências do passado colonial que ganham novas feições no presente. Também pela dimensão espacial que orienta a construção da personagem, a performance de Valgy é descompassada com os dois tempos e com as duas lógicas que os comandam. Cabe recordar que a loja causa perplexidade nos portugueses, clientes de outrora que, antes da debandada ao país de origem, buscam ali uma última lembrança: "Irrompiam agitados pelas duas portas, piscando os olhos para se habituarem à escuridão do interior" (Coelho, 2006, 127). Mais do que a vasta e mesclada gama de produtos de todas as cores, cheiros e proveniências da loja de Valgy (que poderia sugerir o tal encontro de imaginários indiano, moçambicano e português), parece-nos mais interessante (e mais condizente com os propósitos do autor) ressaltar a forma como, a partir destes mesmos elementos, a personagem levanta o problema da distância radical.

Valgy, como Valgius[11], é uma espécie de viajante estrangeiro que traz em seu barco mercadorias de espaços e tempos longínquos. Para além do intertexto bíblico, o discurso de Valgy – sobre a variedade, a raridade e a proveniência de seus produtos – retoma e inverte os relatos de viagem da Grécia Antiga. A constituição da rubrica *thôma* (maravilhas, curiosidades),

---

[11] A vida e o discurso de Valgy encontram flagrantes pontos de contato com outras *histórias*. Uma delas é o relato da travessia de Valgius, descrito na Epístola 49 de São Paulino de Nola. Este marinheiro, desprezado pelos restantes por trabalhar na sentina de um barco, é abandonado por todos quando se dá uma tempestade e a sombra do naufrágio visita a embarcação. Sozinho, ao sabor do vento, conduz o barco e consegue chegar, ao fim de 23 dias, à costa de Lucania (Foerster e Pascual, 1985, 13-14), interpretando sua salvação como um milagre divino. Por sua vez, Valgy, desprezado (no universo da rua), sentindo-se abandonado (pelos conterrâneos que desapareceram após a crise política entre Portugal e Índia), vivendo também ao sabor do vento durante os 23 capítulos do romance e sobrevivendo de forma misteriosa, a partir de obscuras alianças, a todas as situações adversas, é o morador que vive na zona mais baixa da rua e, quando chove, tal como na sentina do velho Valgius, a água concentra-se em sua porta (formando "um grande mar"). Como Valgius – que deixa de ser reconhecido no mar e na terra –, o *monhé* fica sem lugar no passado e no presente.

aspecto analisado por François Hartog em *Le Miroir d'Hérodote*, encontra diversos paralelismos com a descrição das *maravilhas* existentes na loja do *monhé*. Para o teórico francês, a beleza e extrema raridade das coisas constituem o *thôma* que, por sua vez, funciona como tradução da diferença entre o que existe *aqui* e o que existe *lá* (Hartog, 2001, 357). Ao mesmo tempo, nos relatos de Heródoto, o *indicador qualitativo* parece acompanhar o *indicador quantitativo* das maravilhas (2001, 361). Isto é, são tão melhores quanto mais houver. Por outro lado, nestes relatos de viagem, a *qualidade intrínseca do lugar* tem uma relação direta com a *medida das maravilhas*. Finalmente, o autor sublinha a escala de valores que define o lugar: não há um qualificativo puro para descrevê-lo, mas sim uma *ordem de exposição*, que vai do menos ao mais extraordinário (*idem*).

Devido ao próprio contexto de enunciação, a descrição dos produtos da loja do *monhé*, apesar de guardar semelhanças discursivas e retóricas,[12] inverte *Histoires*: no que se refere à *ordem de exposição*, Valgy parte do mais excepcional (panos da Formosa) para o menos extraordinário (capulanas nacionais); quanto à *relação qualidade/quantidade*, tudo o que é mais raro é melhor e mais valioso; finalmente, apesar de o seu discurso deixar em aberto uma relação direta entre a *qualidade do lugar* e a *qualidade do produto*, a distância com o interlocutor é cada vez maior, fazendo com que o elemento fundamental para a relação, *l'oreille du public* (Hartog, 2001, 359), isto é, a presença de um interlocutor, não baste para a comunicação.

A *ordem de exposição* dos panos de Valgy indicia uma geografia afetiva, onde mito e história se confundem. A Formosa, a Índia (Madras e Calecute), Oman e Zanzibar ocupam um plano central neste imaginário orgulhosamente deslocado. Importa recordar que os portugueses, segundo a historiografia,[13] foram os primeiros europeus a chegar a referidos territórios. Em um primeiro momento, portanto, notamos o afã de agradar sua cliente, designada *madame*, através de uma possível identificação com a origem de seus produtos. Trata-se, no entanto, e como sempre, de uma origem

---

[12] É, de fato, notável a semelhança de estilo entre as "alucinações" de Valgy e as histórias de Heródoto. A título de exemplo, veja-se o seguinte segmento: "Les Arabes récoltent l'encens en faisant des fumigations pour chasser les serpents ailés qui gardent les arbres où il pousse. La cannelle se cueille dans un lac habitée par des espèces des chauves-souris dont il faut protéger en s'enveloppant le corps entier de peaux de bœufs. 'Encore plus extraordinaire' est la récolte du cinnamome. (...). Quand au ladanum c'est 'encore plus extraordinaire', cet aromate au parfum si délicieux s'accroche, en effet, dans la barbe des boucs, lieu de grande puanteur. Ainsi ces admirables produits ne peuvent avoir qu'une provenance extraordinaire" (Hartog, 2001, 358-359).

[13] Sobre Formosa, veja-se Bernard Cole (2006); acerca de Zanzibar, leia-se Basil Davidson (1967).

fabricada, já que nem o próprio comerciante parece convencido daquilo que diz: "Sedas e cetins da Formosa, talvez – alvitrava ele" (Coelho, 2006, 128). O advérbio "talvez" e o verbo "alvitrar" confirmam a hesitação. Não tendo conseguido avivar nenhum tipo de nostalgia em *madame* com as primeiras referências asiáticas, Valgy passa para o plano B, apresentando os panos do Paquistão. O gesto volta a acompanhar uma intenção de comunhão: "Por processos quase idênticos, desciam agora os panos de algodão mais grosso do Paquistão, uma vez que *madame* estava partindo para os climas frios da Europa" (2006, 129). A opção de Valgy volta a estar relacionada tanto com a eventual *qualidade intrínseca do produto* quanto com a *qualidade do lugar*. Como se sabe, Portugal encontrou no Paquistão um aliado na disputa contra a Índia nos anos 60, momento em que o império luso perdeu definitivamente Goa; além disso, o país faz parte da tal "nação" muçulmana da qual Valgy tanto se orgulha ("*djelaba* enfunada") em alguns momentos.

A incorporação massiva de elementos geográficos viabiliza, portanto, uma subtil leitura sobre os fatos (e mitos) históricos e sobre as manobras discursivas (e políticas) que lhes são inerentes. Uma vez mais, a memória delirante do comerciante confere funcionalidade simbólica ao objeto. Ao mesmo tempo, a geografia histórica rememorada pelo comerciante é homogênea, feita de blocos estanques, como relembra o narrador em um comentário avaliador posto entre parênteses: "(não especificar que Europa era essa fazia ainda parte da tal distância a que Valgy se situava)" (Coelho, 2006, 129). O desencontro é, finalmente, posto em evidência pela indiferença da cliente quanto ao "peso" (ou a história) daqueles produtos:

> Não era na Ásia distante que havia estado, dizia timidamente a *madame*. Não lhe tocavam portanto os seus mistérios. Era aqui, e daqui queria levar o que houvesse que lhe permitisse lembrar esta vida que teve, que de certeza lhe irá parecer dentro em breve distante e irreal.
> Valgy, o comerciante capaz de entender todos os pontos de vista, por uma vez não entendia (2006, 130).

O interlocutor, trate-se de *madame* ou da "humilde mulher das nossas" – a primeira sinalizando o passado frutífero de vendas, a segunda o presente de crise –, não apenas testemunha a profusão discursiva do comerciante, como também sua progressiva derrocada. A própria ausência de nome desse interlocutor sublinha o desencontro. E isto porque o anonimato, como bem lembra Philippe Hamon, é muitas vezes apresentado em antítese aos momentos de crise das personagens nomeadas (Hamon,

1983, 134). O discurso do *monhé* (que, por sua vez, não tem sobrenome, ao contrário de seus vizinhos da Rua 513.2) fundamenta-se, portanto, na exteriorização daquilo que é contrário aos reais desejos dos visitantes. Estes últimos são o contraponto radical da visão romântica do comerciante. Tanto as clientes como o comerciante parecem participar de um tipo de comunicação que Francis Affergan denomina de "não simétrica", já que "se fonderait sur la 'maximalisation de la différence'" (1987, 248). A assimetria que se pode antever nestes segmentos tem a ver, de resto, com a organização preferencial do discurso de ambas as personagens, cada qual com o olhar posto em momentos temporais discordantes ("Não era na Ásia distante que havia estado, dizia timidamente a *madame*. Não lhe tocavam portanto os seus mistérios"). Ou seja, a temporalidade dos objetos enunciados e a temporalidade do sujeito receptor da mensagem nunca são coincidentes, fato que contribui para o aumento da distância entre uns e outros. Para Émile Benveniste, de resto, o ponto mais delicado da relação com o *outro* reside precisamente nas diferentes identificações e apropriações desta coordenada (1966, 263).

Também com os temperos a escala de valorização parece passar por um filtro espacial e temporal. A descrição de um inventário de produtos (cominhos, coentros, pimenta, noz moscada, tamarindo, sésamo, gergelim, farinha de grão-de-bico, cravinhos, canela, piripiris, etc.), quase todos provenientes de uma Ásia antiga e santificada para Valgy, é disso reveladora. Tome-se como exemplo a distinção realizada entre as sementes de sésamo e as sementes de gergelim[14]: "minúsculas sementes de sésamo trazendo em si todos os tons de castanho que há no universo; sementes de gergelim, pequeninos olhos mágicos e curiosos em ainda novos tons de castanho" (Coelho, 2006, 131). A obsessão pelo castanho pode tanto conotar o excesso "real" desta tonalidade nos produtos, como ainda denotar uma terminologia racial, fundada na invenção da miscigenação, que eventualmente alimentaria o "imaginário brando" (e luso-tropical) de *madame*. Também aqui a reação de *madame* é de completa indiferença. Nada do que o vendedor expõe se aproxima do simples *souvenir* que pretende levar de uma terra que em breve deixará de ser "sua".

Finalmente, os longos monólogos de Valgy parecem ser inversamente proporcionais à *quantidade de maravilhas* que deseja dar a conhecer. Neste caso, quanto mais raros são os panos, maior dedicação retórica lhes é conferida. O resultado desta quase litânica busca é, uma vez mais,

---

[14] Termo mais usado no Brasil para se referir ao "sésamo", utilizado por Valgy e mais comum em Portugal.

o malogro: Valgy desanima-se quando deve apresentar os panos de fabrico nacional. Sua voz esfuma-se diante dos mais recentes produtos da loja, que constituem uma espécie de ofensa a sua honra:

> Se *madame* não se decidisse, passavam às mais modestas capulanas estampadas de fabrico nacional, com estrelas e luas infantis, animais selvagens e ingénuas e congeladas expressões, dizeres revolucionários. Era um Valgy ausente quem as estendia, desinteressado já de um negócio que parecera tão promissor e afinal não passava da comezinha venda de uma capulana de algodão (2006, 130).

A fronteira entre o objeto material e seu valor simbólico volta a ser indiscernível: tanto conota aquilo que aparentemente mais importa ao vendedor (preço) como denota o valor intangível que lhe está associado (ideal). A única situação clara nestas passagens é o desânimo do comerciante perante os novos produtos que, na prática, são os novos ideais ("estrelas e luas infantis, animais selvagens e congeladas expressões, dizeres revolucionários"). O que vem de longe é mais raro, tem mais qualidade e, naturalmente, é mais caro. Os panos nacionais espelham sua derrota, excluindo-o definitivamente da marcha dos novos tempos.

*****

Se os contextos do oceano Índico são, ainda, e apesar de sua reiterada evocação no campo literário, um território pouco desbravado pelos autores moçambicanos, as personagens oriundas de alguns destes espaços começam a ganhar relevo no campo literário do país. A figura do indiano é talvez aquela que mais se destaca. Mas não sem impasses, como vimos. É certo que a crítica pós-colonial de orientação culturalista tende a conferir à escrita africana o papel de dessacralização do imaginário colonial (Ashcroft, 1989, 38). No entanto, o estereótipo que recai sobre algumas personagens problematiza este postulado. Neste capítulo, observamos, por exemplo, um efeito de continuidade na escrita do período pós-colonial, que também se ancora na tipificação de estatuto (comerciante) e/ou de tratamento do indiano. A descrição por redução do indiano não é eliminada, mas sim reelaborada na prosa moçambicana atual, que se apropria do "traficante" para o "traficar". O indiano integra-se, desse modo, no espírito mais geral dos projetos literários de cada um dos autores.

As passagens das obras de Lília Momplé, Nélson Saúte e Suleiman Cassamo revelam um discurso que extrapola o texto propriamente dito e se funda no rumor anônimo de uma sociedade que se rebela contra os "traidores" da nação. Isto é, contra aqueles que participaram de forma ativa na empresa colonial e que, ao mesmo tempo, tentam aproveitar-se das fragilidades contextuais do momento presente. O *lugar* destas personagens é exposto de maneira direta pelos narradores de Saúte e Momplé; já em Suleiman Cassamo, o *monhé* inspira um discurso que escancara algumas das contradições atuais, possibilitando também uma crítica direta (a partir da voz das personagens) contra as elites dominantes. Por outro lado, em Mia Couto, o indiano é "utilizado", em uma primeira fase, como ferramenta de humor e ironia e, logo depois, como instrumento de hibridismo sociocultural e histórico, viabilizando a ideia de um Moçambique transnacional; de forma fugaz, o *monhé* irrompe ainda como veículo para a representação da *hybris* na obra de Paulina Chiziane; finalmente, em João Paulo Borges Coelho, o indiano é o recurso de uma escrita que se apoia no não-dito e no indício para, através da imbricação *doxa*-paradoxo, minar os discursos celebratórios (da "raça pura" ou da "raça híbrida"). Para confirmarmos o impacto deste novo tipo de proposta, selecionamos a personagem Valgy, porventura a mais completa de todo este quadro.

Ao invés de ser inscrito para assinalar as confluências de um imaginário indo-oceânico, que supostamente se cristaliza em Moçambique, o *monhé* sinaliza as diversas fases e faces que pode experimentar esse *outro* nacional. A forma privilegiada para representá-lo é a inversão. A repetição dessa inversão aparece, como vimos, relacionada a algumas causas específicas (negócios em declínio, abandono da mulher, etc.), assume distintas formas discursivas (roupas, gestos, ações), torna-se visível nas inconstantes relações com as demais personagens e é indiciada, na narração, por imprecisos indicadores temporais de progressão. Contudo, a inversão não explica o *monhé* em sua totalidade, serve apenas de filtro à alteridade, tornando a personagem *familiar* a um espaço que lhe é, politicamente, cada vez mais hostil. Isto é, Valgy não se esgota em um simples jogo de contrários ou a partir duma mudança automática de papéis. O mais interessante nesta personagem é a irrupção do *não-dito*, daquilo que parece se esconder em seu alienante vaivém, o seu lado oculto e inapreensível. Finalmente, no espaço da loja, a viagem alucinante proposta pelo comerciante aos seus perplexos clientes culmina numa espécie de implosão e de limite, de insatisfação irreversível, de desencontro radical com a clientela portuguesa ou moçambicana, ambas vivendo um tipo diferente de crise.

Na sincronia destes três estados – de familiaridade, de mistério e de *estrangeiridade* – constrói-se um modelo excêntrico de desmistificação do discurso unívoco sobre a nação, sobre o Índico e os seus percursos identitários. Ao transformar o discurso histórico em mercadoria, João Paulo Borges Coelho sublinha a natureza artificial de todo o tipo de concepção maniqueísta sobre o *outro*. A loja de Valgy, com os produtos de todos os lugares, cheiros e cores, é uma espécie de laboratório de uma estética que faz do indício e da ambiguidade sua pedra angular e afirma-se não como espaço de encontro e de interculturalidade, mas antes como um conjunto de espelhos quebrados que refletem as tensões inerentes a uma líquida geografia comum.

5. O símile-campo[1]

No mundo editoral moçambicano de hoje coexistem livros de autores reconhecidos, mesmo a nível internacional, e de autores desconhecidos, inclusive a nível nacional. A promiscuidade entre textos consagrados e ignorados, assinalada nas estantes das livrarias de Maputo, convida-nos a refletir sobre as relações e os abismos entre dois grandes circuitos literários: o *campo* (Bourdieu, 1992), espaço constituído por autores legitimados, lidos e analisados no país e/ou no exterior, e o *símile-campo* (Poliak, 2006), espaço periférico, desprestigiado e ocupado por dois tipos de escritores: 1) aspirantes de todas as idades desprovidos de possibilidades reais de entrada no campo;[2] 2) pretendentes que, por razões literárias e/ou institucionais, se encontram mais próximos da porta que dá acesso ao universo autorizado.[3]

---

[1] Este capítulo sistematiza e amplia a reflexão iniciada em dois espaços (Can, 2016b; Can, 2015). A Ana Gabriela Macedo, Elena Brugioni e Joana Passos, organizadoras do volume *Prémios literários. O poder das narrativas / As narrativas do poder* (Porto, Afrontamento, 2016), e a Pere Comellas, editor da Revista *Abriu*, de Barcelona, dirigimos os nossos agradecimentos.

[2] Centrando-nos na poesia, pretendentes tardios, como Salim Sacoor, Armando Meque Mudiue, Luís Correia Mendes, Daniel Mabacamele, ou ainda aspirantes mais jovens, como Amarildo Valeriano, Abylin Ibraimo, Manecas Cândido, Nizete Monteiro Mavila, Gilberto Namuhara ou Fátima do Rosário Gomes Cordeiro são casos emblemáticos desse primeiro subgrupo.

[3] Ainda no campo de produção poética, autores como Hélder Faife, Florindo Mudender, Rogério Manjate, Andes Chivangue, Sangare Okapi, Mbate Pedro ou Adelino Timóteo poderiam ilustrar, embora cada qual a sua maneira, algumas das lógicas e complexidades desse segundo subgrupo do símile-campo.

Vale ressaltar que, apesar desta divisão prévia e necessariamente provisória – elaborada a partir de alguns indicadores quantitativos e qualitativos (número e tipo de textos publicados; traduções e estudos que dos mesmos derivaram; prêmios que receberam; material publicitário sobre a figura ou obra do escritor; projetos, comitês de revistas e jurados de que formaram parte; entrevistas concedidas a órgãos nacionais e internacionais; eventos que inspiraram ou em que participaram; estratégias textuais e paratextuais a que recorrem, etc.) –, as concorrências e as variadas formas de dominação existentes num mercado literário fragmentado, porque multilocalizado, dependente também de agentes externos e, internamente, pouco dotado de recursos materiais, inviabilizam o desenho de uma estrutura hierárquica rígida. Até porque, mesmo quando situados num mesmo espaço horizontal (como o topo, o centro ou a base), espaço que nunca é fixo, mas relacional e apto a revisões, os escritores não se encontram em situação similar, raramente participam nas mesmas redes e projetos e nem sempre produzem textos que vão na mesma direção.[4]

De todos os modos, parece-nos claro que o campo literário moçambicano organiza-se a partir de uma primeira e grande oposição entre os escritores "nacionais" e os escritores "internacionais", isto é, entre os autores lidos e analisados no exterior e aqueles que, além de circularem exclusivamente em Moçambique, não captaram ainda o interesse da crítica especializada. Importa, contudo, não perdermos de vista que os autores "internacionais", que granjeiam de prestígio nos mundos editorial e universitário, acabam por experimentar no mercado internacional uma sensação semelhante à dos escritores menos visíveis do símile-campo, visto serem situados, segundo a mesma lógica de oposição entre um lado mais "literário" e outro "nacional", neste último bloco. Para constatar este fato, basta observarmos, por exemplo, o lugar que ocupam (quando ocupam) seus livros nas estantes das livrarias portuguesas e brasileiras ou como suas obras são integradas nos currículos escolares e universitários internacionais. Daí concordarmos com Pascale Casanova, quando afirma que "existe homologia de estrutura entre cada campo nacional e o campo literário internacional" (2002, 140).

Em seus trabalhos sobre o símile-campo francês, Claude Poliak interpreta a produção consagrada e a produção deslegitimada em termos de oposição, por um lado, e em termos de *continuum*, por outro. Ou seja, considerando as relações materiais e simbólicas existentes a um nível textual e institucional, detecta entre a literatura reconhecida e a literatura

---

[4] Sobre a articulação entre elementos qualitativos e quantitativos, bem como sobre o papel das redes de sociabilidade literária na vida dos autores, veja-se Daphné Marneffe e Benoît Denis (2006).

"profana" (Bourdieu, 1992; 2011)[5] não apenas uma distância avassaladora de práticas, mas também uma fronteira, que é sempre apta à revisão e à discussão. O símile-campo é, assim, um espaço de heterogeneidade, agregando autores desprovidos de capital literário (mas que sentem a "paixão pela escrita") e pretendentes *de facto* (que se situam numa espécie de umbral, de "zona de espera") (Poliak, 2006, 255). Assim, para além de dar conta da natureza heteronímica dos espaços artísticos, o conceito de símile-campo permite situar os escritores menos conhecidos que, sendo mais bem informados sobre as regras do jogo literário, possuem mais possibilidades de aceder ao campo (Poliak, 2006). Este parece ser o caso, no contexto da poesia moçambicana, de Hélder Faife. Pertencendo à nova geração e não tendo sido ainda alvo de muitos estudos, o jovem autor, que se deu a conhecer no quadro de um concurso literário, é um desses casos que fazem diluir as fronteiras entre autores reconhecidos e os aspirantes deslegitimados na vida literária no país.

Não restam dúvidas de que certos prêmios literários agilizam a visibilidade ou mesmo a consagração do escritor. Mas em outros casos, pelo contrário, confinam o vencedor em espaços marginais de produção e circulação. Considerando essas duas possibilidades oferecidas pelos circuitos literários moçambicanos, é possível refletirmos sobre as características e o destino dos textos galardoados nos concursos menos prestigiados, que, diga-se, proliferam um pouco por todo o mundo. Assim, antes de nos debruçarmos sobre o caso de Hélder Faife, que pode ser visto como uma exceção que confirma a regra, centraremos nossa atenção no primeiro subgrupo, isto é, naquele que mais distante se encontra das práticas valorizadas no campo literário nacional. Procuraremos, em um primeiro momento, confirmar a natureza contraditória de certos concursos literários, que, em vez de favorecer a ascensão ao grupo dos consagrados, conduzem os candidatos a uma invisibilidade ainda maior.

*****

Como ocorre em outros contextos literários, dos mais aos menos tradicionais[6], a existência de práticas literárias amadoras não constitui uma novidade em Moçambique. Mas as condições de acesso à edição,

---

[5] Em seus estudos sobre o campo literário francês, Pierre Bourdieu examina o modo como os escritores amadores, ao fazerem uso das formas inculcadas na escola, "profanam" as regras do campo literário (2011, 83).

[6] A referência aos "símile-campos" de espaços literários mais consolidados tem como horizonte principal o caso francês, analisado por Claude Poliak (2006).

ampliadas nas últimas décadas, particularmente após a abertura do país aos mercados internacionais, sinalizam uma transformação significativa. Ainda que concentrado em Maputo, esse novo ambiente tem possibilitado o crescimento de uma estrutura literária secundária no país. Com efeito, as empresas privadas que afirmam investir na cultura nacional, a atuação da Associação de Escritores Moçambicanos, sobretudo depois de Jorge Oliveira ter assumido o cargo de Secretário-Geral, o surgimento de algumas editoras receptivas a todo o tipo de empreitadas estéticas, a consolidação de grupos em redes sociais, virtuais e não só, e o crescimento da prática da auto-edição (ou das edições de autor financiadas pelo próprio) dinamizaram o universo das publicações. Para termos uma ideia concreta deste novo horizonte, na primeira década do século XXI foram editados mais livros em Moçambique do que no conjunto das três anteriores. Os concursos literários irrompem, pois, como um dos protagonistas nesse movimento.

Seguindo a mesma linha dos certames mais conhecidos, concursos como "Maria Odete de Jesus", "Prémio 10 de Novembro", "Prémio TDM" ou ainda os diversos prêmios "Revelação" reúnem agentes do campo literário (críticos e escritores) e figuras públicas ligadas à cultura, à política, ao ensino e mesmo ao universo empresarial. Na posição de examinadores, esses grupos altamente heterogêneos certificam ou desautorizam uma diversidade notável de candidatos. A maioria deles submete pela primeira vez seus escritos privados com a finalidade de ver reconhecidas suas qualidades, de encontrar um caminho para a publicação e/ou de receber o valor monetário posto em jogo (Poliak, 2006). Quanto aos organizadores desses certames, defendem nos editais a necessidade de promover "novos talentos", "estimular a escrita e a leitura" e/ou afirmar "os valores da nação", etc. Variadas e, simultaneamente, contraditórias (a prática da escrita, por exemplo, é confundida com a prática da leitura, sem que se contemplem as condições sociais de produção de leitores; os "valores nacionais", discutidos em permanência no campo literário, devem aqui ser exaltados), essas "chamadas à publicação" (Poliak, 2006, 52) orientam a produção dos aspirantes.

Por outro lado, vale também realçar o seguinte aspecto: os concursos literários secundários oferecem um direito à voz àqueles que, até então, não se viam senão, e quando muito, na posição de espectadores, contribuindo para a reparação da "morte simbólica" de que muitos deles foram ou são vítimas (Bourdieu, 1992). Isto é, além de um legítimo desejo de expressão, fica implícito nos textos o (igualmente legítimo) desejo de reconhecimento (Poliak, 2006). É ainda Bourdieu quem nos lembra que não há privação maior do que a dos vencidos na luta simbólica pela consideração, pelo acesso a serem tidos como indivíduos socialmente reconhecidos: não podemos compreender a sedução que exercem quase universalmente os chocalhos simbólicos (condecorações, medalhas ou palmas), bem como os atos de consagração que os mesmos perenizam, se não considerarmos um dado antropológico: a contingência da existência humana, seu caráter finito (Bourdieu, 1997, 282-284). Face a esse duplo desejo, que é mais ou menos comum em todo o mundo, mas que ganha forma em um espaço onde a expectativa de vida (hoje em torno dos 60 anos) é significativa menor, os jovens aspirantes moçambicanos esboçam, de acordo com os recursos que possuem, uma série de soluções. Surpreendentemente ou não, tais soluções coincidem em grande medida com as propostas lançadas a público em outros espaços, como na literatura amadora francesa (Poliak, 2006), ou em outros contextos artísticos, como aqueles que foram analisados pelo crítico de arte contemporânea Lorenzo Mammì: "A mais poderosa, porém mais rudimentar, é a de conferir à arte conteúdos elaborados fora dela (...) Nesse caso, a arte já não é vista como um fim ou como um meio, mas como sinal de status" (Mammì, 2012, 14).

Com sucede também em todo o mundo, a concepção que os jovens iniciantes moçambicanos possuem da poesia associa-se, de modo mais ou menos indiscriminado, à imagem que o universo letrado faz do gênero: um espaço ora de versificação, ora de expressão da subjetividade mais profunda (Poliak, 2006). A escola, naturalmente, desempenha um papel decisivo nesse imaginário. Por um lado, segundo Bourdieu, se os membros das classes populares escrevem fundamentalmente poesia, isso se deve à influência da escola primária, que tende a fazer corresponder à iniciação literária a aprendizagem de poemas (1992, 27). Por outro, pensando agora exclusivamente em Moçambique, é na escola primária que muitos jovens das classes populares se aproximam pela primeira vez, de modo sistematizado, da língua portuguesa escrita. Moçambique, além disso, é conhecido como o "país de poetas", e alguns deles (sobretudo Craveirinha e Noémia de Sousa) são vistos como modelos sociais e literários para a maior parte de pretendentes à condição de escritor. Finalmente, a aplicação da definição mais codificada da poesia permite a alguns iniciantes serem avaliados mais rapidamente do que em qualquer outra forma de escrita: "Le respect des règles, sous apparence d'inspiration, peut valoir assurance de qualité" (Poliak, 2006, 207). Por ser, no senso comum, mais próxima às competências dos iniciantes e por confirmar mais facilmente a ilusão de uma vocação, a poesia é tida – por candidatos e organizadores – como o gênero adequado à concretização dos objetivos dos concursos literários.[7]

Antes de iniciarmos a análise de alguns textos que compõem este universo, talvez seja importante regressarmos ao elemento que, no caso moçambicano, se afigura como o mais relevante em toda essa discussão: a escola. A diversidade de propostas e posturas institucionais nos níveis de ensino e a crescente internacionalização do sistema escolar no país poderiam contribuir para a explicação – ou parte dela – das *irregularidades* do símile-campo nacional. O papel da escola na vida literária moçambicana é, todavia, difícil de delimitar, visto que os programas, as instituições e as linhas de orientação pedagógica são tão recentes, diversificados e ensombrados por dificuldades materiais quanto as produções dos jovens escritores. Fátima Mendonça chama a atenção para as precárias condições salariais dos professores e para a consequente atração pelo duplo emprego no ensino privado, bem como para os condicionamentos econômicos e políticos que enfrentam as universidades públicas no país. Para ela, a escola, "cuja falta de orientação pedagógica, decorrente de uma consistente política nacional de ensino e de cultura, encontra as soluções mais variadas, que, contudo, parecem convergir num aspecto: o *corpus* literário moçambicano passou a ter um reflexo descontínuo no ensino" (2008, 24). Quanto ao contexto social do ensino universitário, Francisco Noa é ainda mais pessimista:

> Basta que nos detenhamos a olhar para o espaço público e para espaços que deviam ser verdadeiras fábricas de soluções e de conhecimento, caso das universidades, e verificar como todos eles estão invadidos pela incompetência, o aventureirismo, o analfabetismo funcional, a subserviência, o arrivismo, a impostura intelectual e uma assustadora ausência de profissionalismo indiciando uma insuportável tibieza no que concerne a posturas, atitudes, valores e exigências (Noa, 2007, citado por Mendonça, 2008, 25)

O *boom* da edição em Moçambique não se dá, portanto, num quadro institucional apaziguado e linear. Para além da ausência de políticas eficazes no plano cultural e de ensino,[8] os dados relativos à circulação e à recepção

---

[7] Quase todos os concursos literários incluem também a categoria "prosa". Isso não coloca, todavia, a prosa em uma situação de similar protagonismo, visto que praticamente todos os jovens aspirantes à condição de escritor começam, em Moçambique e não só, pela poesia.

[8] Tem sido vasta a produção sobre o ensino (escolar e universitário) nos últimos anos em

do objeto literário são confrangedores: em Maputo, e estes dados se referem ao período que antecedeu a grave crise mundial de 2020, decorrente da pandemia, há apenas seis espaços formais que priorizam a venda de livros, cujos preços, como se sabe, são inalcançáveis para o poder de compra da grande maioria da população. Fora da capital, os números são ainda menos acalentadores. Às questões de circulação e recepção se junta, como já anunciado, a problemática das condições sociais de produção (de livros, de autores e de leitores). Tudo isso sem contar com problemas estruturais ainda mais fundos, ligados à história recente. Recorde-se que uma das "heranças civilizacionais" do colonialismo português foram os tais 93% de analfabetos deixados em Moçambique. E isso há menos de 50 anos atrás, período que não dista muito da média de idade dos atuais pretendentes à condição de escritor.

A maior parte dos poemas do símile-campo moçambicano indicia que a interiorização de técnicas oriundas da formação (escolar e/ou autodidata) e de produção literária é feita em simultâneo. Tal como se dá na escrita do pelotão secundário francês (Poliak, 2006), duas são as temáticas privilegiadas: o "amor" e a "revolta contra as injustiças", ambas inscritas num sentido atemporal. Similar em contextos tão diversificados, essa tendência potencia frequentemente o efeito contrário ao desejado: os versos contemplam a condição subalternizada com um olhar conservador. Vejamos, em seguida, alguns exemplos de todos estes aspectos.

Nascido em Quelimane, em 1979, Manecas Cândido frequentou o curso de Biologia, na Universidade Pedagógica de Nampula. É membro da AEMO e do Núcleo de Escritores da Zambézia (NEZA). Obteve o Prémio Revelação Rui de Noronha 2005, organizado pelo Fundo de Desenvolvimento da Acção Cultural (FUNDAC), condecoração que lhe permitiu publicar o livro de poesia *O Sentido das Metáforas* (FUNDAC, 2007). Esta edição contém um prefácio de Armando Artur, nome conhecido das letras e do mundo político moçambicano.[9] Sem comprometer o símile-campo

---

Moçambique. O número de publicações e a transversalidade dos objetos de estudo indicam a importância que a questão adquire atualmente nas ciências humanas e sociais do país. Eis algumas das temáticas abordadas: a evolução e os impasses da educação escolar e universitária (Castiano & Ngoenha, 2013), as práticas, os problemas e os desafios do ensino superior e de investigação (Mosca, 2009, 13-35), a banalização do conceito "academia" (Mosca, 2012), a função da universidade enquanto instituição social (Rocha, 2012, 145-156), o poder simbólico dos universitários (Serra, 2012, 236-239; 243-245), o perfil linguístico, as dificuldades dos estudantes e as estratégias didáticas para o ensino do português nas universidades (Gonçalves, 2010).

[9] Sobre o papel do prefácio enquanto dispositivo legitimador para os escritores desconhecidos, André-Patient Bokiba esclarece: "L'éclat et la notoriété du nom sont à ce point des marques de reconnaissance et de légitimité qu'on peut dire que moins le nom est connu dans le champ de l'institution, plus il a besoin du soutien compensateur

nem o espaço legitimado, habitual mediação feita pelos agentes que transitam entre esses dois mundos, Armando Artur justifica a entrega do prémio a Manecas Cândido, mas não esconde que ainda falta "labor" para que o autor alcance o campo literário – cujo modelo seria, para o prefaciador, encarnado em Rui Knopfli:

> Embora não tenha havido muito daquilo que eu chamo de *malabarismo* técnico, este livro merece, em grande medida, o prémio que grangeou. É, digamos, um começo. O resto, não passa de uma simples necessidade de apuro, e mais labor para quem está disposto a expor-se a todos os riscos que a escrita oferece, quando o propósito é procurar ser um verdadeiro e incansável marceneiro da poesia, à maneira Knophliana (2007, 4).

O Sentido das Metáforas exalta o exercício da escrita e, paralelamente, celebra a figura do poeta. O "amor" pela arte justifica, para Manecas Cândido, suas tentativas estéticas: "Adoro poesia! Esse nome... / Engenho explosivo que explode / dentro de mim"[10] (2007, 45). Traço comum na literatura profana, o jovem aspirante vê-se investido de um dom. Como tal, encontra-se na posição e em condição de trazer esperança aos outros: "O meu destino é voar na asa da poesia. / E do meu voo, levar a mensagem / com as cores da esperança / que a terra clama" (2007, 43). Dando sequência à construção mitológica do universo do poeta, apoiado em alguns recursos já desgastados no campo poético devido a sua incorporação massiva na linguagem do cotidiano ("destino", "voo", "esperança", etc.), Cândido recorda que, para alcançar a elevação, é também necessário sofrer: "Logo que nasci / deram-me presentes / de pobreza e um País / de angústias" (2007, 35). A fetichização pelo universo da escrita torna-se mais evidente quando alguns de seus recursos, independentemente do modo como são trabalhados, se convertem em objetos de celebração: "As metáforas / têm música / maravilhosa / que nunca terá fim" (2007, 42). A tematização dos recursos estilísticos no interior dos poemas (e indicado no próprio título do livro), reiteradamente inscrito na poesia amadora, pode ser interpretada, como já aqui foi sugerido, pela forma como se ensina literatura nas

---

d'indications complémentaires. La signature du préfacier comprend alors, outre son nom, la mention de ses fonctions ou de l'établissement auquel il appartient, autant de signes de reconnaissance de compétence ou de rappels de principe de l'autorité qui lui est dévolue par l'institution" (Bokiba, 1991, 78).

[10] Por uma questão de espaço, devido à quantidade volumosa de versos e poemas que é incorporada neste capítulo, optamos pelo formato corrido de transcrição, separando os versos com o uso da barra (/).

escolas. Em *Figures II* (1969), Genette explica que os alunos continuam a estudar este ou aquele escritor, mas sem a ocasião de os imitar. Não se lhes pede para escreverem retratos ou fábulas, mas apenas dissertações sobre os retratos e fábulas – que, por sua vez, não devem ser elaboradas na forma de seus objetos (1969, 29). Esse tipo de tendência releva, portanto, mais de uma dificuldade do que de uma libertação das amarras da linguagem: "A permanência de valores na arte assume assim a figura patológica do bloqueio que esconde um trauma" (Mammì, 2012, 15). Também por esse motivo, o deslize para o lugar-comum torna-se quase inevitável entre escritores menos dotados de capital literário: "O sol mais expressivo / revela-se, expande-se / na transição do tempo / (da madrugada ao dia)" (Cândido, 2007, 34).

Fazendo entrecruzar uma série de clichês sobre a ideia de criação literária, Manecas Cândido oscila da humildade ("Não sei reinventar / o que os outros já criaram / nesta terra", 2007, 30; "Enfim / a poesia é a meta dos meus desejos" – 2007, 11) à segurança, que lhe confere inclusive autoridade para dar "conselhos aos jovens artistas". Em primeiro lugar, oferece pistas ao prosador e hoje professor Lucílio Manjate, a quem dedica o poema "IV": "Se queres escrever um poema / insinua-te na minúcia de detalhes / e com expressões bem mais acesas / recria as palavras / que retomarão o significado / e humildemente se encaixarão / na simplicidade textual, em cada verso" (2007, 10). Logo depois, a interlocutores não identificados: "Se tens de escrever / escreve com palavras mais puras / na certeza de dar mais força aos versos / numa linguagem de amor ao amor" (2007, 38). O poeta, para Manecas Cândido, é o detentor de uma missão. Como tal, encontra-se na posição de enunciar a verdade profética: "Aqui estou / para proclamar o derradeiro aceno" (2007, 7); "Somos nós, os poetas / que de alma e coração / depuramos as palavras / como espectro de luz / que ilumina eternamente" (2007, 9). Semelhante à visão de tantos outros pretendentes à condição de escritor, depreende-se deste posicionamento o desejo de familiaridade com os signos da "alta cultura". No entanto, como assinala Bourdieu, a insistência do uso demonstra o oposto, isto é, uma falta de intimidade, que impede as liberdades e audácias próprias de quem a possui (1979, 381). Por este motivo, o "amor pela arte", explicitado em tantos poemas do símile-campo, poderia ser descrito como uma forma de *amor fati*: "amar é sempre amar no outro uma realização outra de seu próprio destino social" (Bourdieu, 2011b, 90). Também para Poliak, a valorização da "criação" pode ser compreendida como um desejo de inserção em um universo "cultivado", que permitiria a muitos indivíduos escapar de uma definição (de si mesmos) exclusiva pelo cargo que ocupam (quando ocupam). Quer se trate de aceitar um destino imposto ou de fazer face a um futuro incerto, definir-se ou ser definido como "escritor" ou "artista" permite a muitos indivíduos se elevarem (aos seus olhos e aos olhos de outros), conferindo uma qualidade extrínseca à posição que ocupam (Poliak, 2006, 302-303).[11]

Apesar da diversidade de trajetórias pessoais, o imaginário, no símile-campo, parece coincidir em muitos aspectos. Nizete Monteiro Mavila (Nampula, 1972) é licenciada em Psicologia e Pedagogia pela Universidade Pedagógica. Atualmente é funcionária pública na Inspeção Administrativa Provincial (Secretaria Provincial de Nampula). A autora conquistou o "Prémio Revelação de Poesia – AEMO/Instituto Camões", de 2008, concurso apoiado pelo Banco BCI-Fomento, do Grupo Caixa Geral de Depósitos. A distinção garantiu a publicação, dois anos mais tarde, de *50 Poemas de Nizete* (AEMO, 2010). *Elegia e Esperança* era, na altura, o título do manuscrito. Com textos de escassos oito candidatos sobre a mesa, o júri do concurso, constituído pelos professores Sara Jona Laísse, Nataniel Ngomane e pelo próprio Manecas Cândido teve em conta os seguintes critérios: "correcção linguística, originalidade e criatividade temática, coerência textual e estilo". Dos quatro requisitos anunciados, apenas o primeiro poderia ser confirmado na publicação que se seguiu.

Ao contrário do que costuma ocorrer no símile-campo, o livro de Nizete não é acompanhado por um prefácio ou um posfácio elogioso. O fato de viver fora de Maputo, longe, portanto, dos principais círculos de sociabilidade artística, poderia justificar, pelo menos em parte, esse "abandono" da instituição. A capa, de tons cor-de-rosa, com o desenho de rosas e borboletas à volta do título, constitui o único indício paratextual dos temas abordados. Nizete procura, em seus poemas, afirmar um lado "feminino" propenso ao "amor", ao "belo", ao "justo" e ao "moçambicano". Os títulos dos poemas confirmam essas intenções: "A Paz" (em dois poemas), "Meu ideal", "Amar", "As Palavras" (título de cinco poemas), "Amigo", "Ao Libertador", "Lágrimas de Chuva", "Código de Estrada", "Esperança I", "Felicidade", "Desespero", "Mulher" (título de dois poemas), "Mulher III", "Moçambicana", "Moçambicanidade", "O Mundo que te Ofereço", "Ânsia

---

[11] Vejam-se, a este propósito, alguns versos de Domi Chirongo, vencedor do "Prêmio 10 de Novembro", de 2010, conquista que deu origem à publicação de *Nau Nyau e Outras Sinas* (Aemo, 2012): "Temos/ de ter tempo/ pra acompanhar/ o lançamento/ dum livro/ visitar/ uma exposição/ fotográfica/ ou de pintura/ (...) Às vezes/ me pergunto/ se é vida/ essa maneira/ de estar/ dos meus próximos/ que não visitam/ uma exposição fotográfica/ ou de artes plásticas/ nem sequer espreitam/ uma sala de cinema/ será realmente vida/ não assistir a uma palestra intelectual/ ou ao lançamento de um livro?" (2012, 23-24).

de Vida", "Um Amor Mais Lindo", "Pomba Branca", "Mãe", "Meu Retrato", "Saudade", "Ser Mulher", "Slide de Amor", "Solidão", "Solidão I" e "Sonhos". A capa e os títulos dos poemas (alguns deles repetidos) são, pois, apenas os primeiros sinais de distanciamento do campo literário. Em seus versos, a autora reivindica uma "visão do mundo" já vista, revelando, sem pejo, uma intimidade com os produtos do símile-campo internacional: "O amor parecia / mais lindo / nas telas da t.v. / e nos filmes / e slides / Pois, / era irredutivelmente / maravilhoso: / Reflectia o brilho / do Sol; / da Lua e / das Pedras Preciosas [...] Porém, / no teatro da vida, / a peça do amor / não era assim tão perfeita: / Era tão frio / como a morte; / e tão quente / como o parto [...] Concordo com Liz Phair: 'o amor não é nada, nada / nada do que dizem'..." (2010, 76). Utilizando a forma versificada para tecer opiniões muito veiculadas nos meios de comunicação de massas, Nizete reforça a aposta no *ethos* do feminino para, possivelmente, entre outras motivações possíveis, compensar a fragilidade de sua proposta: "É mesmo belo ser mulher! / sentia em meu corpo, / em minha mente / em minha alma... / essa vibração / que gerava tanta energia" (2010, 71). A autora não se esquece de elogiar mulheres destacadas da história nacional, como "Josina, Noémia de Sousa e / todas as outras..." (2010, 79) ou ainda sua mãe (p. 67) e até mesmo a "Moçambicanidade": "O teu parto se confunde / no tempo... / E entre o Rovuma a Ponta d'Ouro / na coexistência deste Moçambiclorido / e no vai e vem da Moçambicanidade / onde o meu povo fala / a mesma língua unidade / envolta em capulana cultural multicolor, / irrigada pelo lençol da unidade / que leveda tua fertilidade / Moçambicanidade!" (2010, 46).

Estratégia habitual entre aspirantes, a ideia romântica da loucura do "poeta" também é inscrita com alguma insistência em seu livro: "quando falas, / roubo-te as palavras / da boca e do coração / e me pergunto / e não estou / a passar por uma / perturbação mental. / PORÉM, perturbantes, são os nossos pensamentos / que têm cheiro da mesma flor" (2010, 27, os grifos são da autora). Trata-se de uma escrita que, pretendendo afirmar singularidades individuais, reafirma a homogeneização social, o rumor coletivo, o clichê, comum nos primeiros exercícios de redação escolar. Veja-se, em outro exemplo, o poema dedicado a seu filho: "Procura tu a resposta / Se não a encontrares / Haverá sempre quem te ajude! Estuda... / Estuda muito / e procura conhecer. / A realidade / deverá sempre ser / A terra que os teus pés pisam / E o que teus sentidos engolem! / Nunca te iludas... / Nem sonhes alto de mais... / '*Quanto mais alto o sonho / Maior o tombo*'" (2010, 17. Os grifos são da autora). A grande referência artística e de Nizete é Jorge Rebelo, nome histórico da FRELIMO e autor secundário no universo literário moçambicano, que também foi o revisor deste livro: "Relendo Jorge

Rebelo / me apercebo que vivemos / no mundo que ele nos ofereceu... / E a todos os combatentes do 25 de Setembro" (2010, 55). Nizete também exalta Rebelo em "Ao Combatente da Libertação Nacional – Ao Libertador": "Conheci-te / Moçambicano / Patriota por excelência. / Tua humildade / Tua heroicidade / Contagiaram o meu ser / E desde então / Já não eras p'ra mim / Somente a poesia de combate / Metamorfoseias-te pai / amigo e conselheiro / E sobretudo te encontrei referência / Do ser e estar / E então chamei-te especial" (2010, 15). Ao celebrar a "poesia de combate" (há muito ironizada pelos autores consagrados do país) e, em específico, Jorge Rebelo, a quem dedica uma espécie de declaração epistolar em versos, Nizete confirma que o caminho até a fronteira do campo literário é ainda longo.

Gilberto Namuhara nasceu também em 1972 e em Nampula, onde concluiu o ensino secundário. Frequentou o Instituto Industrial de Maputo. Na capital do país, ainda antes da publicação de *A revolta de esquilos poéticos* (ISPU, 2003), atuava como técnico de construção civil. A edição de seu livro deriva do primeiro lugar que obteve no "I Concurso Literário Maria Odete de Jesus", promovido pela Biblioteca do Instituto Superior Politécnico e Universitário (ISPU), de Maputo. Na contracapa do livro, uma pequena nota, sem autoria atribuída, sintetiza o programa os propósitos do jovem autor: "esta é a sua primeira obra literária e manifesta nela um profundo sentimento de 'revolta' perante a situação sócio-político e cultural do país e do mundo. Faz também uma viagem pelos amores conquistados e não conquistados, tendo a pátria moçambicana como escudo da sua personalidade e identidade". Além da "revolta", do "amor" e da "pátria", que surgem aqui como elementos estruturadores da aventura literária de Namuhara, um quarto dado irrompe na contracapa, embora sob a forma de citação, assinada por "Anónimo": "Um sintoma de liberdade é o som de uma gargalhada".

Na página de agradecimentos, Namuraha afirma que seu livro de estreia é um "retrato", um "produto de múltiplos partos e foi gerado no percurso de uma vida cheia de emoções, como podem ver o seu reflexo nos versos que, com um custo, foram tirados da gaveta onde ensaiavam um repouso que poderia ser eterno" (2003, 1). A imbricação entre verdade ("retrato", "reflexo"), dom e dor ("múltiplos partos"), experiência e sensibilidade ("vida cheia de emoções"), combinação profana por excelência, autoriza o investimento estético de Namuraha. Mas, contrariamente à maior parte dos escritores do símile-campo, o jovem escritor mostra-se mais consciente de seu estatuto de amador. Chega mesmo a agradecer "a contribuição de todas as pessoas que, com sua humildade e *paciência*, tornaram possível a sua [do livro] finalização, *apesar de todos os constrangimentos que foram aparecendo*, como é natural nestas situações" (2003, 1. Os grifos são nossos). Logo a seguir, agradece de seu "humilde coração [...] aos Srs. Fernando Couto, Mia Couto (de quem, com muita atenção, escutei críticas e sugestões), ao Dr. Calane da Silva, à compreensão da Dra. Irene. Agradeço também ao Eng.º Manuel Monteiro Gomes pela disponibilização de certo material" (2003, 1). Conscientes de que circulam por espaços extremamente hierarquizados, ainda mais para eles, que não pertencem a qualquer tipo de elite, os agentes do símile-campo prestam particular reverência às figuras de "estatuto superior". A diferença social entre o pretendente (que reitera sua humildade ao longo do texto) e as "autoridades" mencionadas é reforçada por marcadores simbólicos de respeito, sejam eles profissionais ou de idade ("Srs.", "Dra.", "Engº."), ou então pela referência aos bens que lhe foram disponibilizados para auxiliar o empreendimento ("certo material"). Finalmente, antes de homenagear outro pretendente à condição de escritor, "Rogério Fenita, 'O poeta'", cita uma frase do cantor popular americano Prince: "O amor que define os contornos do meu coração é todo teu" (2003, 2).

Quem assina o prefácio é Irene Mendes, na altura docente de Português e Técnicas de Expressão e de Linguagem e Comunicação, na Universidade Politécnica. Mostrando certo desconhecimento das regras do campo literário e também das normas que se vão instituindo no símile-campo, Irene Mendes confessa uma primeira hesitação pessoal:

> Quando o Gilberto me pediu para escrever o prefácio, fiquei sem saber se, na qualidade de um dos membros do Concurso Literário, me era permitido redigir tal texto. Consultei o 'meu chefe' que achou que sim, uma vez ser uma das pessoas que conhecia os poemas do autor. Então, ainda na qualidade de um dos membros de júri, rabisquei, timidamente, o seguinte: (2003, III).

São três os níveis hierárquicos aqui explicitados: a do "chefe", que autoriza o prefácio, a da prefaciadora, que ("timidamente") valida a pretensão do iniciante e a deste último, que (também "timidamente") aguarda com expectativa o veredito. Em seu texto, Irene Mendes procura explicar as razões que conduziram Namuhara à conquista do prêmio:

> pelo seu elevado nível poético-linguístico, pelo seu estilo poético e, sobretudo, pela pertinência temática a que o autor sensível e sabiamente demonstrou dominar [...] Denuncia situações com as quais ele não concorda. Aspira por um país melhor. Exalta as mulheres do seu país. Clama pela identidade moçambicana (2003, III).

São, portanto, razões de natureza "poética", "linguística" e "temática" que levaram o jovem Namuraha a suplantar os restantes "160 trabalhos apresentados". A autora do prefácio valoriza ainda a intertextualidade (a que designa "interferência") de alguns poemas de Namuraha, em particular quando o aspirante convoca *Karingana ua Karingana* e *Xibugo*, do "mestre José Craveirinha" (2003, III). Além disso, afirma que "este jovem [...] não parou no Mestre, leu e também se inspirou em Mia Couto [...] podemos encontrar Gilberto brincando com as palavras, como o Mia já nos habituou em todas as obras" (2003, IV). Enfim, Gilberto é um "jovem que, ao contrário de muitos outros jovens da sua idade, leu antes de escrever" (2003, III). Não é difícil descortinar a admiração da professora por duas das figuras mais importantes do cenário literário nacional (José Craveirinha e Mia Couto) e, inversamente, ainda que de modo indireto, a desconfiança com que observa os "jovens" que pretendem ser escritores. Os aspirantes, de resto, carregam consigo o peso de um específico estigma: não leem antes de escrever. Todavia, segundo ela, Gilberto Namuraha pode ser visto como uma exceção:

> Talvez pelas leituras que lhe serviram de bagagem, Gilberto, em alguns poemas, rima e utiliza outros elementos poéticos, tais como: a gradação, a adjectivação, a metonímia... o que significa que os utiliza com algum à-vontade [...] Mas a perfeição linguística também o preocupa. Além de se ter mostrado feliz por ter ganho o concurso, demonstrou algum mal estar por ter deixado passar alguns erros ortográficos (poucos) e gralhas próprios de trabalhos desta natureza. No dizer dele: 'não queria que os poemas saíssem com erros'. Procurou saber por que razão eu preferi 'bantu' em vez de 'banto', forma que ele, à semelhança de Craveirinha, tinha utilizado num dos poemas. Expliquei-lhe que era simplesmente uma questão de fidelidade à escrita da língua de origem (2003, IV).

A inclinação escolar da escrita do símile-campo é, de certo modo, ratificada pela prefaciadora, que descreve todas as conquistas do jovem pretendente: leituras, apropriação de recursos estilísticos, interesse, aplicação da norma, humildade, etc. O texto de Irene Mendes desvela, além disso, uma das lógicas norteadoras dos concursos literários secundários, sintetizadas por Poliak: a escrita literária é colocada numa situação de exame. E esse exame é equivalente às situações escolares mais comuns, nas quais o trabalho e a pessoa são avaliados e seus níveis são ou não certificados. Os concursos, por isso, possuem uma carga de tensão e de ansiedade muito maior nos indivíduos desprovidos de títulos escolares elevados. Através desse tipo de prêmios, os pretendentes poderão obter uma certificação que legitima suas tentativas estéticas e/ou compensa a eventual ausência de titulação (Poliak, 2006).[12] A insistente referência à humildade do candidato terá também a ver com esses fatores.

Anunciando indiretamente ter sido a autora da revisão (não há indicações claras no livro sobre algumas componentes paratextuais do livro, como a ilustração da capa ou a própria revisão), Irene Mendes finaliza seu texto com três considerações. A primeira, sendo dirigida ao leitor, legitima o autor: "Espero que concordem comigo ao considerá-lo um promissor da nossa poesia moçambicana" (2003, V). A segunda, encaminhada ao ISPU, revela os objetivos do concurso: "Ao ISPU, os sinceros parabéns pela iniciativa [...] A ele [este concurso] seguir-se-ão, seguramente, outros concursos de forma que os jovens encontrem mais espaço para exprimir o que lhes vai na alma e poderem contestar o que gostariam de ver melhorado na sociedade" (2003, V). E a última, destinada ao jovem estreante, reitera a visão sobre as práticas (ou a ausência de práticas) de leitura do símile-campo: "Ao Gilberto, muitas felicidades e que continue a escrever, depois de ler, claro!" (2003, V).

De maneira escolar, Gilberto Namuraha apropria-se dos objetivos do concurso. Como assinalou Irene Mendes, para além do diálogo intertextual com os escritores moçambicanos consagrados, *A revolta de esquilos poéticos* gira em torno dos malefícios da "sociedade" e dos benefícios das evasões da "alma" – que são, em nosso entender, as duas grandes *doxas* da escrita profana. Não dista, portanto, de tudo o que tem sido escrito no símile-campo. A não ser em uma componente: Namuraha é mais enfático na "revolta" do que no "amor", identificando inclusive um leque maior de problemas sociais do que os restantes autores. Cabe, porém, sublinhar que este concurso é dos poucos que solicita abertamente que os candidatos "contestem o que gostariam de ver melhorado na sociedade".

Em "Ser ou Não Ser", por exemplo, o aspirante mostra sua indignação "contra palavras discursadas / nesta África / plateia de saudosos espectáculos!" (2003, 2). A fúria dirige-se à elite de "altíssima classe / pela ganância do poder absoluto" (2003, 5) e o eu-poético de Namuraha revolta-se contra a "retórica da coca / 'made in Mozambique'" (2003, 22), o consumismo de

---

[12] O diploma escolar ou universitário é uma das principais plataformas de mobilidade social no país. Outro fator de peso nesses concursos, como já foi aqui sugerido, é a própria retribuição material pelo esforço dos candidatos. Assim, se nem todos confundem os prêmios literários aos títulos escolares, nenhum deles pode escapar à *allodoxia*, que, para Poliak, constitui a indexação do valor literário no valor monetário (2006, 250).

"Natal" (p. 6), o discurso dos "corredores" da política, onde desfilam "Democráticas máscaras" que "ocultam hipocrisias" (2003, 23). Já em "Pertinácia", o desencanto espelha-se na vida cotidiana dos pobres: "Tudo fodido! / as possibilidades adiam-se / no rolamento das loucuras / dos mais poderosos" (2003, 12). Todas as injustiças do mundo levam, portanto, o "eu poético" a um estado de raiva explosiva, que roça a violência: "E não me venham com hipocrisias / que as rebento à paulada / na primeira tentativa de subjugação / pois detesto tornar-me num / deambulante ser / entrincheirado / numa batalha de armas sem calibre" (2003, 9). No entanto, as lógicas de poder contestadas aparecem destituídas de nuances, formalizando-se unicamente no confronto entre poderosos indefinidos ("eles") e vítimas definidas ("eu"). Estas últimas apenas poderão sentir o gosto do poder durante a fugaz bebedeira: "eleito por unanimidade / e sem contestações / Então, à minha volta / mulheres de todas as raças / idades e formas se curvam em vénia / aguçando os meus carnais apetites / que sobressaltam na poltrona real" (2003, 42). Enquanto gênero da "emoção" para a maioria dos pretendentes, a poesia torna-se virtude e necessidade, até se converter em "valor moral" (Poliak, 2006). Mas tanto a emoção quanto a justiça são, na grande maioria dos casos, desprovidas de uma efetiva axiomática política. A "verdade eterna" e categórica (sempre deslocada das realidades sociais desses autores) impõe-se. A essa verdade pura associa-se, naturalmente, a "revolta contra as injustiças", neste caso, mediada por um léxico que se desvincula da investigação poética e se ampara no já dito, na palavra desgastada.

Como já sugerido, o autor combina neste livro os ingredientes "revolta" e "amor", criando dois polos de oposição: "na despolitizada versão / de nos sentirmos amados" (2003, 35). De fato, como costuma ocorrer no símile-campo, o "amor" surge como reverso simétrico do "político", sendo apresentado como sua ideologia alternativa. Por outro lado, e para não fugir à regra profana, a retórica do amor desliza *fatalmente* para a reflexão sobre o fazer poético: "Estou-te grato / por consumires estes versos / sílaba a sílaba / Orgulhoso por saber / que em cada ponto de interrogação / sentes a mesma vertigem" (2003, 29). Tendo em conta o *ethos* romântico do poeta profano, o bar (*topos* da boemia) também é chamado a cumprir a função de cenário: "Na mesa de um bar / no papel prateado de um maço de cigarros / em palmar sentido de angústias / esboço este retrato / de uma vida medida / aos traços de uma saudade / a jorrar pelos flancos do tempo" (2003, 47). Os poemas epistolares que homenageiam familiares (p. 39) e a obsessão pela rima, mais desejada do que a própria mensagem do poema, constituem apenas alguns exemplos complementares de um estilo que se encaixa no horizonte do símile-campo. Devido a sua inclinação autodidata (em parte porque não existem espaços de formação), o símile-campo deixa-se sucumbir na perversa armadilha: o esquecimento de que "o pensamento práxico, prático, mimético não encerra o domínio simbólico de seus próprios princípios" (Bourdieu, 2011b, 139). Gilberto Namuraha parece confirmar isso mesmo quando, por via de metáforas ligadas ao mercado literário, afirma resignado: "Sou a minúscula sílaba / por acontecer / e que anseia ser grande / O que sou / não chego a ser um / mas basta-me ser / o elemento ímpar / o exemplar único / sem registo nem título" (2003, 4).

Os sonetos de *O Meu País é Esférico, Azul e Pasmoso* (AMALI, 2006), de Stélio Inácio, giram também em torno às ideias de "revolta" e "amor". Nascido em 1986, Inácio "escreve desde 2002 em diversos géneros, mas principalmente no género poético", como informa a contracapa do livro publicado pela Academia Moçambicana de Artes, Letras e Ideias (AMALI) e patrocinada pelo BCI-Fomento. A contracapa destaca a paixão do autor pela escrita, vocação que se confirmaria pela precocidade com que concebe seus primeiros poemas e com que reafirma a ideologia do dom, *doxa* da prática literária amadora (Poliak, 2006). A participação de Inácio em redes de sociabilidade artística e o prêmio que obteve num concurso literário ("Foi 2º classificado no Prémio Literário 'Maria Odete de Jesus' 2006 para a modalidade conto, promovido pelo ISPU") são os restantes aspectos realçados. Apesar de ter conseguido seu primeiro reconhecimento com um manuscrito de contos, Inácio estreia com um livro de sonetos. Confirma-se, uma vez mais, a tendência dos iniciantes do símile-campo a dar seus primeiros passos nos gêneros de formato curto, mimetizando os primeiros passos da formação literária oferecida pela escola.

O prefácio é escrito por Silvestre Sechene. Enquanto escritor mais velho do símile-campo, Sechene investe-se de autoridade para celebrar a chegada de Inácio ao universo da escrita. A idade é, aliás, um fator de peso para a hierarquização no circuito secundário. Contudo, o investimento no lugar-comum aproxima ambas as gerações. Sechene valoriza, em seu prefácio, o dom, a precocidade, as emoções e a revolta de Inácio:

> Aos quinze anos de idade redigiu o primeiro poema e aos dezesseis decidiu fazer da poesia o berço onde crescem incontáveis emoções. Stélio Inácio escreve porque foi incapaz de contornar o poder da literatura, rendendo-se, prostrado, a ela. Mas também escreve porque uma revolta fervilha no seu íntimo: a revolta de não perceber por que razão os seres humanos não se juntam para proclamarem a paz e a irmandade como valores inalienáveis (2006, 4).

Como temos vindo a constatar, seguindo Poliak, o desenvolvimento da "cultura da interioridade" é apenas um dos efeitos do "etnocentrismo letrado" (Poliak, 2006, 101) que se impõe no espaço profano. Contrariamente ao grosso das produções do campo legitimado de Moçambique, que procura fazer corresponder o exercício da escrita ao gesto de "dar voz ao excluído", ou então, pelo menos, ao de investigar "o olhar das margens", no símile-campo praticamente ninguém dá voz a ninguém. Por vezes, nem a si mesmos. Em um espaço marcado pela invisibilidade ruidosa, todos lutam por ela.

A escrita em uma forma poética desprestigiada no campo literário (o soneto) é outro sintoma de profanação do livro. Não seria, contudo, um risco por si só improdutivo. O que coloca Inácio como autor por excelência do símile-campo é a natureza escolar de sua proposta. Com textos produzidos de 2003 a 2005 (dos 17 aos 19 anos, portanto), todos datados com dia, mês e ano (reiterado indicador paratextual – nos dias que correm – de pertença ao símile-campo), o jovem poeta celebra o amor, a natureza e a "irmandade universal": "Porque neles a vida faz-se bela / E impõe-se a vontade d'a perpetuar / e d'a gozar com dignidade e amor / Homens, que lutemos por em paz tê-la / Para que nunca nos possamos cegar / À tanta maravilha ao nosso redor" (2006, 14). Mantendo o foco na atemporalidade da justiça (Moçambique raramente é identificado nos versos, apesar de o título do livro evocar este referente), Inácio não se abstém de enumerar sentimentos em todos os poemas: "Junto a vós, sou todo ardor, sou todo amor [...] Sou todo placidez / Sou todo frescor [...] Sou todo presente / Sou todo dulçor" (2006, 35). Ao atualizar formas pronominais em desuso até mesmo em Portugal, a escrita de Inácio parece querer mimetizar os primeiros poemas aprendidos na escola, concretamente aqueles que possuem uma componente didática de fácil apreensão. Com escassa mensagem para lá da própria publicação, a coleção de rimas que propõe revela duas grandes tendências: a celebração da poesia, conotada com a emoção, a natureza e a justiça, e o lado lúdico da escrita, apreendida aqui como um campo onde se processam jogos de palavras do tipo *Sudoku*.

É notória a distância entre esses escritos e os mundos coletivos e privados de seus autores. Seria possível alegar que a escrita literária não é obrigada a vincular-se a aspectos sociais e políticos, ou ainda a elementos do foro íntimo, metalinguístico e transcendental, e que, inclusive, qualquer dessas opções pode estar na origem de todas as subversões. Todavia, a produção de qualquer tipo de subversão depende de uma intenção fundamentada no conhecimento prévio das realidades que servem de referência ou ponto de partida (as tais "versões") e no domínio de uma série de formas, instrumentos e mecanismos de representação. Caso contrário, algo se rompe na comunicação. Daí concordarmos com Lorenzo Mammì, que chama a atenção para algumas obras contemporâneas (ocidentais) que reivindicam autonomia e qualidade simplesmente por inscreverem o "sentimento": "De certa forma, essa repetição ao infinito da emoção sensível parodia a produção infinita de significado de que a arte tradicionalmente era capaz. Mas a passagem entre emoção e significado está obstruída, e, com ela, a relação com a história" (Mammì, 2012, 114). Por tudo isso, no contexto do símile-campo moçambicano, a natureza "revoltada", "sentimental" e "artisticamente elevada" das produções profanas constitui o avesso do lugar cultural e social de seus autores.[13] Estes, ao interiorizarem a ausência de interesse por seus mundos reais e populares, parecem perseguir um quadro simbólico compensatório (Poliak, 2006). O mesmo, aliás, poderia ser dito de grande parte dos escritores consagrados que, ao não focalizarem seus mundos reais, inseridos na elite, perseguem na contramão de suas posições sociais uma via que lhes é paralela. Como anunciamos na introdução, parece-nos de fato que, enquanto os vencedores de concursos secundários formam uma franja dominante da classe dominada (raros são os que pertencem à elite econômica e intelectual do país), os escritores do campo literário constituem uma franja dominada da classe dominante (praticamente nenhum pertence à elite política). Resta-nos agora tentar entender a posição daqueles que se situam entre uns e outros, no umbral do campo literário.

*****

Do mesmo modo que se detectam desvios de diversa natureza no campo consagrado, o espaço secundário não é constituído apenas por escritores destituídos de capital literário. Algumas vozes, raras, despontam deste

---

[13] Custódio Vasco Duma foi menção honrosa do prêmio TDM 2004, condecoração que levou o jovem de então 26 anos, na altura estudante de Direito da Universidade Católica de Nampula, à publicação de um livro, *verdadeira confissão* (Ndjira, 2004). Nessa compilação de 37 poemas, divididos em três partes ("Verdadeira Confissão", "Outra Confissão" e "Nenhuma Confissão"), Duma procura combinar os registros da "sensibilidade", da "justiça" e da "religiosidade". Com esses ingredientes, apresenta-se: "*Como ser / Acredito que sou transcendente / Sou social e tenho uma religião / Com amor e fé adoro a Deus em oração [...] Como 'Eu' / Sou imbatível e teimoso / Sou exclusivo, próprio e não vaidoso / Sou possibilista de verdade*" (2004, 7-8). "Possibilista de verdade", "exclusivo e imbatível" (embora "não vaidoso"), buscando entrelaçar o lado "filosófico", que delimita o bem (onde se encontra) do mal (os "outros"), e o "estético", concretizado em rimas consecutivas, o autor anuncia ao longo de todo o livro alguns dos desejos mais incontrolados do "eu poético" profano.

circuito acolhido pelos concursos. A mais interessante delas, cremos, é a de Hélder Faife. Por isso, para finalizar, centraremos nossa atenção a partir de agora em *Poemas em sacos vazios que ficam de pé* (TDM, 2010).

Hélder Faife nasceu em Maputo, em 1974. Filho de Abel Faife (antigo jornalista moçambicano, falecido em 1987), formou-se em Arquitetura e Planejamento Físico, tendo trabalhado ainda como artista plástico, cartunista e criativo de publicidade. Obteve uma dupla conquista na quinta edição do "Concurso Literário TDM 2010". *Contos de Fuga* e *Poemas em sacos vazios que ficam de pé* venceram as categorias de conto e poesia, respectivamente. Segundo a página eletrônica da empresa que organizou o concurso, além do prêmio monetário (150 mil meticais no total, ou seja, 75 mil para cada uma das modalidades), a Telecomunicações de Moçambique (TDM) editou 1000 exemplares de cada obra. Depois de citar o nome de algumas das personalidades presentes na cerimônia de entrega, a nota informativa acrescenta que foram convidados os "familiares dos vencedores, *escritores e fazedores de literatura* no nosso país" (TDM, Jornal do Cliente 2010. Os grifos são nossos). Como se pode observar, a fronteira entre legítimos ("escritores") e os outros ("fazedores de literatura") é internalizada pela própria entidade organizadora.

Poemas em sacos vazios que ficam de pé é, sem embargo, um livro muito diferente da maioria dos que compõem o símile-campo. A começar pelos elementos paratextuais, pautados pela discrição. Uma pequena nota biográfica de três linhas, na contracapa, é suficiente para apresentar o autor. Quanto à capa, ilustrada pelo próprio escritor, um vendedor (ou uma vendedora) transporta em seu carrinho de mão o título do livro. No que se refere à página de agradecimentos, apenas os nomes de familiares são evocados. Isto é, ao contrário da maioria dos pretendentes do símile-campo, Faife não homenageia nem se vincula a nenhum agente do universo literário legitimado ou do circuito secundário. O livro tampouco contém prefácio ou posfácio. Há apenas uma pequena nota escrita pelo autor, na qual se anunciam, em prosa, as temáticas maiores do livro:

> Tímido curso de águas domésticas suburba o lustro urbano. Gente anti-municipal, sentenciada pelo simples delito de existir, esgueira-se pelos textos corcundando trouxas informais do comércio ilegal. As moscas em balbúrdia são borboletas colorindo frases. Não há dinheiro, diferencial que nos torna bandidos ou mendigos [...] Também há escarro, muito escarro contido, sem o ímpeto da revolta, pensamentos apenas, e um sopro oco expelido silenciosamente dos intestinos (2010, 5).

"Sem o ímpeto da revolta", um dos *doxas* do símile-campo, Faife mergulha nas "águas domésticas" dos subúrbios e dessa "gente anti-municipal", que subvive e sobrevive como pode. Podemos inclusive afirmar com certa margem de segurança que, se excetuarmos os versos de Craveirinha (com quem parece estabelecer uma eficaz interlocução) e os contos de Suleiman Cassamo (muitos deles ambientados no espaço suburbano), poucos autores consagrados trabalharam com a mesma intensidade a geografia humana que Faife focaliza neste livro. *Poemas em sacos vazios que ficam de pé* divide-se em três partes: "poemas em sacos vazios", que privilegia o mundo dos vendedores informais; "dez abafos de uma p...", que se centra nos universos privado e público da prostituta; "poema vazio e outras dores", que, não se desconectando das duas primeiras realidades, repensa de maneira mais geral a desigualdade entre o cimento e o caniço. Em todas elas, Faife estabelece um jogo de variações entre a língua e os abismos sociais: a partir de pequenas alternâncias prosódicas (que oferecem uma musicalidade orgânica aos versos) e de deslocamentos morfossintáticos (que indiciam o tráfego generalizado entre os protagonistas), o jovem estreante assinala algumas das grandes contradições do atual meio urbano moçambicano.

É nessa linha que se situa, por exemplo, o poema "uns e outros": "Uns sentam-se à mesa farta e tomam o pequeno almoço / Outros não se sentam, porque é pequeno, o almoço. / Uns, os que se sentam, sorvem. / Outros, os que não se sentam, servem. / Uns que se sentem. / Os outros sentem. / Claro está, uns e outros não se podem sentar à mesma mesa, pois são o contraponto uns dos outros (...) / E dois pontos não podem simultaneamente ocupar o mesmo espaço (...) / o destino da refeição dos que se servem é manipulado pelos que servem / e o destino dos que servem é manipulado pelos que se servem / Como manipular o destino uns dos outros se estamos todos reféns do destino? / Uns não têm resposta. / Os outros não ripostam. / Uns têm mesa, outros têm chão. A mesa é farta, o chão é fértil. / À mesa farta sentam tramam e tomam. / Sob o chão fértil tremem e temem que lhes tomem." (2010, 87). Partindo de uma pesquisa sobre as potencialidades imagéticas e sonoras da língua, a poesia de Faife oferece ao leitor alguns dados sobre a crescente desigualdade social em Moçambique. Para além dos empregados domésticos, os vendedores informais, enquanto ícones do cotidiano, ocupam um lugar de destaque em seu imaginário literário. Com escasso protagonismo na poesia e na prosa moçambicana, tais figuras são, nos versos do autor, a face eloquente de uma realidade onde as finanças definem a agenda política. É nesse contexto que o vendedor pode apenas viver de restos, arquitetar formas de contrapoder e/ou incorrer no crime. Faife, por isso, parece querer chamar a atenção para uma perda específica na sociedade moçambicana atual: a reciprocidade.

Em qualquer relação interpessoal, a reciprocidade depende de uma base comum: a apreensão e a apropriação da dimensão "tempo". O tempo dos vendedores de rua é diferente, não por qualquer razão de natureza transcendental, mas pelo destino político e social que lhes coube em sorte. Tal destino os coloca numa posição intermédia, que se situa entre a natureza rastejante e as altas finanças: "o relógio da vendedeira / não tem ponteiros / é o fluxo estonteante / de compradores que vêm e vão / e o ângulo das penumbras / a moverem-se pelo chão / a ampulheta do sol inverte-se / no nascente e no poente / e marcas impulsos / que de tão eficientes / não lhe cabem no pulso" (2010, 16). Não pertencendo a nenhum dos horizontes da vida moderna ("nascente" e "poente"), desprovidos, portanto, da comunhão de uma das coordenadas de existência (o tempo), resta aos vendedores a tentativa de apropriação da outra coordenada (o espaço).

Os espaços que o autor desenha para os vendedores não exigem (nem demandam) um complemento retórico. É o caso dessa calçada, ocupada em toda sua extensão pelo solitário menino-vendedor: "lágrimas tempestuosas molham o chão / o comércio de rua está ensopado / o vento espirra / um puto funga torrencialmente / e constipa a calçada / está só e veste calças muito curtas / ou meias castanhas compridas / ... muito compridas" (2010, 29). É este lugar empestado pelo fungo da criança (que, como pode, negocia sua dignidade com as roupas simultaneamente curtas e compridas que possui), espaço apenas parcial e precariamente ocupado devido à ausência da tal reciprocidade, que força o menino a se tornar adulto antes do tempo: "menino sentado / a comerciar doces / sem autorização para prová-los / a cicatriz funda / da meninice no olhar / ainda é crosta / e dói / e sangra / ferida de morte / a infância amarga morre / o pequeno adulto amalgamado prova doce / e comete o primeiro roubo" (2010, 35). Sem gritos de ordem, mas efetivo, Faife oferece-nos essa "modéstia porção de subúrbio encardindo o lustro urbano" (2010, 39), cenário de pessoas excluídas que, quando pisam o cimento, podem ser espezinhadas pelo movimento.

Ao refletir sobre o tempo descompassado e o espaço (do) marginalizado, ambos em relação fraturada com um "centro" flutuante (neste caso, o do dinheiro), o autor demarca-se ainda da "emoção" atemporal que recobre a poesia do símile-campo. Seus versos chegam mesmo a confrontar esse universo: "quem dá afeto não se infeta?" (2010, 58). Por pressentir a violência simbólica que se esconde no *ethos* da doçura, Faife apoia-se em outro tipo de imagens: "ao sol / sem lirismo / florescem as palavras / empilhadas para o comércio / é poesia que vendo / música necessária /

à algibeira / maestro sem pressa / desenho o ar / e espanto as moscas / com o aceno / tilinta a música / de moedas no bolso" (2010, 46). À ruptura com o imaginário da sensibilidade "amorosa" se junta o rechaço à ideologia do "dom" artístico, tão em voga entre os iniciantes. Ambas as repulsas se fazem, como podemos notar na passagem citada, a um nível semântico e formal. Em cada série de elementos valorizados pela poesia do primeiro subgrupo do símile-campo ("sol", "lirismo" "palavras" / "poesia", "música" / "maestro", "desenho" / "aceno" / "música"), surge um contraponto desmistificador ("comércio" / "algibeira" / "moscas" / "moedas no bolso"). A ilustração da capa de seu livro sintetiza, pois, o projeto artístico e ideológico do jovem estreante. Nela, como já assinalamos, um (ou uma) jovem transporta em um carrinho de mão o título do livro, anunciando implicitamente uma mensagem de natureza poética e política.

Como se não bastasse, em Faife, alguns elementos simbólicos ou culturais muito tratados no campo literário são também reavaliados. Por exemplo, a velhice deixa de ser apenas fonte de sabedoria: "velhos não são trapos / mas trajam farrapos / ... / o corpo pendurado nos ombros / verga ao peso do fardo dos anos / é a gravidade cínica que o convoca / a engravidar a terra com seu túmulo / ... / arrasta-se sem graça / cartão postal da desgraça / ... / esquecido o seguro de juventude / a vida não se reembolsa [...] a dignidade reformou-se com a idade / já não vende cigarros / pede esmola / ... / o abdômen é o recôncavo vazio dum prato / a mão pedinte é uma colher / a esmola é sua pensão de reforma / ... / a velhice não é um posto / é um imposto" (2010, 15). A capulana, por sua vez, já não realça com suas cores e texturas os contornos físicos e existenciais da mulher moçambicana. Ela é, aqui, unicamente depósito da escassez, o último dos esconderijos possíveis: "no norte da capulana / um nó providencial / é cofre seguro / o pano mãe / com que se enroupa / agasalha a receita do dia" (2010, 14). Já a acácia, habitualmente enquadrada como centro de beleza, símbolo de Maputo ou então como referente de um celebrado saber coletivo – a raiz –, converte-se em cenário do íntimo, do marginal e do escatológico; torna-se, enfim, a passarela de personagens secundárias da História: "os amantes / na discrição do escuro / encostam-se ao tronco / chilreiam seus pássaros famintos / e moram um no outro / depois vem o bêbado / mija e balbucia delírios / abraçado ao caule / escorrega tronco abaixo / e adormece de braguilha aberta / sobre o orvalho azedo da urina" (2010, 47). Por outro lado, se o "voo" costumava antes conotar a libertação das amarras poéticas e políticas, agora, com Faife, é associado também ao mendigo (esse "man digno", 2010, 74). Ou então às larvas: "milagre no bazar, insólito de tão banal: fruta gera vida, larvas! / da podridão os bichos bebés espreitam tímidos / ensaiam a vida, coreografia dócil de movimentos molares [...] enquanto a vida resplandece da podridão cadavérica do fruto / cogito a nossa condição: / para onde voar sem asas o corpo inquieto que nos pesa a alma? / ou somos ainda larvas na polpa deste mundo apodrecido?" (2010, 42). Finalmente, a "poesia líquida", imagem que atualiza a natureza compósita da nação, devido ao permanente encontro de culturas que sua paisagem favoreceu desde os primórdios da história, é, de certa forma, contraposta nos versos de Faife. E isto se dá porque o autor sugere a violência que também nela se espraia: "deixem o poema ser líquido / e escorrer pela borda da estrada / encontrar-me-ão caseiro / e de portas abertas / na sarjeta" (2010, 72).

Desmistificando a escrita profana e desafiando algumas formas cristalizadas no campo literário, Hélder Faife não se esquece de posicionar socialmente seu sujeito poético – outro dos aspectos pouco frequentes na escrita nacional. Este, a certa altura, se pergunta pelo lugar que ocupa nesse palco de atropelamento social: "enquanto o mundo se ri dele / o homem crespo de cabelos / e liso nos bolsos / estende a mão pedinte / outro / liso de cabelos / e crespo na bolsa / cospe-lhe uma moeda / eu / descabelado / e mulato no bolso / serei liso ou crespo? / roto no cabelo / ou calvo nos bolsos?" (2010, 84). Também o universo da prostituta, temática cara a escritores do símile-campo e do campo literário, é repensado por Faife. Em alguns poemas, sobretudo aqueles que fazem entrecruzar a exterioridade e a interioridade da prostituta, um diálogo com a poesia de Craveirinha e com a fotografia de Ricardo Rangel parece estabelecer-se: "a rachadura no espelho / parte-me em duas / dispo lentamente a alma / deixo-a ilesa / do outro lado do reflexo" (2010, 52). Ao corpo da prostituta, isto é, a essa *repartição pública nocturna / expediente / para homens e moscas*" (2010, 60), o jovem autor acrescenta, entretanto, novas simbologias: "corpo enrolado em outro / yin and yang / in and out / out put, in put / imputa-me / onde mais fundo me tocas: / na bolsa" (2010, 56). Nestes sete versos, a prostituta possui uma tripla função: materializa a dualidade, por ser o espaço onde coabitam duas forças opostas e complementares. Segundo a tradição do taoismo, "yin" é o princípio feminino, da terra, da absorção, da escuridão e da passividade; "yan" sinaliza o outro lado, o masculino, do céu, da luz, da penetração, da atividade. Para além de convocar um conceito chinês para descrever o encontro entre a prostituta e o cliente (conceito que pode também, ironicamente, indiciar o crescente contato empresarial entre China e Moçambique), interliga-o à conjunção em língua inglesa ("and"), a língua (ou moeda) internacional dos negócios financeiros, do encontro desigual dos tempos neoliberais moçambicanos. A primeira função vincula-se diretamente à segunda: a prostituta materializa a violência do hibridismo. O "out put, in put", ou esse entrar e sair do corpo da prostituta, enquadra-se na mesma lógica já aqui citada do *entrar y salir* da modernidade, teorizada por Cornejo Polar (1997). Finalmente, a terceira função: a prostituta pode encarnar a resistência. O poema finaliza com o desprezo da trabalhadora perante a suposta força desses ilustres "estrangeiros", que em seu corpo se esvaziam, a nível simbólico e material.

A temática da resistência não se limita, assim, àquele sentimento apaziguador e conservador de que o pobre é melhor do que o rico simplesmente porque é excluído. A "infrapolítica dos desvalidos" (Scott, 2003) é, em Faife, uma forma possível e legítima de luta: "tua voz vem comprar / pergunta receosa / quanto custa / solícito / dou-te os preços / inflacionados com astúcia / regateias mas não cedo / viras as costas mas regressas / após inspeccionar o mercado / resmungas mas compras / e eu espero paciente / pela imbecil distracção / de outras presas" (2010, 37). Os marginalizados inscritos pelo autor não são, portanto, um mero instrumento de antiexotismo literário. Como bem detecta Jéssica Falconi, em um dos raros textos críticos escritos sobre o autor, "a instância de denúncia da desumanização faz com que a poesia resista à retórica da idealização da pobreza" (2011, 63). Ainda segundo Jéssica Falconi:

> As personagens e as dinâmicas relativas ao mundo do comércio informal são, de fato, representadas, em vários poemas, através de estratégias de imitação e apropriação dos códigos da economia e do trabalho "formais", da lei e da administração, produzindo um efeito de subversão, que procura reatribuir, a estes sujeitos subalternos, o poder de resistência e de negociação da sua identidade social dentro do espaço da cidade e da nação (2011, 62).

Deslocados no cimento moçambicano, os marginalizados de Hélder Faife exercitam um conjunto de estratagemas cujos objetivos são diversos, mas interdependentes: a luta pela minimização da naturalização do poder e o combate pela sobrevivência. Não é difícil constatar, por outro lado, que o autor possui uma característica pouco comum no símile-campo: o domínio da língua e da linguagem literária. O fato de ter crescido à volta de livros parece estar na origem desse diferencial. Em entrevista ao jornal moçambicano *Verdade*, Faife explica a influência familiar em sua trajetória:

> Para começar tinha uma estante enorme de livros. Na altura não tínhamos um televisor, o meu pai morreu em '87. A decoração da sala sem um aparelho de televisão era mais para o rádio, gira-discos, cristaleira

e, principalmente, uma estante de livros. A estante do meu pai era enorme, tinha muitos livros e eu conhecia os livros todos pela cor e pelos títulos. Por fim, acabei por ler grandes livros. Aprendi a ler com Jorge Amado, naquela altura, não entendia nada, mas sabia que era um bom livro, apesar de ter letras pequenas. Também lia os artigos do meu pai que ele recortava (2010).

Nessa mesma entrevista, o escritor garante que seus textos e seus versos apenas pretendem "pegar em coisas corriqueiras e espremer poesia delas para ver se sai algo palpável" (*idem*). Faife esclarece ainda que este livro é o resultado de uma seleção de poemas escritos há alguns anos, mas que adormeciam na gaveta. Ao revê-los, encontrou um fio condutor: "Uma vez recolhi os meus poemas e procurei o que tinham de comum e vi que era o prazer de escrever" (*idem*). O fato de ter crescido num ambiente familiar que cultivava a leitura, aliado a uma prática de escrita que não dispensa a releitura e a seleção, são, em suma, condimentos decisivos para qualquer tentativa de aproximação ao universo literário.

*****

Como sucede em espaços literários mais tradicionais, a maioria dos escritores do símile-campo moçambicano, dotada de certos dispositivos, mas desprovida dos recursos necessários para os explorar com eficácia (Poliak, 2006), encontra na espontaneidade da "emoção", no "culto à arte elevada" e na "crítica social" a legitimação para a escrita, para a entrada no universo "cultivado" e para a distinção social. Isso pode explicar a vênia que esses autores fazem à "poesia" e à "alta cultura" – apreendidas simultaneamente como temática e objeto de desejo. Do mesmo modo, os lugares-comuns que giram em torno à ideia de "revolta" advêm da racionalização de uma situação de exclusão de quem conhece (ou vivencia) as formas de violência da contemporaneidade, sem, contudo, conseguir perceber (e expressar) o filtro histórico e social das mesmas (Poliak, 2006, 288).

A Fundação Fernando Couto, criada em 2015, poderá contribuir para que se colmate, pelo menos em parte, a lacuna da formação literária e da formação de leitores entre os jovens menos privilegiados de Maputo. No futuro poderemos ter uma ideia mais precisa dos resultados desse novo centro destinado, entre outras coisas, a apoiar a literatura dos jovens pretendentes à condição de escritor. Mas, por muito positivos que sejam, se não forem acompanhados pelo esforço de outras estruturas e agentes, que se voltem também para políticas mais consistentes no campo da cultura e do ensino, de pouco servirá a importante iniciativa dos irmãos Couto. A experiência na Ilha Maurício, levada a cabo pelo romancista, editor e cineasta Barleen Pyamootoo, em seu "Atelier de l'Écriture", favoreceu o surgimento paulatino, mas sólido, de novas vozes na cena literária local. O mesmo se pode dizer de Cuba, de onde saiu, há alguns anos atrás, um dos jovens autores mais interessantes e promissores da nova poesia moçambicana, Florindo Mudender. Trata-se de um escritor que, embora não participe nos concursos nem seja conhecido em qualquer dos dois circuitos, publicou dois livros em espanhol, que desconcertam, pela positiva, o campo e o símile-campo literário de Moçambique. A escrita de Mudender confirma que a formação e a criação de políticas sérias no campo da cultura – apoiadas de preferência por agentes especializados e pelos órgãos estatais, e não tanto por bancos, companhias aéreas e linhas telefônicas – têm um impacto mais profundo do que a organização de consecutivos e quase sempre agonizantes concursos literários.

Por enquanto, embora no símile-campo estejam a despontar nomes e obras, alguns deles já parcialmente reconhecidos pela instituição, o *boom* da edição em Moçambique não é capaz de mascarar um fosso de desigualdades: os desenvolvimentos da política cultural, quase sempre entregue a instituições privadas de Maputo, em pouco ou nada contribuem para o aumento das possibilidades reais de acesso e de apropriação dos fundamentos da literatura escrita. O problema não é específico de Moçambique. Pelo contrário, é característico das sociedades de consumo, que, acumulando coisas (imagens, palavras, ideias, livros, concursos, saraus, homenagens), banalizam seu significado (Mammì 2012, 112). Dessa forma, em vez de se dirigir a uma igualdade efetiva, a propagada "democratização cultural" acaba por perenizar uma demarcação entre a elite letrada e os aspirantes de outras classes sociais, alimentando ilusões irrealistas e convidando a práticas autodidatas e irregulares (Poliak, 2006).

No entanto, da mesma forma que a literatura autorizada, em qualquer contexto, se caracteriza pela diversidade de práticas e praticantes, a escrita do circuito secundário possui diversas facetas, e inclusive um horizonte real de possibilidades. O caso de Hélder Faife é disso exemplo. Demonstrando conhecimento do símile-campo (cujo imaginário desconstrói) e do campo (onde sua escrita, em prosa ou em verso, necessariamente caberá), driblando a capa plana do idioma e demarcando-se de exuberâncias retóricas ou de conteúdos inconsequentes (sem deixar, porém, de abalar pela língua e pelo enunciado), Faife é contundente em sua estreia, comprovando que, apesar das dificuldades materiais e simbólicas que cobrem a prática literária no país, algumas das novas vozes merecem a atenção da crítica especializada e o interesse de leitores e editores.

Referências

Obras Literárias

CÂNDIDO, Manecas. *O sentido das metáforas*. Maputo: Edições FUNDAC, 2007.
CARVALHO, Ruy Duarte de. *Desmedida*. Rio de Janeiro: Língua Geral, 2010 [2009].
CASSAMO, Suleiman. *Amor de baobá*. Maputo: Ndjira, 1998.
CASSAMO, Suleiman. *O regresso do morto*. Lisboa: Caminho, 1997 [1989].
CASSAMO, Suleiman. *Palestra para um morto*. Maputo: Ndjira, 2000.
CHIRONGO, Domi. *Nau Nyau e outras sinas*. Maputo: AEMO, 2012.
CHIZIANE, Paulina. *Balada de amor ao vento*. Maputo: Ndjira, 2005 [1990].
CHIZIANE, Paulina. *Sétimo juramento*. Lisboa: Caminho, 2000.
COELHO, João Paulo Borges. *Água. Uma novela rural*. Lisboa: Caminho, 2016.
COELHO, João Paulo Borges. *As duas sombras do rio*. Lisboa: Caminho, 2003.
COELHO, João Paulo Borges. *As visitas do Dr. Valdez*. Lisboa: Caminho, 2004.
COELHO, João Paulo Borges. *Campo de trânsito*. Lisboa: Caminho, 2007.
COELHO, João Paulo Borges. *Cidade dos espelhos. Novela futurista*. Maputo: Ndjira, 2011.
COELHO, João Paulo Borges. *Crónica da Rua 513.2*. Lisboa: Caminho, 2006.
COELHO, João Paulo Borges. *Hinyambaan*. Lisboa: Caminho, 2008.
COELHO, João Paulo Borges. *Índicos Indícios I. Setentrião*. Lisboa: Caminho, 2005.
COELHO, João Paulo Borges. *Índicos Indícios II. Meridião*. Lisboa: Caminho, 2005.
COELHO, João Paulo Borges. *O olho de Hertzog*. Lisboa: Leya, 2010.
COELHO, João Paulo Borges. *Ponta Gea*. Lisboa: Caminho, 2017.
COELHO, João Paulo Borges. *Rainhas da Noite*. Lisboa: Caminho, 2013.
CONRAD, Joseph. *No coração das trevas*. Trad. José Roberto O'Shea. São Paulo: Hedra, 2008 [1902].
COUTO, Mia. *A espada e a azagaia*. Maputo: Fundação Fernando Couto, 2016.
COUTO, Mia. *A varanda do Frangipani*. Lisboa: Caminho, 1996.
COUTO, Mia. *A varanda do Frangipani*. Lisboa: Caminho, 2010b [1996].
COUTO, Mia. *Mulheres de cinza*. São Paulo: Companhia das Letras, 2015.
COUTO, Mia. *O outro pé da sereia*. Lisboa: Caminho, 2006.
COUTO, Mia. *Raiz de orvalho*. Maputo: Cadernos Tempo, 1983.
COUTO, Mia. *Terra sonâmbula*. Lisboa: Caminho, 1992.
COUTO, Mia. *Venenos de Deus, remédios do Diabo*. Maputo: Ndjira, 2010a [2008].

COUTO, Mia. *Vinte e zinco*. Lisboa: Caminho, 2014 [1999].

COUTO, Mia. *Vozes anoitecidas*. Maputo: AEMO, 1986.

CRAVEIRINHA, José. *Karingana ua Karingana*. Maputo: Instituto Nacional do Livro e do Disco, 1982.

CRAVEIRINHA, José. *Vila Borghesi e outros poemas de viagem*. Maputo: José Craveirinha Editores, 2012.

DEVI, Ananda. *Pagli*. Paris: Gallimard, 2001.

DUMA, Custódio Vasco. *Verdadeira confissão*. Maputo: Ndjira, 2004.

FAIFE, Hélder. *Poemas em sacos vazios que ficam de pé*. Maputo: TDM, 2010.

HONWANA, Luís Bernardo. *Nós matámos o Cão-Tinhoso*. Maputo: Sociedade de Imprensa de Moçambique, 1964.

INÁCIO, Stélio. *O meu país é esférico, azul e pasmoso*. Maputo: Academia Moçambicana de Artes, Letras e Ideias (amali), BCI Fomento, 2006.

KHOSA, Ungulani Ba Ka. *Entre as memórias silenciadas*. Maputo: Alcance, 2013.

KHOSA, Ungulani Ba Ka. *Os sobreviventes da noite*. Maputo: Texto Editores, 2008.

KHOSA, Ungulani Ba Ka. *Ualalapi*. Maputo: Alcance, 2008 (1987).

KNOPFLI, Rui. *O monhé das cobras*. Lisboa: Editorial Caminho, 1997.

LEMOS, Virgílio de. *Jogos de prazer. Virgílio de Lemos & heterónimos: Bruno Reis, Duarte Galvão e Lee-Li Yang*. Organização do volume e prefácio de Ana Mafalda Leite. Lisboa: Imprensa Nacional - Casa da Moeda, 2009.

LOPES, Manuel. *Galo cantou na baía e outros contos*. Lisboa: Caminho, 1998 [1939].

MAVILA, Nizete Monteiro. *50 Poemas de Nizete*. Maputo: AEMO, 2010.

MENDES, Orlando. *Portagem*. São Paulo: Ática, 1981 (1966).

MOMPLÉ, Lília. *Neighbours*. Maputo: Associação dos Escritores Moçambicanos, 1999 [1995].

MUIANGA, Aldino. *A Rosa Xintimana*. Maputo: Alcance, 2012 [2001].

MUIANGA, Aldino. *Contravenção*. Maputo: Ndjira, 2008.

MUIANGA, Aldino. *Meledina (ou a história duma prostituta)*. Maputo: Ndjira, 2010 [2004].

NAMURAHA, Gilberto. *A revolta de esquilos poéticos*. Maputo: Instituto Superior Politécnico e Universitário, 2003.

PANGUANA, Marcelo. *Como um louco ao fim da tarde*. Maputo: Alcance, 2009.

PANGUANA, Marcelo. *O chão das coisas*. Maputo: Alcance Editores, 2010.

PATRAQUIM, Luís Carlos; LEITE, Ana Mafalda; CHICHORRO, Roberto. *Mariscando luas*. Lisboa: Vega, 1992.

PATRAQUIM, Luís Carlos. *A canção de Zefanias Sforza*. Porto: Porto Editora, 2010.

PATRAQUIM, Luís Carlos. *A inadiável viagem*. Maputo: Associação dos Escritores Moçambicanos, 1985.

PATRAQUIM, Luís Carlos. *Antologia poética*. Organização de Carmen Lucia Tindó Secco. Belo Horizonte: Editora UFMG. Coleção Poetas de Moçambique, 2011.

PATRAQUIM, Luís Carlos. *Lidemburgo blues*. Lisboa: Editorial Caminho, 1997.

PATRAQUIM, Luís Carlos. *Manual para incendiários e outras crónicas*. Lisboa: Antígona, 2012.

PATRAQUIM, Luís Carlos. *Monção*. Maputo: Edições 70 / Instituto Nacional do Livro e do Disco, 1980.

PATRAQUIM, Luís Carlos. *O cão na margem*. São Paulo: Kapulana, 2017b.

PATRAQUIM, Luís Carlos. *O deus restante*. Maputo: Cavalo do Mar, 2017a.

PATRAQUIM, Luís Carlos. *O escuro anterior*. Lisboa: Companhia das Ilhas, 2013.

PATRAQUIM, Luís Carlos. *O osso côncavo e outros poemas (1980-2004)*. Lisboa: Editorial Caminho, 2005.

PATRAQUIM, Luís Carlos. *O Senhor Freud nunca veio à África*. Maputo, Alcance, 2017c.

PATRAQUIM, Luís Carlos. *Pneuma*. Lisboa: Editorial Caminho, 2009.

PATRAQUIM, Luís Carlos. *Vinte e tal novas formulações e uma elegia carnívora*. Lisboa: ALAC, 1991.

PEPETELA. *O cão e os caluandas*. Lisboa: Publicações Dom Quixote, 1985.

PEPETELA. *Parábola do cágado velho*. Lisboa: Publicações Dom Quixote, 1996.

PYAMOOTOO, Barlen. *Le tour de Babylone*. Paris: Editions de l'Olivier, 2002.

RUI, Manuel. *Quem me dera ser onda*. Lisboa: Edições Cotovia, 1991 [1982].

SAMLONG, Jean-François. *Une guillotine dans un train de nuit*. Paris: Gallimard, 2012.

SAN BRUNO, Emilio de. *Zambeziana. Scenas da vida colonial*. Maputo: Arquivo Histórico de Moçambique, 1999 [1927].

SAÚTE, Nelson; SOPA, António. *A Ilha de Moçambique pela voz dos poetas*. Lisboa: Edições 70, 1992.

SAÚTE, Nélson. *O apóstolo da desgraça*. Lisboa: Publicações Dom Quixote, 1999.

SAÚTE, Nélson. *Rio dos bons sinais*. Maputo: Marimbique, 2012.

SEWTOHUL, Amal. *Voyages et aventures de Sanjay, explorateur mauricien des anciens mondes*. Paris: Gallimard, 2009.

SOUSA, Noémia de. *Sangue Negro*. Maputo: AEMO, 2001.

VIEIRA, José Luandino. *Luuanda*. Lisboa: Edições 70, 1963.

WHITE, Eduardo. *Janela para Oriente*. Lisboa: Caminho, 1999.

WHITE, Eduardo. *Os materiais do Amor seguido de O desafio à Tristeza*. Lisboa: Caminho, 1996.

Crítica e Teoria Literária / Textos de outras áreas

ACHEBE, Chinua. *A educação de uma criança sob o protetorado britânico*. São Paulo: Companhia das Letras, 2012.

AFFERGAN, Francis. *Exotisme et altérité: essai sur les fondements d'une critique de l'anthropologie*. Paris: Presses Universitaires de France, 1987.

AGAMBEN, Giorgio. *Homo sacer. El poder soberano y la nuda vida*. Trad. de Antonio Gimeno Cuspinera. Valencia: Pre-Textos, 2003 [1995].

ALMEIDA, Cíntia Machado de Campos. *Viagens de fora para dentro: profanações e vagamundagens de Luís Carlos Patraquim*. Tese de Doutorado. Rio de Janeiro: Universidade Federal do Rio de Janeiro, 2014.

AMOSSY, Ruth; PIERROT, Anne Herschberg. *Stéréotypes et cliché: langue, discours, société*. Paris: Nathan, 1997.

ANJOS, Marlene dos. *As Beiras de Mia Couto*. Dissertação de Mestrado. Rio de Janeiro: Universidade Federal do Rio de Janeiro, 2018.

APA, Livia. "A ilha da memória", In: ANGIUS, Matteo; ZAMPONI, Mario (eds.). *Ilha de Moçambique: convergência de povos e culturas*. San Marino: AIEP editore, 1989, p. 122-129.

ARENDT, Hannah. *Origens do totalitarismo*. Trad. Roberto Raposo. São Paulo: Companhia das Letras, 2012 [1951].

ASHCROFT, Bill; GRIFFITHS, Gareth; TIFFIN, Helen. *The Empire writes back: theory and practice in post-colonial literatures*. London: Routledge, 1989.

ATCHA, Philip A. "Temps de l'exil et exil du temps dans Le jeune homme de sable de Williams Sassine". In: *Actes du colloque international Temporalités de l'exil*, 2007. Disponível em: <http://www.poexil.umontreal.ca/events/colloquetemp/actes/atcha.pdf>. Acesso em: 19 jul. 2019.

AZNAR SOLER, Manuel. "Juan Gil-Albert y Max Aub. Insilio y exilio literario republicano". *Debats*, n. 86, 2004, p. 18-34.

BASTO, Maria-Benedita. *A guerra das escritas: literatura, nação e teoria pós-colonial em Moçambique*. Lisboa: Edições Vendaval, 2006.

BAUDRILLARD, Jean; GUILLAUME, Marc. *Figures de l'altérité*. Paris: Descartes & Cie, 1994.

BAUMAN, Zygmunt. *Confianza y temor en la ciudad*. Barcelona: Ed. Arcadia, 2006.

BAUMGARDT, Ursula. "L'espace en littérature orale africaine". *Cahiers de littérature orale*, n. 65, 2009, p. 111-132.

BAUMGARDT, Ursula. "Représentations de l'espace dans la littérature orale". In: VION-DURY, Juliette; GRASSIN, Jean-Marie; WESTPHAL, Bertrand (eds.). *Littérature et espaces*. Limoges: PULIM, 2003, p. 499-506.

BENJAMIN, Walter. *Origine du drame baroque allemand*. Trad. S. Muller. Paris: Flammarion, 1985 (1928).

BENVENISTE, Emile. *Problèmes du Langage*. Paris: Gallimard, 1966.

BERMAN, Antoine. *La traduction et la lettre ou l'auberge du lointain*. Paris: Seuil, 1999.

BERMAN, Antoine. *Pour une critique des traductions: John Donne*. Paris: Gallimard, Bibliothèque des idées, 1995.

BOKIBA, André-Patient. "Le discours préfaciel : instance de légitimation littéraire". *Études littéraires*, v. 24, n. 2, 1991, p. 77-97.

BOURDIEU, Pierre. *La distinction, critique sociale du jugement*. Paris: Minuit, 1979.

BOURDIEU, Pierre. *Coisas ditas*. Trad. de Cássia R. Silviera & Denise Moreno Pegorim. São Paulo: Brasiliense, 2011a [1987].

BOURDIEU, Pierre. *Les Règles de l'art. Genèse et structure du champ littéraire*. Paris: Seuil, 1992.

BOURDIEU, Pierre. *Méditations pascaliennes*. Paris: Seuil. 1997.

BOURDIEU, Pierre. *A economia das trocas simbólicas*. Introdução, organização e seleção de Sergio Miceli. 7. ed. São Paulo: Perspectiva, 2011b.

BOUVET, Rachel. *Pages de sable. Essai sur l'imaginaire du Désert*. Montréal: XYZ Éditions, 2006.

BRAGA-PINTO, César. *José Albasini. À procura de saúde: crónicas de um doente*. Maputo: Alcance, 2015.

BRAGA-PINTO, César; MENDONÇA, Fátima. *João Albasini e as luzes de Nwandzengele. Jornalismo e política em Moçambique – 1908-1922*. Maputo: Alcance, 2012.

BRANDÃO, Luis Alberto. *Teorias do espaço literário*. São Paulo: Perspectiva, 2013.

BROOKSHAW, David. "Indianos e o Índico: o pós-colonialismo transoceânico e internacional em 'O Outro Pé da Sereia', de Mia Couto". In RIBEIRO, Margarida Calafate; MENESES, Maria Paula (orgs.). *Moçambique das palavras escritas*, Porto: Ed. Afrontamento, 2008, p. 129-139.

CABAÇO, José Luis. "Ilha cheia de história". *Metamorfoses*, v. 3, 2002, p. 57-64.

CABAÇO, José Luis. *Moçambique. Identidade, colonialismo e libertação*. São Paulo: Editora Unesp / ANPOCS, 2009.

CABRITA, António. "Entrevista a João Paulo Borges Coelho". Texto fornecido pelo autor, 2005.

CABRITA, António. "Oscilaciones", 2011. Disponível em: <http://raposasasul.blogspot.com/2011/10/oscilaciones.html>. Acesso em: 15 fev. 2017.

CABRITA, António. "A palavra e o silêncio: conversa de tias", *Caliban*, 2017. Disponível em <https://revistacaliban.net/a-palavra-e-o-sil%C3%AAncio-conversa-de-tias-ee19059772aa>. Acesso em: 27 set. 2018.

CALVINO, Ítalo. *As cidades invisíveis*. Trad. Diogo Mainardi. São Paulo: Companhia das Letras, 1990 [1972].

CAMPOS, Haroldo de. *Galáxias*. São Paulo: Editora Ex-libris, 1984.

CAN, Nazir Ahmed. "Os lugares do 'indiano' na literatura moçambicana". In: CHAVES, Rita; MACÊDO, Tania (orgs.). *Passagens para o Índico. Encontros brasileiros com a literatura moçambicana*. Maputo: Marimbique, 2012, p. 217-230.

CAN, Nazir Ahmed. "Índico e(m) Moçambique: notas sobre o outro". *Diacrítica*, v. 27, n. 3, 2013, p. 93-120.

CAN, Nazir Ahmed. *Discurso e poder nos romances de João Paulo Borges Coelho*. Maputo: Alcance Editores, 2014.

CAN, Nazir Ahmed. "Entre 'uns' e 'outros': Considerações sobre a poesia de Hélder Faife". *Abriu: Textuality Studies on Brazil, Galicia and Portugal*, v. 4, 2015, p. 91-106.

CAN, Nazir Ahmed. "Alter-idade em casa. O exílio interno no romance moçambicano", *Mulemba*, v. 8, n. 14, 2016a, p. 74-89.

CAN, Nazir Ahmed. "Corrida pela distinção: considerações sobre os prêmios e os textos literários menores de Moçambique". In: MACEDO, Ana Gabriela; BRUGIONI, Elena; PASSOS, Joana (orgs.). *Prémios literários. O poder das narrativas / As narrativas do poder*. Porto: Afrontamento, 2016b, p. 75-94.

CAN, Nazir Ahmed. "Espaços (d)e escrita em contextos africanos: notas sobre os campos literários de Angola e de Moçambique". *I-LanD Journal - Identity, Language and Diversity*, v. 2, 2018a, p. 8-22.

CAN, Nazir Ahmed. "Patraquim, poesia, tempos: notas sobre um adeus restante". *Pessoa*, v. 1, 2018b, p. 13-23.

CAN, Nazir Ahmed. "Todo poema é uma ilha que deseja ser arquipélago: Entrevista a Luís Carlos Patraquim". *Pessoa*, v. 1, 2018c, p. 1-12.

CAN, Nazir Ahmed. "De penúria em penumbras. Figurações de Maputo no romance moçambicano". In: RIBEIRO, Margarida Calafate; NOA, Francisco (orgs.). *Memória, cidade e literatura: De S. Paulo de Assunção de Luanda a Luuanda, de Lourenço Marques a Maputo*. Porto: Edições Afrontamento, 2019, p. 129-157.

CAN, Nazir Ahmed. "De Trump ao cão-tinhoso: notas sobre a besta, o ser humano e outras (in)versões". *Memoirs*, v. 87, 2020, p. 1-8.

CAN, Nazir Ahmed. "Luís Carlos Patraquim: 40 anos de escrita". *Cahiers du Crepal*, Hors série n. 6, no prelo (a).

CAN, Nazir Ahmed. "The translation of the East in Mozambican literature". *Anuari de Filologia. Literatures Contemporànies*, n. 10, no prelo (b).

CAN, Nazir Ahmed; CHAVES, Rita. "Empire and literature: from the schism of the race to the quake of the 'other'". In: KHAN, Sheila; CAN, Nazir Ahmed; MACHADO, Helena (orgs.). *Racism and Racial Surveillance. Modernity Matters*. London: Routledge, no prelo.

CANDIDO, Antonio. *O discurso e a cidade*. São Paulo: Duas Cidades, 1993.

CARVALHO, Ruy Duarte de. *A câmara, a escrita e a coisa dita... fitas, textos e palestras*. Lisboa: Cotovia, 2008.

CASANOVA, Pascale. *A República Mundial das Letras*. Trad. Marina Appenzeller. São Paulo: Estação Liberdade, 2002 [1999].

CASTIANO, José; NGOENHA, Severino. *A longa marcha duma 'Educação para Todos' em Moçambique*. Maputo: Publifix, 2013.

CHAVES, Rita. "Notas sobre a ficção e a história em João Paulo Borges Coelho". In: RIBEIRO, Margarida Calafate; MENESES, Maria Paula (orgs.). *Moçambique das palavras escritas*. Porto: Edições Afrontamento, 2008, p. 187-198.

CHAVES, Rita. "A narrativa em Angola: espaço, invenção e esclarecimento". In: GALVES, Charlotte; GARMES, Hélder; RIBEIRO, Fernando Rosa (orgs.). *África-Brasil: caminhos da língua portuguesa*. Campinas: UNICAMP, 2009, p. 101-114.

CHAVES, Rita. *A formação do romance angolano. Entre intenções e gestos*. São Paulo: Universidade de São Paulo, Coleção Via Atlântica, 1999a.

CHAVES, Rita. "José Craveirinha, da Mafalala, de Moçambique, do mundo". *Via Atlântica*, n. 3, 1999b, p. 138-168.

CHAVES, Rita. "A Ilha de Moçambique: Entre as palavras e o silêncio". In: *Macua*, 2002. Disponível em: <http://www.macua.org/coloquio/A_ILHA_DE_MOCAMBIQUE.htm>. Acesso em: 27 set. 2016.

CHAVES, Rita. "A propósito da narrativa contemporânea em Angola: notas sobre a noção de espaço em Luandino Vieira e Ruy Duarte de Carvalho". In: SECCO, Carmen Tindó; SALGADO, Maria Teresa; JORGE, Sílvio Renato (orgs.). *África, escritas literárias*, Rio de Janeiro / Luanda: Editora da UFRJ / União dos Escritores Angolanos, 2010, p. 13-21.

CHAVES, Rita. "Representação do espaço e deslocamento das utopias". In: PADILHA, Laura; SILVA, Renata Flávia (orgs.). *De guerras e violências palavra, corpo, imagem*. Niterói: Editora da UFF, 2011, p. 37-50.

CHAVES, Rita. *Narrativa e espaço: Angola, Moçambique e ecos do império*. Tese de Livre Docência. São Paulo: USP, 2012.

CHAVES, Rita. "Cidades em cena na ficção africana: Luanda e Maputo em contraponto". In: RIBEIRO, Margarida Calafate; NOA, Francisco (orgs.), *Memória, cidade e literatura: De S. Paulo de Assunção de Luanda a Luuanda, de Lourenço Marques a Maputo*. Porto: Edições Afrontamento, 2019, p. 63-85.

COELHO, João Paulo Borges. "E depois de Caliban? A história e os caminhos da literatura no Moçambique contemporâneo". In: GALVES, Charlotte; GARMES, Hélder; RIBEIRO, Fernando Rosa (orgs.). *África-Brasil: caminhos da língua portuguesa*. Campinas: Editora da UNICAMP, 2009, p. 57-67.

COLE, Bernard. *Taiwan's Security: History and Prospects*. London: Routledge, 2006.

CORNEJO POLAR, Antonio. "Mestizaje e hibridez: los riesgos de las metáforas. Apuntes". *Iberoamericana*, n. 180, 1997, p. 341-344.

COUTO, Mia. "Onde nasce a Nação". In: Vitor Gonçalves (org.). *A minha Maputo é...* Maputo: Minerva, 2012, p. 69-70.

DAVIDSON, Basil. *The Growth of African Civilization. East and Central Africa to the late Nineteenth Century*. London: Longman, 1967.

DIMAS, Antônio. *Espaço e romance*. 3. ed. São Paulo: Ática, 1994 [1985].

DUBOIS, Jacques. *L'institution de la littérature*. Paris: Labor, 2005.

DULUCQ, Sophie; SOUBIAS, Pierre (eds.). *L'Espace et ses représentations en Afrique subsaharienne. Approches pluridisciplinaires*. Paris: Karthala, 2004.

FALCONI, Jessica. *Utopia e conflittualità. Ilha de Moçambique nella poesia mozambicana contemporânea*. Roma: Aracne, 2008.

FALCONI, Jéssica. "As margens da nação na poesia de Sangare Okapi e Hélder Faife". *Mulemba*, vol. 3, n. 4, 2011, p. 57-64.

FANON, Frantz. *Os condenados da Terra*. Trad. de J. L. de Melo. Rio de Janeiro: Civilização Brasileira, 1979 [1961].

FARGES, Patrick. "'In this compression chamber between Europe and North America'. Constructions de la temporalité dans les récits des 'réfugiés-internés' au Canada". 2007. Disponível em: <https://hal-univ-paris3.archives-ouvertes.fr/halshs-01383231/>. Acesso em: 30 abr. 2017.

FIRMAT, Gustavo Pérez. "Destierro y Destiempo". *Revista Literaria Baquiana*, n. 83-84, 2013.

FOERSTER Federico; PASCUAL, Ricardo. *El Naufragio del Valgius. Extracto comentado por la epístola nº 49 de San Paulino de Nola*. Barcelona: CRIS, 1985.

FRANÇA, Luiz Fernando. *"Uns contos iguais a muitos". Estórias africanas, relações de trabalho e estrutura narrativa no contexto colonial angolano e moçambicano (décadas de 50 e 60)*. Tese de Doutorado. São Paulo: Universidade de São Paulo, 2018.

GARCIA, Mar; CAN, Nazir; BERTY, Romuald. *Literatures de l'oceà Índic* (site sobre literaturas do oceano Índico), 2012. Disponível em: <http://pagines.uab.cat/litpost/>. Acesso em: 25 abr. 2016.

GARCIA, Mar. "Literaturas Postcoloniales, Hibridación y Exotismo". In: ASENSI, Manuel; FERRÚS, Beatriz (orgs.). *Prosopopeya*, n. 6: Literatura comparada, poscolonialismo y traducción. Valencia: Universitat de Valencia, 2010a, p. 41-65.

GARCIA, Mar. "Entre hybridation et hybris ou l'hybridation problématique". In: GARCIA, Mar; HAND, Felicity; CAN, Nazir (orgs.). *Indicities/Indices/Indícios. Hybridations problématiques dans les littératures de l'Océan Indien*. Ille-sur-Têt: Éditions K'A, 2010b, p. 9-20.

GENETTE, Gérard. *Figures II*. Paris: Seuil, 1969.

GENETTE, Gérard. *Nouveau discours du récit*. Paris: Le Seuil, 1983.

GOMES, Renato Cordeiro. *Todas as cidades, a cidade. Literatura e experiência urbana*. Rio de Janeiro: Rocco, 1994.

GONÇALVES, Perpétua (org.). *O Português escrito por estudantes universitários. Descrição linguística e estratégias didácticas*. Maputo: Texto Editores, 2010.

HALLAQ, Boutros; OSTLE, Robin; WILD, Stefan (orgs.). *La poétique de l'espace dans la littérature arabe moderne*. Paris: Presses Sorbonne Nouvelle, 2002.

HAMON, Philippe. *Le Personnel du roman: le système des personnages dans les Rougon-Macquart d'Emile Zola*. Genève: Droz, 1983.

HARTOG, François. *Le Miroir d'Hérodote: essai sur la représentation de l'autre*. Paris: Gallimard, 2001.

HENNION, Antoine. *La Passion musicale. Une sociologie de la médiation*. Paris: Métailié, 1993.

HERNÁNDEZ, Rebeca: *Traducción y Postcolonialismo. Procesos culturales y lingüísticos en la narrativa postcolonial de lengua portuguesa*. Granada: Comares, 2007.

HONWANA, Luís Bernardo. *A velha casa de madeira e zinco*. Maputo: Alcance, 2017.

ILLÁNEZ, Chango. "Exilio e insílio. Una mirada sobre San Juan, su universidad y las herencias del proceso". *Revista de la UNSJ*, 2006.

JORGE, Silvio Renato. "Sobre exílio e dor: o contratado e a cena colonial". In: DELGADO, Ignácio G.; ALBERGARIA, Enilce; RIBEIRO, Gilvan; BRUNO, Renato. (orgs.). *Vozes (além) da África: tópicos sobre Identidade Negra, Literatura e História Africanas*. Juiz de Fora: Editora UFJF, 2006, p. 135-144.

KAVWAHIREHI, Kareseka. "Penser, écrire l'exil et les migrations postcoloniales". In: FANDIO Pierre; TCHUMKAM, Hervé. *Exils et migrations postcoloniales. De l'urgence du départ à la nécessité du retour*. Yaoundé: Ifrikiya, 2011.

LABAN, Michel. *Moçambique: encontro com escritores*. Porto: Fundação Engenheiro António de Almeida, 1998.

LEITE, Ana Mafalda. *Literaturas africanas e formulações pós-coloniais*. Lisboa: Colibri, 2003.

LEITE, Ana Mafalda, "Tópicos para uma História da literatura Moçambicana". In: RIBEIRO, Margarida Calafate; MENESES, Maria Paula (orgs.). *Moçambique das palavras escritas*. Porto: Edições Afrontamento, 2008, p. 47-76.

LEITE, Joana Pereira. "Diáspora indiana em Moçambique". *Economia global e gestão*. ISCPE, n. 2, 1996, p. 67-108.

LOINGSIGH, Aedín Ní. "L'exil dans les littératures africaines d'expression française: esquisses d'un thème". *Mots Pluriels*, n. 17, 2001.

M'BOKOLO, Elikia. "Afrique centrale: le temps des massacres". In: FERRO, Marc (org.). *Le livre noir du colonialisme, XVI-XXI: de l'extermination à la repentance*. Paris: Hachette Poche, 2006, p. 577-601.

MACAGNO, Lorenzo. *Outros muçulmanos: Islão e narrativas coloniais*. Lisboa: Imprensa de Ciências Sociais, 2006.

MACÊDO, Tania. *Luanda, cidade e literatura*. São Paulo / Luanda: Editora da UNESP / Nzila, 2008.

MAGDELAINE-ANDRIANJAFITRIMO, Valérie: "Echoes of Negritude in the South West Indian Ocean Islands: A Return to 'Racialized' Thinking?". In: KHAN, Sheila; CAN, Nazir Ahmed e MACHADO, Helena (orgs.). *Racism and Racial Surveillance. ModernitynMatters*. London: Routledge, no prelo.

MALENFANT, Gabriel. "L'exil: indice insigne d'une 'corrélation environnementale'? L'environnement comme premier thématisé de l'ipséité". 2007. Disponível em: <http://www.poexil.umontreal.ca/events/colloquetemp/actes/Malenfant.pdf>. Acesso em: 11 abr. 2017.

MAMMÌ, Lorenzo. *O que resta. Arte e crítica da arte*. São Paulo: Companhia das Letras, 2012.

MARNEFFE, Daphné ; DENIS, Benoît (orgs.). *Les Réseaux littéraires*. Bruxelles: CIEL-Le Cri, 2006.

MARTINS, Ana Margarida. *The postcolonial exotic in the work of Paulina Chiziane and Lídia Jorge*. PhD Thesis. Manchester: University of Manchester, 2009.

MAURER JR., Orides. "Mapa-múndi I: uma mentira". 2017. Disponível em: <http://oridesmjr.blogspot.com/2017/02/mapa-mundi-1-uma-mentira.html>. Acesso em: 25 dez. 2017.

MBEMBE, Achille. "Pouvoir des morts et langage des vivants. Les errances de la mémoire nationaliste au Cameroun". *Politique africaine*, n. 22, 1986, p. 37-72.

MBEMBE, Achille. *De la Postcolonie. Essai sur l'imagination politique dans l'Afrique contemporaine*. Paris: Khartala, 2000.

MBEMBE, Achille. "As formas africanas de auto-inscrição", *Estudos afro-asiáticos*, v. 23, n. 1, 2001, p. 171-209.

MEDEIROS, Eduardo. "A evolução demográfica da cidade de Lourenço Marques (1894-197 5): estudo bibliográfico". *Revista Internacional de Estudos Africanos*, n. 3, 1985, p. 231-239.

MENDONÇA, Fátima. *Literatura moçambicana: a história e as escritas*. Maputo: Universidade Eduardo Mondlane, 1988.

MENDONÇA, Fátima. "Literaturas emergentes, identidades e cânone". In: RIBEIRO, Margarida Calafate; MENESES, Maria Paula (orgs.). *Moçambique das palavras escritas*. Porto: Edições Afrontamento, 2008, p. 19-33.

MENDONÇA, Fátima. "Poetas do Índico – 35 anos de escrita". *Mulemba*, v. 3, n. 4, 2011, p. 16-37.

MENDONÇA, Fatima. "Hibridismo ou estratégias narrativas? Modelos de herói na ficção narrativa de Ngugi wa T'hiongo, Alex la Guma e João Paulo Borges Coelho". In: GARCIA, Mar; HAND, Felicity; CAN, Nazir (orgs.). *Indicities/Indices/Indícios. Hybridations problématiques dans les littératures de l'Océan Indien*. Ille-sur-Têt: Éditions K'A, 2010, p. 201-210.

MENDONÇA, Fatima. "Ovídio e Kafka nas margens do Lúrio". 2007. Disponível em: <http://ma-schamba.com/literatura-mocambique/1959/>. Acesso em: 30 abr. 2015.

MITTERAND, Henri. *Le discours du Roman*. Paris: Presses Universitaires de France, 1980.

MOREAU, Annick; MENDONÇA, Fátima; LABAN, Michel (orgs.). *José Craveirinha, poeta de Moçambique*. Poitiers: OAVUP, 2001.

Mosca, João. *Economicando*. Maputo: Alcance, 2009.

Mosca, João. *Longo caminho para a cidadania*. Maputo: Alcance, 2012.

MOURALIS, Bernard. "Exil, retour et écriture". In: FANDIO Pierre; TCHUMKAM, Hervé. *Exils et migrations postcoloniales. De l'urgence du départ à la nécessité du retour*. Yaoundé: Ifrikiya, 2011, p. 348-357.

MOURALIS, Bernard. "Les 'Chemins océans' des écrivains africains et antillais". In: ZAKKA, Najib (org.). *Littératures & cultures d'exil. Terre perdue, langue sauvée*. Lille: Presses Universitaires de Lille, 1993.

NEWITT, Malyn. *História de Moçambique*. Lisboa: Europa América, 1997.

NOA, Francisco. *Literatura moçambicana: memória e conflito. Itinerário poético de Rui Knopfli*. Maputo: Universidade Eduardo Mondlane, 1997.

NOA, Francisco. *Império, mito e miopia: Moçambique como invenção literária*. Lisboa: Caminho, 2002.

NOA, Francisco. "Literatura Moçambicana: os trilhos e as margens". In: RIBEIRO, Margarida Calafate; MENESES, Maria Paula (orgs.). *Moçambique das palavras escritas*. Porto: Edições Afrontamento, 2008, p. 35-45.

NOA, Francisco. "O Oceano Índico e as rotas da transnacionalidade na poesia moçambicana". Publicação do Centro de Estudos Sociais Aquino de Bragança. Maputo: CESAB, 2012.

PADILHA, Laura. "Cartogramas. Ficção angolana e o reforço de espaços e paisagens culturais". In: CHAVES, Rita; MACÊDO, Tania; VECCHIA, Rejane (orgs.). *A kinda e a misanga. Encontros brasileiros com a literatura angolana*. São Paulo / Luanda: Cultura Acadêmica / Nzila, 2007, p. 205-215.

PARAVY, Florence. *L'espace dans le roman africain francophone africain (1970-1990)*. Paris: L'Harmattan, 1999.

PARÉ, François. *Les littératures de l'exiguïté*. Hearst: Le Nordir, 2001.

POLIAK, Claude. *Aux frontières du champ littéraire: sociologie des écrivains amateurs*. Paris: Economica, 2006.

RANCIÈRE, Jacques. *Le partage du sensible. Esthétique et politique*. Paris: La Fabrique Editions, 2000.

RIBEIRO, Margarida Calafate. "Literary Voices of Luanda and Maputo, A Struggle for the City". *Journal of Lusophone Studies*, v. 1, n. 1, 2016, p. 88-106.

RIBEIRO, Margarida Calafate; NOA, Francisco (orgs.). *Memória, Cidade e Literatura: De S. Paulo de Assunção de Luanda a Luuanda, de Lourenço Marques a Maputo*. Porto: Edições Afrontamento, 2019.

RIBEIRO, Margarida Calafate; ROSSA, Walter (orgs.). *Mafalala: memórias e espaços de um lugar*. Coimbra: Imprensa Universidade de Coimbra, 2016.

ROCHA, Aurélio. "A Universidade e a sua função como instituição social". In: CRUZ E SILVA, Teresa; COELHO, João Paulo Borges; SOUTO, Amélia Neves (orgs.). *Como fazer ciências sociais e humanas em África. Questões epistemológicas, metodológicas, teóricas e políticas*. Dakar: Codesria, 2012, p. 145-156.

SAID, Edward. *Cultura e Imperialismo*. Trad. Denise Bottmann. São Paulo: Companhia das Letras, 2011 [1993].

SAID, Edward. *Orientalismo. O Oriente como invenção do Ocidente*. Trad. de Rosaura Eichenberg. São Paulo: Companhia das Letras, 2007 [1978].

SAID, Edward. *Representações do intelectual*. Trad. de Milton Hatoum. São Paulo: Companhia das Letras, 2005 [1994].

SANTOS, Milton. *Pensando o espaço do homem*. 5. ed. São Paulo: EDUSP, 2007 [1982].

SAÚTE, Nelson. *Os habitantes da memória. Entrevistas com escritores moçambicanos*. Praia-Mindelo: Embaixada de Portugal, 1998.

SCOTT, James. *Los Dominados y el arte de la resistência*. Tafalla: Txalaparta, 2003 [1990].

SECCO, Carmen. "Índicos Cantares: o imaginário da Ilha de Moçambique nas vozes dos poetas". In: GARCIA, Mar; HAND, Felicity; CAN, Nazir (orgs.). *Indicities/Indices/Indícios. Hybridations problématiques dans les littératures de l'Océan Indien*. Ille-sur-Têt: Éditions K'A, 2010, p. 165-176.

SERRA, Carlos. *Chaves das portas do social (Notas de reflexão e pesquisa)*. Maputo: Imprensa Universitária, 2012.

SPÂNU, Petruta. "Exil et littérature". *Acta Iassyensia comparationis*, n. 3, 2005, p. 164-171.

SPIVAK, Gayatri. *A Critique of Postcolonial Reason*. Cambridge: Harvard University Press, 1999.

TANQUEIRO, Helena. *Autotradução: autoridade, privilégio e modelo*. Tese de Doutorado. Bellaterra: Universidade Autônoma de Barcelona, 2003.

TDM. "Vencedor do Concurso Literário laureado com dois prêmios", 2010. Disponível em: <http://www.tdm.mz/portdm/jornal/jc55.indd.pdf>. Acesso em: 26 set. 2014.

THOMAZ, Omar. "Entre inimigos e traidores: suspeitas e acusações no processo de formação nacional no Sul de Moçambique". *Travessias*, v. 4, 2004, p. 269-288.

VERDADE. "Quem sai aos seus, não degenera. Entrevista a Hélder Faife". *Jornal Verdade*, 2010. Disponível em: <http://www.verdade.co.mz/index.php/opiniao/vida-e-lazer/cultura/15247-quem-sai-aos-seus-nao-degenera>. Acesso em: 26 fev. 2015.

VOLPE, Miriam Lidia. *Geografias de exílio*. Juiz de Fora: Editora da UFJF, 2004.

WESTPHAL, Bertrand. *La Géocritique: réel, fiction, espace*. Paris: Les Éditions de Minuit, 2007.

WIESER, Doris; PRATA, Ana Filipa. *Cities of the Lusophone World. Literature, Culture and Urban Transformations*. Berna: Peter Lang, 2018.

ZIETHEN, Antje. *Géo/Graphies postcoloniales. La poétique de l'espace dans le roman mauricien et sénégalais*. Trier: WVT Wissenschaftlicher Verlag Trier, 2013b.

ZIETHEN, Antje. "La littérature et l'espace". *Arborescences: révue d'études françaises*, n. 3, 2013a, p. 3-29.

O Autor

NAZIR AHMED CAN é professor de Literaturas Africanas de Língua Portuguesa na Universidade Federal do Rio de Janeiro e do Programa de Pós-Graduação em Letras Vernáculas desta mesma instituição. É doutor em Teoria da Literatura e Literatura Comparada pela Universitat Autònoma de Barcelona (com um estágio na University of Liverpool), licenciado em Letras pela Universidade do Porto (com uma passagem de um ano pela Universität des Saarlandes, na Alemanha) e em Humanidades pela Universitat Pompeu Fabra, de Barcelona. Entre 2012 e 2015, desenvolveu sua pesquisa de pós-doutorado na Universidade de São Paulo, com apoio da FAPESP. Atuou também como Professor Visitante na Universitat Autònoma de Barcelona e na Universidad de Salamanca, neste último caso com o apoio da CAPES, e realizou pesquisa de campo em alguns contextos do oceano Índico, como Moçambique, Ilha Maurício e Ilha Reunião. É hoje pesquisador do CNPq (Produtividade em Pesquisa – PQ 2, Processo nº 307217/2018-3) e da FAPERJ (Bolsa Jovem Cientista do Nosso Estado, Processo E-26/203.025/2018).

Com Rita Chaves, coordena, desde 2016, o "PIELAFRICA – Pactos e impactos do espaço nas literaturas africanas (Angola e Moçambique)", grupo de pesquisa interuniversitário certificado pelo CNPq.

É membro colaborador do "ORION – Portuguese Orientalism" (do Centro de Estudos Comparatistas da Universidade de Lisboa) e do "CRIMIC – Centre de Recherches Interdisciplinaires sur les Mondes Ibériques Contemporains" (da Sorbonne Université), coeditor da revista *Mulemba* e editor-assistente (responsável pela seção literária) da revista *Diadorim*, ambas da UFRJ.

Desde 2015, colabora também com a Editora Kapulana com prefácios para os livros da série "Vozes da África".

Prefácios da Editora Kapulana:

"O pó e a fissura, os muros e a sombra... Quantos tempos cabem na rua?". Prefácio. In: *Crônica da Rua 513.2*, de João Paulo Borges Coelho. São Paulo: Kapulana, 2020 [Vozes da África].

"O criado, o criador e outras criaturas: notas sobre As visitas do Dr. Valdez e a escrita de João Paulo Borges Coelho". Prefácio. In: *As visitas do Dr. Valdez*, de João Paulo Borges Coelho. São Paulo: Kapulana, 2019 [Vozes da África].

"A noiva de Kebera e outros nkaringanas de segredos". Prefácio. In: MUIANGA, Aldino. *A noiva de Kebera, contos*. São Paulo: Kapulana, 2016 [Vozes da África].

"Aldino Muianga, entre nós e com as gentes". Prefácio. In: MUIANGA, Aldino. *O domador de burros e outros contos*. São Paulo: Kapulana, 2015 [Vozes da África].

Livros, volumes coletivos e dossiês temáticos:

Racism and Racial Surveillance. Modernity Matters. London: Routledge. [no prelo] (com Sheila Khan e Helena Machado).

Viagem, alteridade e tradução cultural: África e representação literária. Dossiê publicado na revista *Mulemba*, v. 10, n. 18. Rio de Janeiro: UFRJ, Programa de Pós-Graduação em Letras Vernáculas [no prelo] (com Rita Chaves, Pedro Serra, Rebeca Hernández e Marlon Augusto Barbosa).

Reverências e irreverências no campo literário em língua portuguesa. Dossiê publicado na *Diadorim: Revista de Estudos Linguísticos e Literários*, v. 21, n. 1. Rio de Janeiro: UFRJ, Programa de Pós-Graduação em Letras Vernáculas, 2019 (com Rita Chaves e Ana Maria Ramos).

Espaços de escrita, escritas do espaço: as geografias literárias africanas de língua portuguesa em discussão. Dossiê publicado na revista *I-Land - Identity, Language and Diversity*. Napoli: Paolo Lofredo Editore, 2018 (com Livia Apa).

Novas escrituras, novas epistemologias. Dossiê publicado na revista *Abril*, v. 10, n. 21. Niterói: NEPA/Universidade Federal Fluminense, 2018 (com Júlio C. Machado de Paula).

Passados antecipados, futuros empoeirados: os caminhos da ficção de João Paulo Borges Coelho. Dossiê publicado na revista *Mulemba*, v. 10, n. 18. Rio de Janeiro: UFRJ, Programa de Pós-Graduação em Letras Vernáculas, 2018 (com Sandra Sousa, Sheila Khan e Elena Brugioni).

Seleção de Pesquisas em Literaturas de Língua Portuguesa (2017-2018). Rio de Janeiro: Letras/UFRJ, 2018 (com Anélia Pietrani, Dau Bastos, Luci Ruas Pereira, Maria Lúcia Guimarães Faria e Mônica Figueiredo).

A teoria pós-colonial em questão. Dossiê publicado na revista *Mulemba*, v. 9, n. 16. Rio de Janeiro: UFRJ, Programa de Pós-Graduação em Letras Vernáculas, 2017 (com Victor Azevedo e Manuela Ribeiro Sanches).

Visitas a João Paulo Borges Coelho. Leituras, diálogos e futuros. Lisboa: Colibri, 2017 (com Sheila Khan, Sandra Sousa, Leonor Simas-Almeida e Isabel A. Ferreira).

A presença das culturas orais nas literaturas africanas de língua portuguesa. Dossiê publicado na revista *Mulemba*, v. 8, n. 15. Rio de Janeiro: UFRJ, Programa de Pós-Graduação em Letras Vernáculas, 2016 (com Carmen Tindó Secco, Vanessa Teixeira Ribeiro e Maria Geralda Miranda).

Discurso e poder nos romances de João Paulo Borges Coelho. Maputo: Alcance Editores, 2014.

História e ficção na obra de João Paulo Borges Coelho: discursos, corpos, espaços. Barcelona: Servei de Publicacions Universitat Autònoma de Barcelona, 2011.

Hybridations problématiques dans les littératures de l'océan Indien. Ille-sur-Têt: Éditions K'A, 2010 (com Mar Garcia e Felicity Hand).

fontes	Andada (Huerta Tipográfica)
	Open Sans (Ascender Fonts)
papel	Pólen Soft 80 g/m²
impressão	BMF Gráfica